Medalhistas olímpicos brasileiros: memórias, histórias e imaginário

Coleção
Psicologia do
Esporte

Medalhistas olímpicos brasileiros: memórias, histórias e imaginário

Katia Rubio

Casa do Psicólogo®

© 2006 Casa do Psicólogo Livraria e Editora Ltda.
É proibida a reprodução total ou parcial desta publicação, para qualquer finalidade, sem autorização por escrito dos editores.

1ª Edição
2006

Editores
Ingo Bernd Guntert e Myriam Chinalli

Editora Assistente
Christiane Gradvohl Colas

Produção Gráfica & Capa
Renata Vieira Nunes

Editoração Eletrônica
Valquiria Kloss

Revisão Gráfica
Christiane Gradvohl Colas

Dados Internacionais de Catalogação na Publicação (CIP)
(Câmara Brasileira do Livro, SP, Brasil)

Rubio, Katia
Medalhistas olímpicos brasileiros: memórias, histórias e
imaginário / Katia Rubio. — São Paulo: Casa do Psicólogo®:
FAPESP, 2006. — (Coleção psicologia do esporte).

Bibliografia.
ISBN 85-7396-439-1 (Casa do Psicólogo)

1. Atletas - Brasil - Biografia 2. Esportes – Aspectos
psicológicos 3. Jogos olímpicos I. Título. II. Série.

06-1025   CDD- 796.48092

Índices para catálogo sistemático:

1. Atletas medalhistas brasileiros: Biografia   796.48092
2. Medalhistas olímpicos brasileiros: Biografia   796.48092

Impresso no Brasil
Printed in Brazil

Reservados todos os direitos de publicação em língua portuguesa à

Casa do Psicólogo® Livraria e Editora Ltda.
Rua Mourato Coelho, 1059 Vila Madalena 05417-011 São Paulo/SP Brasil
Tel.: (11) 3034.3600 E-mail: casadopsicologo@casadopsicologo.com.br
site: www.casadopsicologo.com.br

Sumário

Agradecimentos 9

Prefácio, *por Lars Grael* 11

Introdução 13

Histórias que contam a história e criam o imaginário 21

Um instrumento: as histórias de vida 21
Uma busca: a identidade 27
Uma necessidade: a periodização 36

Educação física, esporte e olimpismo 41

O esporte moderno 42
O Movimento Olímpico 52
O *fair-play* 60
O amadorismo 65
O profissionalismo 71
O início do Movimento Olímpico no Brasil 80

Os jogos olímpicos da era moderna 91

Fase de estabelecimento 93
Fase de afirmação 101
Fase de conflito 112
Fase do profissionalismo 128

O imaginário olímpico brasileiro 143

Os medalhista olímpicos do atletismo 145
Os medalhistas olímpicos do basquetebol 167
O medalhista olímpico do boxe 181

Medalhistas olímpicos brasileiros: memórias, histórias e imaginário

Os medalhistas olímpicos do futebol 191
Os medalhistas olímpicos do hipismo 203
Os medalhistas olímpicos do iatismo 211
Os medalhista olímpicos do judô 245
Os medalhista olímpicos da natação 277
Os medalhistas olímpicos do tiro 307
Os medalhista olímpicos do voleibol 317
Os medalhista olímpicos do vôlei de praia 328

Considerações finais 347

Referências bibliográficas 355

A meu filho Toshihiro, pela sensibilidade e generosidade que
estão gravadas no seu nome.
Ao Flavio, pela alegria e leveza desses novos tempos.

Agradecimentos

A meus pais Hilário e Darcy, por teorizarem e praticarem um mundo melhor.

Aos participantes do Grupo de Estudos em Psicologia Social do Movimento Humano e do Grupo de Estudo Olímpicos: Adriano Leal de Carvalho, Carla de Meira Leite, Danilo Lemos, Dário Aparecido Custódio, Felipe de Mello Futada, Flavio Lico, Gilmar Barbosa de Souza, Julio Cezar Fetter, Leonardo Cursino dos Santos, Marcelo de Moraes Albuquerque, Maria Lucia Soares da Silva, Marina Gusson, Martha Maria Dalari, Milena Bushatsky Mathias, Raoni Perrucci Toledo, Tarsila Tramontin por me auxiliarem em todos os momentos desse trabalho, desde o levantamento dos medalhistas até a discussão do material coletado. E mais, pelo apoio constante nesses mais de quatro anos de trabalho, com empenho e seriedade, mas sem nunca perder o humor.

Aos que já não mais participam do grupo, mas que também colaboraram em algum momento do projeto, principalmente em sua fase inicial Carla De Pierro, Cleber A. Guilherme, Felipe A. Moraes, Hélio Ribeiro da Silva, Marcelo Paulino de Souza e Marisa Markunas.

À FAPESP pelo apoio recebido que proporcionou toda a base material da pesquisa, sem a qual essa tese seria apenas um projeto.

Ao CNPq pelo apoio material recebido em forma de bolsa produtividade.

Às secretárias, aos amigos e familiares dos atletas envolvidos que facilitaram o acesso a eles e permitiram provar que desejávamos ter acesso às suas lembranças e não apenas aos dados.

Aos atletas por abrirem seus álbuns de recordações, suas almas e suas lembranças.

Ao Marcos Chiguetoshi Nishida pelo trabalho cuidadoso na transcrição das fitas e na edição das preciosas imagens que agora temos.

A meus irmãos de alma Alessandro de Oliveira Santos, Letícia Lopes de Carvalho e Antonio Roberto Giraldes pelo apoio incondicional, mesmo quando a distância nos separa.

À amiga Cláudia Maria Guedes pelos livros raros que me permitiram saber um pouco mais da história olímpica.

À Neuza Guareschi, pela gentileza em me acompanhar na procura dos Estudos Culturais.

Aos colegas de Academia Olímpica Brasileira Eduardo Henrique De Rose, Roberto Mesquita, Lamartine Pereira Da Costa, Otávio Tavares e Nelson Todt que me socorreram com várias informações pouco disponíveis, dentro do mais puro espírito olímpico.

A Miquel Moragas, Berta Cerezuela, Chris Kennett e Ana Belém Moreno do Centro de Estudos Olímpicos da Universidade Autônoma de Barcelona por me acolherem naquela instituição em um momento que esse projeto apenas tinha início.

À Nuria Puig, então diretora do Museu Olímpico de Lausanne, pela atenção carinhosa e generosidade na resposta a várias solicitações e pelo apoio quando da passagem pela reunião na International Olympic Academy.

Prefácio

Este livro começa com uma citação de Goethe: "O que quer que possa fazer ou sonhar em fazer comece-o. Existe algo de genialidade, de poder e de magia na coragem". Não por acaso, a professora Katia Rubio decidiu usar as palavras do poeta alemão para inspirar esse relato da vida olímpica brasileira. Depois de muitas entrevistas, pesquisas e conversas, tudo confrontado com o eruditismo que marca seu texto e seu pensamento, a autora dá a chave do entendimento do olimpismo nacional logo nessa primeira citação.

Em um país como o Brasil, em que, apesar do muito que foi feito, há sempre muito mais por fazer; em que, apesar do nosso ufanismo e orgulho, sabemos ser ainda um projeto inacabado; em que a burocracia, o esquecimento, a pobreza mesmo, cobram tanto dos atletas, nada resume mais essa olímpica história de vitórias do que a coragem. Sem ela, sem sua genialidade, sua magia e seu poder como está escrito acima, nada do que o leitor encontrará nas belas páginas deste livro teria acontecido.

Sem a coragem de homens e mulheres que ousaram deixar suas vidas cotidianas de lado e se dedicar ao esporte, qualquer que fosse ele, nossa história seria mais pobre. Sem a dedicação quase cega, o talento para o improviso e a disciplina bem-humorada de nossa gente esportiva, nada do que se segue existiria.

Eu, que humildemente pude contribuir um pouco com esta história, venho de um esporte considerado elitista por muitos. Um esporte que hoje desponta no mais alto do quadro olímpico nacional como o que mais glórias trouxe ao nosso povo. Um esporte praticado na beleza de nossa natureza e na fartura de nossas águas. Mesmo assim, sou testemunha do esforço, da dedicação, da resignação dos nossos atletas. Sem falar no enorme manancial de talento intocado que nossa nação possui.

Como explicar um João do Pulo? Um Adhemar Ferreira da Silva? Um Torben Grael? Um Robert Scheidt? Um Aurélio Miguel?

Um Gustavo Borges e tantos outros? É isso que este livro propõe discutir a partir das histórias que compõem a vida e as visões de mundo de cada um dos nossos heróis olímpicos. Com rigor acadêmico e precisão histórica, Katia tenta desvendar um pouco do mistério que, às vezes, faz da coragem do nosso povo uma história de sucesso esportivo.

Boa leitura,
Bons ventos,
Lars Grael

Introdução

O que quer que possa fazer ou sonhar em fazer, comece-o.
Existe algo de genialidade, de poder e de magia na coragem.

Goethe

Quando iniciei o projeto de pesquisa *Do atleta à instituição esportiva: o imaginário esportivo brasileiro* tinha como principal objetivo cartografar o imaginário esportivo brasileiro a partir de histórias de vida narradas por atletas que haviam representado o Brasil nas várias edições dos Jogos Olímpicos. Acreditava que naquelas histórias individuais eu encontraria pistas que me direcionariam na compreensão do que tem sido o Movimento Olímpico Brasileiro e o esporte como um todo em um país dominado pelo futebol.

Subjacente a esse interesse estava o intrigante fato relacionado ao lugar e importância que essa atividade vem ocupando no cenário nacional, principalmente para os jovens.

Devo afirmar que sem a ajuda da equipe de alunos e colaboradores que se formou a partir de finais de 2001 essa tarefa teria sido muito mais árdua. Quem são os atletas? Quantos são? Onde estão? Como encontrá-los? Essas questões poderiam paralisar ou desestimular alguém que esperasse por informações fáceis.

O trabalho de investigação e descoberta de fontes e sujeitos foi promovendo nos integrantes do grupo uma disposição juvenil de não esmorecer até que nosso "último homem" fosse encontrado e entrevistado. Ajuda material e sincronicidade pareciam não faltar. O apoio material veio da FAPESP e do CNPq que não só viabilizou fisicamente o então Núcleo de Estudos em Psicologia Social do Movimento Humano como também nos forneceu a agilidade para descobrir nossos sujeitos e sair ao seu encalço, fosse na cidade de São Paulo ou em Porto Alegre, Salvador ou João Pessoa.

Ao longo do período a sincronicidade dava mostras de sua existência por meio de notícias de jornais, em uma dica de algum apai-

Medalhistas olímpicos brasileiros: memórias, histórias e imaginário

xonado pelo esporte capaz de guardar por anos um artigo interessante ou o parente próximo ou distante de algum atleta. Nada nem ninguém foi desprezado ao longo do nosso trajeto. Conhecer os responsáveis pelas 67 medalhas olímpicas brasileiras era apenas uma questão de tempo, paciência, disposição e determinação, características tão bem conhecidas de atletas de alto rendimento.

Enfim, os sujeitos começaram a ser encontrados e as entrevistas puderam ser iniciadas. Domínio do equipamento era fundamental: câmara fotográfica e de vídeo, gravador, cuidados mínimos com iluminação e ruídos passaram a compor o rol de preocupações juntamente com o levantamento de dados e fontes sobre a trajetória de cada um deles. Somou-se a isso o cuidado com os atletas menos falantes para que eles pudessem se expressar, sentir-se soltos em suas recordações, podendo viver suas lembranças e ainda a perspicácia para fugir dos discursos estereotipados, principalmente daqueles bem assessorados e amparados pelos profissionais do marketing esportivo.

Vieram então as entrevistas. Algumas formais, outras obrigatórias, mas muitas, a grande maioria delas repleta de imagens vivas do processo, do momento e do depois de um fato que representou um marco na própria vida, e para outros apenas mais um momento de uma trajetória repleta de outros tantos momentos.

Ganhar uma medalha olímpica ou algumas medalhas olímpicas, sonho daqueles que desejam ser ou são atletas, tem significado bastante distinto para as várias gerações de atletas brasileiros. Essa evidência se afirmou quando passamos a ter contato com as histórias apontando a década de 1980 como um divisor de águas para o esporte como um todo a partir da afirmação e aceitação do profissionalismo.

Encontrar os atletas e obter seus depoimentos configurou-se como um desafio inicial do projeto, mas a tarefa hercúlea apresentou-se quando da necessidade de digerir esses dados e analisá-los, sem desfigurá-los.

Se no princípio o imaginário me guiou na construção do projeto, ao longo do período de entrevistas, ele recebeu a companhia dos Estudos Culturais esclarecendo a necessidade e a importância da memória, a delicadeza no trato com a narrativa e como pensar de forma não reducionista as relações entre o social e o simbólico. O encontro com Stuart Hall e o grupo da PUC de Porto Alegre foi fundamental para a compreensão dessa perspectiva.

Já não havia dúvidas de que o imaginário presente e latente nesse universo é heróico, entretanto, não era apenas isso que eu buscava. Foi possível perceber que embora o movimento olímpico brasileiro tenha suas especificidades fincadas na cultura brasileira e em um modo particular de ser, havia uma dinâmica maior e mais poderosa que ditava os rumos que o esporte como um todo tomava.

Para compreender essa dinâmica foi preciso retomar não mais a gênese grega do esporte, mas particularmente do esporte moderno, originado na Inglaterra em fins do século XVIII e início do século XIX. Origens do esporte, movimentos sociais, políticos e culturais não caminham isoladamente e, portanto aquilo que se passava no continente europeu tinha uma relação direta com o Brasil, mesmo ainda na condição de colônia de Portugal.

Foi então que me deparei com a necessidade de retomar a história e a memória.

As pistas começaram a se agrupar quando encontrei Bosi (2003) e seu entendimento sobre memória oral a qual, longe da unilateralidade para a qual tendem certas instituições, faz intervir pontos de vista contraditórios. *Ela não pode atingir uma teoria da história, ela ilustra a chamada História das Mentalidades, a História das Sensibilidades.* (p. 15).

A história que pretendia contar estava pautada na Psicologia Social e, portanto na representação, no significado que os fatos vividos tinham para seus protagonistas. Em verdade eu estava tratando da memória do movimento olímpico brasileiro, buscando nas histórias individuais os traços coletivos, como que compondo um mosaico de lembranças e imagens para chegar à representação que a participação olímpica pode ter para um atleta competitivo. O encanto com a genealogia dos fatos era o motor para transcender um relato do presente. O passado cumpre uma função de ordenar ações, idéias e

Medalhistas olímpicos brasileiros: memórias, histórias e imaginário

eventos no contemporâneo seja pela lembrança, seja pelos documentos. A intenção do trabalho era superar o âmbito da significação subjetiva (ainda que não nos reste dúvidas de que esta seja uma construção social) e alcançar o plano social para compreender um pouco da complexidade desse fenômeno denominado Olimpismo.

E mais uma vez Bosi (2003) ofereceu pistas ao afirmar que a memória se enraíza no concreto, no espaço, gesto, imagem e objeto. *A história se liga apenas às continuidades temporais, às evoluções e às relações entre as coisas. Do vínculo com o passado se extrai a força para a formação da identidade* (p. 16).

Foi ficando cada vez mais claro ao longo das entrevistas que a compreensão do significado do Olimpismo está intimamente ligada à cultura do país onde as várias modalidades olímpicas se desenvolvem e ganham adeptos, numa clara demonstração da díade manifestação-representação. É evidente que a compreensão do que seja *fair play* para países de colonização ou tradição inglesa é diferente daqueles que não sofreram essa influência. Da compreensão à aplicação de um ideal que se tornou regra há a distância oferecida pelo tempo que abre suas páginas para que se escreva a história, seja com provas, seja com a memória.

As palavras de Halbwachs, "a história começa seu percurso justamente no ponto onde se detém a memória coletiva", também nos guiaram na busca da compreensão do significado daquelas muitas histórias individuais que iam se sobrepondo ao longo dos anos de prática esportiva e participações olímpicas.

Era uma questão basilar entender os processos de criação e desenvolvimento do esporte moderno para então entender o Movimento Olímpico em âmbito mundial e brasileiro. O atleta foi ao longo de todo o processo o ponto de partida e de chegada desse estudo, protagonista do espetáculo esportivo e também protagonista social de abrangência indiscutível para a sociedade contemporânea. As instituições esportivas, como marca d'"água em papel impresso, eram a corda por onde grande parte desses personagens atravessaram seus caminhos. Alguns alcançando o outro lado fosse buscando equilíbrio em suas próprias habilidades ou na ajuda alheia, outros caindo no abismo de um picadeiro, cujos responsáveis, por esquecimento ou intenção, deixaram de colocar a rede protetora, salvadora de vidas. Muitas dessas histórias guardadas ou escondidas começaram a brotar com o vigor e a intensidade de sua vivência, principalmente depois desses atletas compreenderem a finalidade do estudo. Não havia nada a esconder. O temor de outros tempos convertia-se agora na oportunidade de trazer à luz episódios controversos, situações mal ou não resolvidas e outras mazelas humanas. O herói esquecido novamente ganhava voz e sua força era revivida com vigor da lembrança de sua fase de potência.

Outro feliz encontro se deu com Seixas (2001) que ofereceu mais pistas para a compreensão daquilo que pretendíamos investigar ao afirmar que toda memória é essencialmente criação do passado que desempenha um papel fundamental na maneira como os grupos sociais mais heterogêneos aprendem o mundo presente e reconstroem sua identidade.

Falamos de um grupo heterogêneo nas suas origens e em suas manifestações esportivas. Essa heterogeneidade exigia um qualificador, que em princípio não existia. Passadas algumas entrevistas era possível perceber a distinção entre o atleta ainda em atividade, do atleta já "aposentado", daquele que ainda viveu o brilho da profissionalização ou de um outro que está pobre e esquecido, embora tivesse feito a alegria de multidões.

Novamente Bosi (2003) trouxe luz à discussão ao falar sobre o mérito dos depoimentos por revelarem o desnível assustador da experiência vivida entre pessoas que compartilharam a mesma época. *Mais do que documento linear a narrativa mostra a complexidade do acontecimento. Colhe pontos de vista diversos, às vezes opostos, é uma recomposição constante de dados* (p. 36).

Nessa perspectiva o pesquisador não é isento, nem ascético.

O desafio continuou com a análise dos dados. Bosi (2003) apresentou a idéia do uso de uma sensibilidade diacrônica na interpretação dos dados uma vez que *a fonte oral sugere mais que afirma, caminha em curvas e desvios, obrigando a uma interpretação sutil e rigorosa* (p. 36). Se a sensibilidade veio a participar dessa interpretação Hall (2003), por sua vez, ofereceu o respaldo para poder tratar os dados com a tranqüilidade da inexistência da imparcialidade. A partir daí passei a lidar com as narrativas na busca dos complexos imaginários individuais, por meio da história de vida de cada atleta, por conjuntos temporais, a partir de uma periodização histórica dos jogos olímpicos, e por fim, por agrupamentos de modalidades esportivas, acreditando que no conjunto de cada uma delas seria possível descobrir elementos particulares a que chamamos de cultura da modalidade.

Embora tivesse chegado a esse formato algumas questões permaneceram me intrigando. Algumas delas diziam respeito às várias versões sobre o mesmo fato. Haveria uma verdadeira? Como verificar a veracidade de uma afirmação? O caminho adotado foi apresentar as várias versões e optar por todas elas.

Sobre essa questão, Bosi (2003) novamente apontou caminhos. *Nós estávamos e sempre estaremos ausentes dele* (o fato). *Não temos, pois, o direito de refutar um fato contado pelo memorialista, como se ele estivesse no banco dos réus para dizer a verdade, somente a verdade. Ele, como todos nós, conta a* sua *verdade.* (p. 65)

E foi com essa perspectiva que parti ao encontro dos medalhistas olímpicos e suas memórias como atleta, como representantes brasileiros em um evento de grande importância para si próprio, para o país e para a história do esporte e como alguém que por um breve tempo ou por um longo período de vida gozou de assédio e fama.

Foi possível perceber que o papel social e a identidade desses atletas sofreram profundas transformações ao longo dos 80 anos de participação brasileira nos Jogos Olímpicos, acompanhando proximamente os movimentos sociais e culturais desse breve século XX que se findou. Essa foi a principal razão que me levou a discutir a identidade e sua relação com as rupturas sugeridas pela pós-modernidade. Mas essas transformações e descontinuidades não se dão apenas no plano objetivo e racionalizado.

Atletas e dirigentes observaram e vivenciaram os diversos momentos das instituições esportivas brasileiras e perceberam mudanças bruscas em suas vidas por causa desses mecanismos. Compreender a dinâmica latente e manifesta das instituições e sua influência sobre a vida dos protagonistas do fenômeno esportivo me levou à busca do imaginário. Ou seja, se em um momento anterior a compreensão do imaginário esportivo contemporâneo[1] era meu objeto principal, ele agora se dividia entre o imaginário do atleta e da instituição esportiva brasileira.

Foi preciso então organizar uma sucinta história dos Jogos Olímpicos da Era Moderna e alocar a participação brasileira neles. Se a Guerra Fria ou o movimento pela profissionalização foram situações vividas intensamente pelas grandes potências do esporte elas também tiveram reflexos no esporte e no Movimento Olímpico brasileiros. Carreiras longevas e aposentadorias precoces foram influenciadas por boicotes ou políticas exclusivas que favoreceram aqueles que aliaram poder institucional ao econômico e político.

Por fim, agrupei as histórias de vida dos atletas medalhistas olímpicos brasileiros por modalidades, condição essa ditada pela clara alusão de que não se pode generalizar a atividade do atleta apenas por seu excepcional nível de habilidade. Ao longo da coleta de dados ficou evidente que no âmbito de cada modalidade surge e desenvolve-se uma dinâmica particular a qual denominamos de cultura da modalidade. Essa cultura se sedimenta e se transforma influenciada pela tradição que envolve suas origens e continuidade, pelo momento histórico em que ela se realiza e também pelas políticas institucionais que regem a modalidade.

E assim procuro apresentar uma memória do movimento olímpico brasileiro na convergência com o movimento olímpico internacional a partir da história de vida dos atletas medalhistas olímpicos brasileiros.

---

[1] Em estudo anterior (Rubio, 2001.a) realizei uma pesquisa sobre o imaginário heróico do atleta contemporâneo, a importância desse fenômeno em diversos momentos da carreira de atletas iniciantes, passando pela profissionalização até chegar à aposentadoria. A partir daqueles dados surgiram as primeiras indagações que levaram à construção deste trabalho.

Tendo esse material sido produzido como minha tese de livre docência no primeiro semestre de 2004, mas apenas defendido em abril de 2005 busquei acrescentar os resultados obtidos pelos atletas brasileiros nos Jogos Olímpicos de Atenas, em agosto de 2004. Entretanto, fico devendo para uma próxima publicação a entrevista de mais esses heróis olímpicos brasileiros.

Histórias que contam a história e criam o imaginário

Na realidade não há fenômeno simples; o fenômeno é um tecido de relações. Não há natureza simples, substância simples; a substância é uma contextura de atributos. Não há idéia simples, porque uma idéia simples, como muito bem viu Dupréel, deve estar inserida, para ser compreendida, num sistema complexo de pensamentos e de experiências. A aplicação é complicação.

Gaston Bachelard

Um instrumento: as histórias de vida

Ao admitirmos a importância da linguagem como elemento privilegiado na construção e circulação do significado e no acesso ao imaginário das instituições, cabe discutir quais as vias nos permitem esse acesso.

Essa questão foi discutida em Rubio (2003.e) quando se buscou refletir sobre a importância da história de vida, que se apresenta na forma de relato, na qual um ator social narra sua existência através do tempo, associando-a a acontecimentos históricos de sua modalidade esportiva. Se o discurso e sua narrativa constituem-se como um dos pilares para a compreensão das histórias de vida, o desenrolar temporal dessa narração se apresenta como um outro elemento fundamental na organização da memória que emerge como história e na apresentação dos elementos constitutivos daquilo que chamamos de imaginário esportivo.

A importância da discussão sobre as histórias de vida se dá em função dos relatos orais terem se constituído desde o final do século XIX como uma técnica qualitativa por excelência. Isso porque eles permitem ao pesquisador por meio do som e do tom da fala do entrevistado, da sutileza dos detalhes da narrativa e das várias facetas do fato social vivido, ter acesso aos conteúdos de uma vida que pode ser tomada como individual, mas que carrega consigo os elementos do momento histórico e das instituições com os quais manteve relação. A história de vida não está obrigada pelo ritmo e acontecimento da história cronológica. Considerada uma modalidade de história oral ela opera com os acontecimentos registrados na memória, que não obedecem a um fluxo ditado pela oficialidade do calendário, mas a importância atribuída a episódios significativos.

Bosi (2003) afirma que a memória opera com grande liberdade escolhendo acontecimentos no espaço e no tempo, não arbitrariamente, mas porque se relacionam por meio de índices comuns.

> *São configurações mais intensas quando sobre elas incide o brilho de um significado coletivo. É tarefa do cientista social procurar esses vínculos de afinidades eletivas entre fenômenos distanciados no tempo* (p. 31).

O conceito "história oral" é para Queiroz (1988) um termo amplo que abrange uma vasta quantidade de informações a respeito de fatos não registrados por outro tipo de documentação, ou cuja documentação se quer completar. O registro dessa história é feito por meio de entrevistas e colhe a experiência de um único indivíduo ou de diversas pessoas de uma mesma coletividade. Ela pode captar a experiência efetiva dos narradores além de colher tradições e mitos, narrativas de ficção e crenças existentes no grupo. Por esse motivo, a autora considera que tudo quanto se narra oralmente é história, seja ela história de alguém, de um grupo, real ou mítica.

Além disso, a história oral é também um campo privilegiado de encontro entre a história e a antropologia. A antropologia na busca das categorias culturais, cosmologias e símbolos e os historiadores no controle disciplinado dos registros escritos (Cruikshank, 2002).

E seguindo a perspectiva interdisciplinar proposta pelos Estudos Culturais seria possível afirmar ainda o interesse de outras áreas, como a Psicologia Social, por se afinizarem com essa metodologia pelo acesso a conteúdos da subjetividade e da memória social.

A história de vida é uma forma particular de história oral, que interessa ao pesquisador por captar valores que transcendem o caráter individual do que é transmitido e que se insere na cultura do grupo social ao qual o ator social que narra pertence. Emergem dessa narrativa os acontecimentos considerados significativos na trajetória de vida pessoal ou do grupo ao qual o indivíduo pertence, cabendo ao pesquisador perceber o que ultrapassa o caráter individual do que é relatado e o que está inscrito na coletividade à qual o narrador se insere.

Afirma Bosi (1994) que toda memória pessoal é também social, familiar e grupal, e por isso ao recuperá-la é possível captar os modos de ser do indivíduo e da sua cultura. Por sua vez Chauí (1994) enfatiza que ao descrever a substância social da memória, evidencia-se que o modo de lembrar é individual tanto quanto social: o grupo transmite, retém e reforça as lembranças; o recordador, ao trabalhá-las, vai paulatinamente individualizando a memória comunitária e, no que lembra e no como lembra, faz com que fique o que signifique.

Ciente das críticas feitas ao método biográfico por ser apresentado como "individual", Ferrarotti (1983) aponta que essa afirmação é um erro grosseiro, na medida que considera o indivíduo enquanto um "átomo social". Para o autor, o indivíduo é uma síntese complexa de elementos sociais que pode ter seus elementos constitutivos captados a partir de uma perspectiva de agente de uma totalidade social.

Essa concepção vem de encontro à perspectiva dos Estudos Culturais na qual tudo o que se pensa ou se diz da realidade, independe da afirmação que se faça dessa realidade exterior ao sujeito, é um reflexo e uma projeção da experiência vivida como real.

Apesar do indivíduo obedecer a determinações próprias, subjetivas e inconscientes, Queiroz (1988:36) entende que o que existe de único numa pessoa é também formado e moldado pelas instâncias culturais que o cercam. *A história de vida é, portanto, técnica que capta o que sucede na encruzilhada da vida individual e social.*

Para Haguette (2000) a história de vida não se apresenta nem como dado convencional da ciência social, nem como autobiografia. Ainda que se assemelhe a essa última na sua forma narrativa, do ponto de vista pessoal e na instância subjetiva, a história de vida busca a fidelidade das experiências e interpretações do ator social sobre seu mundo. Ela pode ser complementada por outras fontes como documentos oficiais e materiais fornecidos por pessoas familiarizadas com o narrador, com os fatos e com os lugares descritos. Essa metodologia enfatiza o valor da perspectiva do ator da ação por aceitar que a compreensão de qualquer comportamento só é possível quando observado sob o ponto de vista do protagonista. Sendo assim a história de vida pode ser enfocada tanto como documento, como técnica de captação de dados.

Assim como em outras metodologias das ciências humanas, o papel do pesquisador-entrevistador na condução da coleta da história de vida é reconhecido como fundamental. Durante a entrevista, na formulação das perguntas ou na busca dos episódios que podem oferecer a compreensão de eventos relatados, a atitude de ouvinte atento e respeitoso, mas curioso, do pesquisador pode determinar a adesão do ator ao projeto.

Queiroz (1988: 69) acredita que a reflexão na história de vida começa na relação pesquisador-narrador, visto que é nessa interação que se dá a dinâmica do relato e permite ao narrador "abrir" sua memória para refletir sobre si próprio, discutir para si e para o outro, tendo o pesquisador como mediador.

> *Ao se reconhecer como sujeito produtor e reprodutor de significados, o indivíduo está participando da história, e refletindo sobre a sua participação na história pessoal e social.*

O relato em si traz o que o narrador considera importante em sua trajetória dando uma idéia do que foi sua vida e do que ele mesmo é nesse momento. Essa atitude reflexiva permite a re-experimentação de situações passadas não apenas do ponto de vista do desenrolar dos fatos, mas pela re-significação de episódios marcantes para o narrador, que se permite inverter (ou subverter) a narrativa obedecendo a uma cronologia própria da afetividade implicada no evento ocorrido, dando ao seu texto um contexto.

O emprego de testemunhos como representação da memória, a confrontação entre um relato e uma recordação pessoal ou coletiva, sejam estes entendidos como elaboração natural ou como construção política, em determinados momentos ou circunstâncias, são responsáveis por uma série de condições, opções ou intenções e também de necessidades ordenadas e codificadas a partir de interesses específicos. O que se busca então, define Meyer (1998), é encontrar a origem e o fio condutor dessas representações com a finalidade de compreender ou descobrir as razões ocultas ou mazelas do processo.

Bosi (1994) aponta que a veracidade do narrador não se constitui numa preocupação. Afirma que as conseqüências de seus erros e lapsos são menos graves que as omissões da história oficial.

Avanços e recuos marcam a narração das histórias de vida, e a ausência de cronologia ou de uma seqüência lógica na apresentação dos fatos podem constituir indícios que permitirão a formulação de inferências sobre a importância pessoal dos episódios narrados. Nessa lógica além do conteúdo envolvido no discurso das histórias de vidas temos a forma como elas são expressas perpassadas pela gramática, pela semântica e pela melodia da narração, colaborando para a sua complexidade.

Nesse sentido, Souza (1997) afirma que onde quer que as pessoas vivam suas relações acabam construindo, a partir daí, sua consciência e identidade social e, por isso, representam o que são por meio das histórias que contam. Isso pode significar que uma narrativa repleta de detalhes representa a valorização de experiências passadas mesmo que em contextos menos favorecidos.

Se o discurso e sua narrativa constituem-se como um dos pilares para a compreensão das histórias de vida, o desenrolar temporal dessa narração se apresenta como um segundo elemento imprescindível para uma cartografia do imaginário individual e social do narrador.

É nesse sentido que Pannikar (1994) afirma que a consciência é tanto simbólica quanto temporal. Ela é simultaneamente diacrônica e sincrônica. Não é do hoje, amanhã ou depois. Quando um ser se projeta no futuro e cria, fala; quando o ser volta ao passado e reflete, pensa. Isso quer dizer que o falar e pensar não são, conjuntamente, essa manifestação do ser sincrônica e diacrônica de cada vez.

Ainda que o tempo seja quase sempre visto como um elemento linear, onde ao nascer o sujeito traça uma linha e por ela segue até chegar à morte numa perspectiva de *continuum*, tem-se também a concepção daquele tempo que parece nunca se esgotar, transformando-se na medida que se reveste de significado.

A concepção linear (ou aberta) do tempo, segundo Mazzoleni (1992) caracteriza a moderna cultura ocidental, e foi a chave teológica para identificar a realidade religiosa hebraico-cristã como um *unicum* cultural; já a concepção cíclica (ou periódica), própria do mundo antigo, da sociedade alto-medieval, das civilizações orientais e das classes rurais, está relacionada com os chamados primitivos, e orientada pelos mitos de fundação e pelos ritmos cósmicos, contrapõe-se a um tempo histórico.

Para o autor a diferença básica na concepção dessas duas modalidades de tempo está na "consciência histórica", ou seja, para as sociedades que operam numa contínua desistoricização do real por meio do mito e do rito, opera o tempo da previsibilidade e da segurança, oferecido pelo ciclo astronômico e sazonal; já onde há o desenvolvimento dos meios de produção, a sedentarização, o crescimento dos centros urbanos e da articulação social, constituindo um Estado de direito há a emersão para a consciência do sentido do tempo em direção ao futuro que é próprio de uma cultura histórica.

Essa perspectiva histórico-antropológica de tempo busca situar o ser humano enquanto sujeito histórico, o que não implica numa depreciação das culturas orais ou uma sobrevalorização daqueles que ofereceram os paradigmas históricos aos "povos civilizados". Acredita-se que o tempo sagrado se associa ao tempo profano constituindo a visão global que nossa cultura possui hoje sobre a dimensão do tempo.

De uma perspectiva diferente Cassirer (1977: 86) considera o tempo não como forma específica da vida humana, mas como condição geral da vida orgânica, existente na medida em que se desenvolve no tempo. *Não é uma coisa, mas um processo – uma corren-*

te contínua, incessante, de acontecimentos, onde jamais se repete com a mesma forma idêntica. Sendo assim o sujeito nunca está localizado num instante isolado. Há em sua vida os três modos de tempo – passado, presente e futuro – formando um todo que não pode ser desagregado em elementos individuais.

Diante dessa ordem o ser humano desenvolveu a memória e a hereditariedade. Na memória estão implicadas mais que a presença e a soma total de resíduos de vivências ocorridas, supondo um processo de reconhecimento e identificação, não bastando que fatos ocorridos se repitam. É preciso que sejam ordenados, localizados e relacionados com diferentes pontos no tempo, implicando, necessariamente, o conceito de uma ordem serial, correspondendo ao plano espacial.

Bachelar (1994) entende que a memória não se realiza por si mesma, por um impulso íntimo, e aponta:

> *É preciso distingui-la do devaneio precisamente porque a memória verdadeira possui uma infra-estrutura temporal que falta ao devaneio. A imagem do devaneio é gratuita. Ela não é uma recordação pura porque é uma recordação incompleta, não datada. Não há data nem duração onde não existe construção. Não há data sem dialética, sem diferenças. A duração é o complexo das ordenações múltiplas que se confirmam umas às outras. Se pretendemos viver num domínio único e homogêneo, percebemos que o tempo não pode mais passar. No máximo, ele dá alguns saltos* (p. 52).

História, memória e devaneio, instâncias concretas e subjetivas da vivência do tempo compõe a compreensão humana da sua existência.

Uma busca: a identidade

Se o Movimento Olímpico e o fenômeno esportivo passaram por grandes transformações ao longo do século XX, pode-se dizer que o mesmo se deu com a condição de atleta e o papel social desempenhado por ele.

No início, o praticante da atividade esportiva era o nobre ou aristocrata que encontrava no ambiente competitivo seus pares de classe. Ao longo do século, esse grupo seleto foi sendo compartilhado por outros atletas de origem distinta, mas com níveis de habilidade capazes de equacionar as disparidades sociais.

Depois de se transformar em uma prática profissional ímpar e em um dos principais fenômenos socioculturais contemporâneos o esporte se revelou um cenário privilegiado para a discussão sobre a identidade e suas mutações em uma sociedade que viu o papel do trabalho e das instituições sofrer profundas alterações ao longo do último século.

A compreensão da constituição, estrutura e transformação das identidades no contemporâneo, entendendo esse referencial temporal dentro do conceito de pós-modernidade, se faz necessária a partir da compreensão de que o fenômeno esportivo é dinâmico e acompanha proximamente os movimentos sociais. Raça, gênero e origem social, substratos da formação das identidades, são também referências para a análise do fenômeno esportivo que tem na figura do atleta, o protagonista de todo esse movimento, a razão de sua própria existência. Para esse ator social, entretanto, o esporte é vivido intensamente a partir de suas instituições que regem e regram sua atividade, permitindo ou dificultando o exercício do seu papel, ora com argumentos e ações objetivas, ora pautando-se no imaginário próprio das instituições.

Uma das marcas que a pós-modernidade traz consigo é a percepção da vivência das meta narrativas, o que leva a discussão da cultura para além dos recortes disciplinares. A interdisciplinaridade sugerida por essa forma diferenciada de ver o mundo, e também a ciência, tem levado a uma multiplicidade de versões sobre os fenômenos humanos em busca de uma unidade dada pela diferença.

Na busca do que fundamenta o trabalho intelectual sério e crítico, Hall (2003) chega às rupturas significativas, momento em que as velhas correntes de pensamento são rompidas, velhas constelações são deslocadas de elementos novos e velhos são reagrupados ao redor de

Katia Rubio

uma nova gama de premissas e temas. O autor aloca os Estudos Culturais em um desses momentos de ruptura, ocorrido nos meados da década de 1950, quando dois livros ajudaram a demarcar esse novo território – *As utilizações da cultura*, de Richard Hoggart, e *Cultura e sociedade 1780-1950*, de Raymond Williams, o que proporcionou a reunião de um grupo de interessados no tema e a criação do Centre for Contemporary Cultural Studies, fundado em 1964, na Universidade de Birmingham, na Inglaterra.

Quer por serem históricos ou contemporâneos em seu foco, ou por serem focalizados ou organizados por tais questões, esses textos constituíam respostas às pressões imediatas do tempo e da sociedade em que foram escritos. A centro dessas duas obras era a cultura em uma dimensão sem a qual as transformações históricas não poderiam ser pensadas de forma adequada.

Eram em si mesmos "culturais", no sentido de Cultura e socieda-de. *Eles forçaram seus leitores a atentar para a tese de que, "concentradas na palavra cultura, existem questões diretamente propostas pelas grandes mudanças históricas que as modificações na indústria, na democracia e nas classes sociais representam de maneira própria e às quais a arte responde também, de forma semelhante"* (p. 133).

A partir daí os Estudos Culturais tiveram uma grande diversida-de de trajetória. Muitos seguiram e seguem percursos distintos no seu interior, além de serem construídos por um número de metodologias e posicionamentos teóricos diferentes, todos em contenção uns com os outros. Sendo assim, os Estudos Culturais são desde sua formação constituídos em um terreno problemático de disputas e contestações, influenciados por diferenças teóricas e políticas no modo pelo qual são definidos.

A ausência de consenso sobre uma definição de Estudos Cultu-rais revela, para Escosteguy (2003), que eles são na realidade uma construção social, e esse é o principal motivo que faz uma determina-da explicação, embora polêmica, adquirir uma posição hegemônica.

29

O que vale ressaltar é que os Estudos Culturais encorajaram certa violação das fronteiras disciplinares em torno de temáticas específicas, objetos e contribuições teóricas e metodológicas, em um momento onde prevalecia uma proteção às estruturas disciplinares. A expansão dos Estudos Culturais para outros territórios demandou e ainda demanda uma negociação cultural, por envolver um processo de re-articulação e re-contextualização de suas posições teóricas. Nesse ínterim, há uma adequação da linguagem, a permanência de elementos originais e a transformação de outros.

Diante da natureza da proposta e de seu posterior desenvolvimento, os Estudos Culturais são para Hall (2003) uma formação discursiva que tem no conceito de cultura seu principal articulador e devem estar vinculados ao momento e contexto histórico no qual são produzidos.

> *Os estudos culturais abarcam discursos múltiplos, bem como numerosas histórias distintas. Compreendem um conjunto de formações, com as suas diferentes conjunturas e momentos no passado.* (p. 200)

Sendo a cultura o ponto de partida para os Estudos Culturais, Willians (1993), um dos precursores do Centro de Estudos Culturais Contemporâneos, busca conceituá-la como

> *Algo usual, ordinário: esse é o fato primordial. Toda sociedade humana tem sua própria forma, seus próprios propósitos, seus próprios sentidos. Toda sociedade humana expressa essas características em suas instituições, nas artes e na aprendizagem. O fazer de uma sociedade é a descoberta de sentidos e direções comuns, e o seu crescimento é um ativo debate e um aperfeiçoamento que ocorrem sob a pressão da experiência, do contato e da descoberta, que se inscrevem assim, em seu território* (p. 6).

Descentrando a cultura das artes e da aprendizagem o autor amplia o terreno da produção cultural a outros âmbitos da vida humana, nos quais esses elementos estão presentes anunciando e denunci-

Katia Rubio

ando as fixações e transformações a que estão sujeitos todos aqueles que vivem em sociedade.

A cultura é uma descrição de uma determinada maneira de viver, que expressa certos sentidos e valores não apenas na arte e na aprendizagem, mas também nas instituições e no comportamento usual, ordinário. A análise da cultura a partir de tal definição é a clarificação de sentidos e de valores implícitos em um determinado modo de vida, em uma determinada cultura (Willians, 1989: 43).

A operacionalização de um conceito expandido de cultura permitiu aos Estudos Culturais a ampliação do significado de cultura considerando em foco toda a produção de sentido, desde textos e representação até práticas vividas e suas implicações nas divisões entre diferentes níveis culturais.

Os desdobramentos desse episódio são, para Escosteguy (2003), o momento em que os Estudos Culturais prestam atenção às formas de expressões culturais não tradicionais, descentrando a legitimidade cultural. Além disso, enfatizar a noção de cultura como prática a define nos campos social e econômico, dentro dos quais a atividade criativa é condicionada. Isso representa a necessidade de atentar para as relações de produção, distribuição e recepção culturais, assim como sobre as práticas econômicas que estão intimamente relacionadas à constituição do sentido cultural.

A posição da cultura como condição constitutiva da vida social, e não mais um simples elo para o restante do sistema social, foi chamada de *virada cultural* e representou uma transformação nas ciências sociais e nas humanidades. O início dessa revolução se deu em relação à linguagem também chamada de *virada lingüística*.

Esse movimento representou um redimensionamento do conceito de linguagem e passou a ter uma posição privilegiada na construção e circulação do significado, conforme Guareschi, Medeiros e Bruschi (2003). A linguagem deixou de ser uma forma de relatar ou transmitir com neutralidade os significados que pretendemos expressar e passou a constituí-los. Dessa forma, os considerados *fatos na-*

31

turais, também denominada realidade, são tidos como fenômenos discursivos, cujos significados surgem a partir dos jogos de linguagem e dos sistemas de classificação nos quais estão inseridos. E assim, o discurso não é entendido no seu aspecto lingüístico ou como um conjunto de palavras, mas como um conjunto de práticas que produzem efeitos no sujeito.

Nessa perspectiva tudo o que se pensa ou se diz da realidade é um reflexo e uma projeção da experiência vivida como real, independente da afirmação dessa realidade exterior ao sujeito e dos sentidos que são dados a ela. Isso representa a existência de uma materialidade conectada com o que se pensa e se diz, ligada ao discurso. Embora a realidade seja intangível, é sabido que ela existe e que está conectada com a representação que se tem dela (Veiga-Neto, 2000).

A idéia de construção social tem exercido a função de unificador dos Estudos Culturais, segundo Silva (2000). Isso porque ao estabelecer sentidos de forma hegemônica o mundo cultural e social mascara a origem e a complexidade desse processo, naturalizando-o. Esse é o motivo que leva a Psicologia Social a expor o processo de construção social, buscando nos coletivos que utilizam a linguagem e a produção de sentidos realizada pelo próprio grupo social a compreensão daquilo que se manifesta como realidade.

Os Estudos Culturais utilizam-se de todos os campos que forem necessários para produzir o conhecimento exigido por um projeto particular. Entretanto, embora sejam um campo aberto no sentido de abranger várias disciplinas, teorias e ter diferentes vertentes em inúmeros países, algumas características na forma de fazer pesquisa estão presentes nesse campo de estudo: o seu projeto teórico e político, a metodologia da *bricolage* e a interdisciplinaridade (Guareschi, Medeiros e Bruschi, 2003).

Se os Estudos Culturais têm a cultura como principal conceito articulador, a questão da identidade é, por sua vez, seu principal eixo temático.

Hall (2000) utiliza o termo identidade para significar o ponto de encontro entre os discursos e práticas que *tentam nos "interpelar"*, *nos falar ou nos convocar para que assumamos nossos lugares como os sujeitos sociais de discursos particulares* e, por outro, os processos produtores de subjetividades, *que nos construem como sujeitos aos quais se pode "falar". As identidades são, pois, pontos de apego temporário às posições-de-sujeito que as práticas discursivas constroem para nós* (p.112).

As profundas transformações sociais ocorridas ao longo do século XX fizeram surgir novas formas de identidade e fragmentaram o indivíduo moderno, visto até então como um sujeito unificado. Hall (2001) define esse momento como *crise de identidade* e aponta-o como uma das questões centrais do momento contemporâneo.

A assim chamada "crise de identidade" é vista como parte de um processo mais amplo de mudança, que está deslocando as estruturas e processos centrais das sociedades modernas e abalando os quadros de referência que davam aos indivíduos uma ancoragem estável no mundo social (Hall, 2001: 07).

A chamada *crise de* identidade proposta por Hall não está pautada apenas no que aconteceu à concepção de sujeito moderno, e seu descentramento. Essa crise passa por uma série de rupturas nos discursos do conhecimento moderno, cujo maior efeito foi o deslocamento final do sujeito cartesiano. O autor aponta cinco grandes momentos que contribuíram para esse impacto.

O primeiro deles refere-se às tradições do pensamento marxista, principalmente no pensamento de Althusser que coloca as relações sociais e não uma noção abstrata de homem no centro de seu sistema teórico marxista, deslocando duas proposições-chave da filosofia moderna: que há uma essência universal de homem e que essa essência é o atributo de "cada indivíduo singular", o qual é seu sujeito real. Embora a construção althusseriana tenha sido amplamente criticada, seu "anti-humanismo teórico" teve um impacto considerável sobre muitos ramos do pensamento moderno.

O segundo dos grandes descentramentos no pensamento ocidental do século XX vem da descoberta do inconsciente de Freud. A teoria freudiana afirma que as identidades, bem como a sexualidade e a estrutura dos desejos, são formadas em processos psíquicos e simbólicos de uma instância chamada inconsciente. Seu funcionamento independe da razão colocando por terra o conceito de sujeito cognoscente e racional, dono de uma identidade fixa e unificada cartesiana. Sendo assim, a identidade é algo formado ao longo do tempo, por meio de processos inconscientes, e não estão presentes no sujeito desde seu nascimento. Existe sempre algo imaginário ou fantasiado sobre sua unidade.

O terceiro desses momentos está associado com o trabalho do lingüista estrutural Saussure que argumenta que nós não somos os autores das afirmações que fazemos ou dos significados que expressamos na língua. A linguagem é um sistema social e não individual que preexiste a nós. As palavras são "multimoduladas" que carregam ecos de outros significados que elas colocam em movimento. O significado é inerentemente instável. Ele procura o fechamento (a identidade), mas ele é constantemente perturbado (pela diferença).

O quarto descentramento da identidade e do sujeito ocorre no trabalho de Foucault, na medida em que ele destaca um novo tipo de poder, a que chama de "poder disciplinar, que está preocupado, em primeiro lugar, com a regulação, a vigilância sendo o governo da espécie humana ou de populações inteiras e, em segundo lugar, o indivíduo e o corpo. Seus locais são aquelas novas instituições que se desenvolveram ao longo do século XIX e que vigiam e disciplinam as populações modernas como oficinas, quartéis, escolas, prisões, hospitais, clínicas etc. Na visão foucaultiana quanto mais coletiva e organizada for a natureza das instituições da modernidade tardia, maior o isolamento, a vigilância e a individualização do sujeito individual.

O quinto descentramento reside no impacto do feminismo, tanto como uma crítica teórica quando como um movimento social, por questionar algumas distinções clássicas como o público e o privado, a família, a sexualidade, o trabalho doméstico, a divisão doméstica do trabalho etc. Foi um movimento que começou dirigido à contestação da posição social das mulheres e expandiu-se para incluir a formação das identidades sexuais e de gênero.

Enfim, os descentramentos apresentados por Hall sugerem a ocorrência de rupturas significativas ao longo do último século que levam o sujeito a uma crise em sua suposta identidade única para se ver diante da possibilidade de identidades múltiplas.

Essas identidades, constituídas no interior de práticas de significação, são produzidas em locais históricos e institucionais únicos, emergindo das relações de poder, sendo produto da diferença e não de uma unidade idêntica, da prática da alteridade.

Essa é a razão da afirmação de Guareschi, Medeiros e Bruschi (2003) de que o processo de construção das identidades está sempre envolvido com a diferença, da relação com aquilo que não é, sempre referido ao outro: sou o que o outro não é.

Se o debate sobre identidade tem assumido uma condição de destaque nas discussões contemporâneas é porque elas estão localizadas no interior de mudanças sociais, políticas e econômicas contribuindo para essa transformação. O diálogo sobre a extensão na qual as identidades são contestadas leva a uma análise da importância da diferença e das oposições na construção de identidades.

Woodward (2000) afirma que a diferença é um elemento central dos sistemas classificatórios por meio dos quais os significados são produzidos. Tanto os sistemas sociais como os simbólicos produzem as estruturas classificatórias que fornecem um certo sentido e uma certa ordem à vida social e as distinções fundamentais que estão no centro dos sistemas de significação da cultura. Esses sistemas classificatórios não podem, entretanto, explicar sozinhos o grau de investimento pessoal que os indivíduos têm nas identidades que assumem.

Identidade e diferença não são criaturas de um mundo natural ou transcendental, mas do mundo cultural e social. A identidade e a diferença, conforme Silva (2002), têm que ser ativamente produzidas. Isso quer dizer que elas são o resultado de atos de criação lingüística e é apenas por meio dos atos de fala que são instituídas a identidade e a diferença como tais. Isso não quer dizer, entretanto, que elas são determinadas pelos sistemas discursivos e simbólicos que lhes dão definição.

> *Ocorre que a linguagem, entendida aqui de forma mais geral como sistema de significação, é, ela própria, uma estrutura instável. É precisamente isso que teóricos pós-estruturalistas como Jacques Derrida vêm tentando dizer nos últimos anos. A linguagem vacila. Ou, nas palavras do lingüista Edward Sapir (1921), "todas as gramáticas vazam"* (p. 78).

Com importantes desdobramentos sobre o debate da identidade e da diferença, as características de linguagem, como a indeterminação e a instabilidade, estarão prontas a produzir nos sujeitos as marcas de seu tempo.

Uma necessidade: a periodização

A periodização é um instrumento que permite organizar a história dos fatos para situá-los em suas rupturas e descontinuidades.

Ribeiro (2002) aponta duas lógicas possíveis oferecidas pela história. Uma delas está relacionada à interpretação que se faz dos eventos históricos, ou seja, a história não é feita apenas e tão somente da descrição de um fato passado, mas das representações desses episódios, todas elas dotadas de valores das diversas dimensões inerentes à condição humana. A outra diz respeito à prática dos atores sociais envolvidos na construção e nos embates de projetos políticos.

Embora a interpretação dos fatos históricos seja necessária e desejável não se pode desprezar sua efetiva ocorrência.

> *Eles* (os fatos históricos) *efetivamente ocorreram. O que se alteram são as interpretações sobre suas causas e as decorrências*

que vencedores e vencidos puderam colher de sua realização (Ribeiro, 2002: 40).

Dentro dessa lógica é possível afirmar que a história não é uma sucessão de fatos, mas a articulação do diversos agentes e atores envolvidos na sua realização, impregnando-a de características do momento em que ela se sucede, transparecendo em seus desdobramentos as idéias e ideologias que a subjaz.

Isso leva Santos (1988) a afirmar que é a através do significado particular de cada segmento do tempo que aprendemos o valor de cada coisa num dado momento.

Analisar um fenômeno sociocultural que atravessa um período repleto de singularidades como o século XX requer a clareza dos diversos momentos sobre os quais se fala. Da conjuntura pré Primeira Guerra à pós-modernidade, muitos são os movimentos implicados na compreensão não só da geopolítica mundial como das distinções e exclusões promovidas pelas diversas crises de identidade geradas pela criação e negação de nações e estados.

Não há dúvida de que os eventos históricos são ditados pelas ações humanas, que imprimem suas marcas diante da projeção dada àquele que narra o fato ou a idéia que o anima. Daí a função das rupturas e descontinuidades, momento de erupção do novo, capaz de enunciar manifestações latentes que invocam a necessidade da transformação.

Diante da afirmação sobre a materialidade dos eventos e ações Santos (1996) propõe:

> Os eventos são também idéias e não apenas fatos. Uma inovação é um caso especial de evento, caracterizado pelo aporte a um dado ponto, no tempo e no espaço, de um dado que nele renova um modo de fazer, de organizar ou de entender a realidade (p.117).

Embora o Movimento Olímpico contemporâneo preze e defenda a continuidade é possível observar claras rupturas ao longo de mais de um século de existência. Essas rupturas podem ser analisadas a partir de muitas idéias, que vieram a se transformar em fatos.

Como forma de perpetuar uma tradição institucional e política invoca-se a continuidade da organização e de seus ideais, fortalecendo um imaginário institucional soberano. Acerca do que a história tem a nos dizer sobre a sociedade contemporânea, Hobsbawm (2001) afirma basear-se em uma combinação entre experiência histórica e perspectiva histórica. Para isso é fundamental o conhecimento sobre o passado e o reconhecimento entre semelhanças e diferenças, para que a abordagem a-histórica, manipuladora, de solução de problemas, que se vale de modelos e dispositivos mecânicos não promova uma distorção sistemática da história para fins irracionais. E diante dos riscos da finalidade da história aponta:

> A história como inspiração e ideologia tem uma tendência embutida a se tornar mito de autojustificação. Não existe venda para os olhos mais perigosa que esta, como o demonstra a história das nações e nacionalismos modernos (p. 47-48).

Diante da importância dos fatos passados na compreensão da dinâmica presente de ações e eventos a proposta de periodizar vem de encontro a necessidade de rearranjar o tempo. E acrescenta Ribeiro (2001)

> É também estabelecer uma escala temporal, de modo a construir fatos históricos relevantes que justifiquem rupturas, reformas e até mesmo continuidades disfarçadas de novidades. Nesse último caso a ideologia desempenha um papel fundamental (p. 47).

Ao longo deste trabalho busco oferecer elementos para a compreensão do imaginário esportivo brasileiro sob o olhar dos atletas medalhistas olímpicos, a partir de suas histórias de vida. Por meio dessas histórias é possível atentar para as transformações ocorridas no ideário olímpico ao longo do século XX e os desdobramentos desse movimento na organização e manifestação do esporte brasileiro.

Katia Rubio

Nesse percurso, aponto as várias representações sobre a importância dos Jogos Olímpicos na vida de um atleta; o que significa ser atleta no Brasil e o que isso representa no contexto contemporâneo; a transformação vivida pelo esporte ao longo do século XX e início do XXI e seus desdobramentos na construção da identidade do atleta; como os atletas brasileiros, especificamente vivem e convivem com as expectativas da vitória e a realidade da derrota e o que isso significa para sua vida e carreira; como se apresentam essas questões dentro da cultura de cada modalidade, entendendo que cada atividade social gera e requer seu próprio universo distinto de significados e práticas.

Entendo que a construção de valores culturais no mundo contemporâneo se dá em diversos contextos sociais, inclusive na prática esportiva. Tendo os meios de comunicação de massa sido o principal veículo de divulgação desses feitos nas últimas quatro décadas do século passado, assistimos a um processo de deslocamento de sentido da vitória e da derrota esportiva para o campo da política, da economia e das questões sociais como um todo (Bourdieu, 1993; Brohm, 1993).

O fio condutor para pensar e refletir sobre tais questões são as concepções de relações de poder, diferenças e identidades no sentido em que são problematizadas e elaboradas por teóricos dos Estudos Culturais como Bruschi (2003), Guareschi, Medeiros & Bruschi (2003), Hall (2003) e Silva (2000).

A partir de um levantamento da participação brasileira em Jogos Olímpicos foi possível contatar os atletas vivos e colher suas entrevistas. No caso dos já falecidos entrevistamos familiares, técnicos e contemporâneos de prática.

A utilização desse instrumento é justificada por entender que o relato em si traz o que o narrador considera importante em sua trajetória dando uma idéia do que foi sua vida, do que ele mesmo é nesse momento e o que representou a vivência esportiva para si. Essa atitude reflexiva permite a re-experimentação de situações passadas não apenas do ponto de vista do desenrolar dos fatos, mas pela re-signifi-

Medalhistas olímpicos brasileiros: memórias, histórias e imaginário

cação de episódios marcantes para o narrador, traçando sua memória pessoal e parte da memória coletiva do esporte brasileiro.

Após a coleta das entrevistas, os dados foram organizados em duas seqüências: por cronologia e por modalidade esportiva.

A organização cronológica permitiu vislumbrar as interferências do contexto histórico na elaboração da experiência esportiva. Isso porque ao partir do pressuposto da inegável transformação pela qual passou o Movimento Olímpico ao longo do século XX é possível buscar os momentos de ruptura que apontam para as transformações do papel social e da identidade do atleta.

A organização por modalidade esportiva apontou uma cartografia daquilo que denominamos "cultura das modalidades" (Rubio, 2001 b) assim como favoreceu a captação de aspectos da trajetória do atleta competitivo incorporados a seu repertório de indivíduo.

Vale ressaltar que o histórico de cada modalidade ofereceu as coordenadas para a interpretação da trajetória dos protagonistas. Isso porque há aquelas que se confundem com a mitologia e a própria história do esporte, como é o caso do atletismo, do boxe ou das lutas. Nesses casos, a condição arquetípica da modalidade ofereceu as condições para um tipo de interpretação, a mitohermenêutica (Ferreira Santos, 2004), a partir das histórias de vidas narradas pelos atletas.

No caso das demais modalidades busquei dar um breve histórico de suas origens com a intenção de oferecer os dados necessários à compreensão de sua organização e de sua inclusão no quadro das modalidades olímpicas.

Educação física, esporte e olimpismo

At the first call of renascent Olympism exactly twenty years ago, athletic unification, so critical for the success of the Olympiads, was taking its first baby steps. Hesitancy and resistance arose as soon as its strength began to wear down gradually.... No one believed that they would survive, but people accepted the originality of these large meets, embellished as they were with ancient prestige.

Pierre de Coubertin, 1913

As condições que levaram o esporte moderno a se desenvolver foram bastante particulares e denunciadoras do lugar e momento histórico em que ocorreram.

A Inglaterra tornara-se a principal potência da Europa e dominava parte do continente americano, africano e asiático, com um modelo diferente do ibérico que havia predominado nos séculos anteriores. No século XVIII já não bastava descobrir, explorar e/ou colonizar. Era preciso expandir mercados para o escoamento da produção industrial que crescia com a invenção de máquinas e novas tecnologias. As escolas ganhavam destaque nesse cenário preparando os representantes do império, responsáveis por levar a cultura e a ideologia britânicas às colônias e ao novo mundo, tanto no plano das idéias como no físico.

As práticas esportivas desempenharam um papel de destaque nesse processo e momento histórico. Hobsbawn e Ranger (1997) entendem que nesse período, final do século XIX e início do século XX, o esporte ocupou um lugar privilegiado na sociedade européia e norte-americana por colaborar para a construção de identidades nacionais. A esse processo os autores denominam de *tradição inventada*.

Cultura e tradição tornam-se valores preciosos na conquista de novos mercados, responsáveis pela criação de necessidades desconhecidas e pela implementação de comportamentos e atitudes inéditos.

O Brasil passou a fazer parte dessa zona de influência a partir do início do século XIX, assimilando parte dessa cultura e transformando outra, agregando valores que já lhe eram próprios. O Movimento Olímpico, por sua vez, participou de uma dinâmica de busca de ações internacionalistas e de paz. Nasce no continente europeu, berço das diversas guerras dos séculos XIX e XX e busca se contrapor aos desdobramentos desses conflitos com uma proposta pacificadora. As competições esportivas em um grande evento competitivo, como os Jogos Olímpicos, poderiam ser a metáfora para o ganhar e o perder sem a necessária ruína do derrotado.

Já o Movimento Olímpico Brasileiro surgiu como um desdobramento dessa "tradição inventada" em solo europeu, como sugere Hobsbawn e Ranger (1997), e buscou sua própria identidade no decorrer do século XX, experimentando em parte os conflitos sociais vividos na Europa – esportes de elite e populares – em parte as peculiaridades da organização social brasileira.

O esporte moderno

O esporte e a atividade física chegaram ao século XIX acompanhando as transformações políticas e sociais que começaram nos séculos anteriores – Iluminismo, Revolução Industrial e Revolução Francesa – demonstrando, desde então, uma tendência a servir como uma tela de projeção da dinâmica social.

Merece especial atenção o processo ocorrido na Inglaterra dos séculos XVIII e XIX, uma vez que nesse país surgiram e se difundiram vários elementos do esporte moderno em um modelo que se chama de popular.

Conforme Mandell (1986) o esporte como se conhece na sociedade contemporânea surgiu em um momento histórico marcado por condições sociais particulares e foi modelado conforme cânones de prazer e ócio de determinadas classes sociais.

Essa afirmação é reforçada por Hobsbawn e Ranger (1997) que entendem que os esportes contemporâneos são um reflexo das condições sociais vividas, principalmente nas três últimas décadas do século XIX, na Inglaterra, tornando-se uma tradição inventada. Nesse conceito incluem-se

> *tanto as tradições realmente inventadas, construídas e formalmente institucionalizadas, quanto as que surgiram de maneira mais difícil de localizar num período limitado de tempo – às vezes coisa de poucos anos apenas e se estabeleceram com enorme rapidez... Por "tradição inventada" entende-se um conjunto de práticas, normalmente reguladas por regras tácitas ou abertamente aceitas; tais práticas, de natureza ritual ou simbólica, visam inculcar certos valores e normas de comportamento através da repetição, o que implica, automaticamente, uma continuidade em relação ao passado (p. 9).*

No entender dos autores vários fatores contribuíram para a afirmação desse fenômeno como o local e preço dos equipamentos utilizados bem como a defesa do amadorismo (condição exclusiva daqueles que podiam usufruir de forma desinteressada do esporte). Esses fatos dificultavam, e até impediam, o acesso da classe operária às práticas esportivas. Entretanto, essa situação se transformou em parte por pressão de reivindicações, em parte por um política de cooptação de várias instituições interessadas em ampliar seus quadros, aproximando as camadas médias da elite.

Lasch (1983) apresenta por sua vez o argumento de que a burguesia tentava estabelecer a sobriedade puritana da sociedade norte-americana reprimindo esportes e festas populares, até perceber que o esporte era um aliado para seu objetivos imperialistas.

Associado a situação está o fato do sistema ginástico inglês distinguir-se do modelo ginástico continental europeu pautado pela necessidade de formação de exércitos para defesa de território. Países como Alemanha, França, Suécia e Dinamarca foram o berço de movimentos ginásticos vinculados a processos de afirmação de nacionalidade, cuja preocupação maior era a preparação para a guerra e a defesa do Estado (Betti, 1991).

Buscando uma reedição da *Paidéia*, o movimento ginástico alemão foi influenciado pela idéias educacionais do Iluminismo, período em que se pretendia a educação física como parte integrante da educação do jovem. Penna Marinho (1979) afirma que assim como na Grécia onde havia a prática de um mínimo de modalidades individuais – corridas, saltos, arremessos e lutas – jogos como a peteca, a bola e os pinos eram acrescentados às atividades físicas, cujas características podem sugerir variadas interpretações como excursões ao campo, transporte de sacolas cheias de areia e suspensão em escadas oblíquas.

Foi, todavia, o trabalho de Friedrich Ludwig Jahn (1778-1852) que repercutiu na formação da juventude prussiana do início do século XIX. Mentor de um método de educação nacional, na qual a Educação Física desempenhava um papel fundamental, Jahn, um nacionalista fervoroso, acreditava que a atividade física favorecia uma vida ativa e saudável, além de tornar os homens capazes de combater o inimigo e o invasor. A derrota das forças napoleônicas acirrou o sentimento nacionalista e reforçou a proposta da inclusão do sistema ginástico nas escolas alemãs (McIntosh, 1975).

O mesmo sentimento nacionalista diante das invasões napoleônicas no início do século XIX levou ao desenvolvimento do sistema ginástico dinamarquês. Ainda que Franz Nachtegall, criador do método fosse um civil, esse sistema ganhou destaque entre os militares que fundaram o Instituto Militar de Ginástica, em que civis também eram admitidos, tornando-se responsável pela formação de professores de ginástica para as escolas em geral. O resultado desse esforço, aponta Betti (1991), foi a transformação da Dinamarca no primeiro país europeu a introduzir a Educação Física como disciplina curricular, promover cursos de treinamento de professores e a editar manuais para instrutores.

Concomitantemente a esse processo surgiria na Suécia uma proposta ginástica bem-sucedida e longeva. Depois de estudar na Dinamarca e conhecer o sistema ginástico desenvolvido no país vizinho, Per Henrik Ling voltou à Suécia disposto a implementar um modelo pedagógico que contemplasse a Educação Física. Esse desejo ganhou impulso quando, na guerra contra a Rússia foi perdida a Finlândia, e mais uma vez governo e militares buscaram a formação de homens robustos de físico e de caráter para combater possíveis inimigos.

Van Dalen, Mitchell & Bennet (1956) acreditam que Ling tinha motivos patrióticos para desenvolver esse método de ginástica e, além disso, sendo um estudioso de anátomo-fisiologia buscava outros objetivos para o praticante, levando-o a criar um projeto de ação dividido em quatro propostas: a ginástica militar, a médica, a pedagógica e a estética. Esse sistema ginástico alcançou grande repercussão dentro e fora da Europa, tendo seus seguidores se atido basicamente à continuidade da ginástica militar, fato que desencadeou uma série de críticas à proposta inicial.

Se Alemanha, Dinamarca e Suécia criaram métodos ginásticos próprios para fortalecer seus exércitos, desenvolver um espírito nacionalista e sobreviver às investidas de um vizinho ameaçador, esse não era o objetivo daquele que representava a maior ameaça de perigo para a Europa, ou seja, a França. A ginástica foi lá introduzida somente na segunda metade do século XIX, e diferentemente das outras nações onde toda a população era contemplada, os usuários da prática de atividade ginástica eram membros do exército.

Inimigos ou aliados, o que tornou semelhante o movimento de expansão do sistema ginástico nesses países europeus foi o fato de serem territórios localizados no continente e, portanto preocupados em defender ou expandir suas fronteiras por terra. O desenvolvimento da capacidade de defesa do próprio indivíduo e da nação era o objetivo maior da atividade física.

Em uma outra direção caminhou o sistema ginástico e esportivo inglês.

Suas peculiaridades estão relacionadas diretamente a história da Inglaterra e a dinâmica das relações sociais que se desenvolveram e se transformaram desde o século IX. Consta que desde a invasão normanda de 1066, impôs-se o feudalismo e uma autoridade central completa em território inglês, e desde então as cidades se desenvolveram sem fortificação, com um sistema de transporte inter-regional relativamente aberto e a generalização das classes aristocráticas, profissionais e comerciais.

De acordo com Mandell (1986) muito mais do que no continente os novos ricos e os políticos habilidosos podiam obter favores reais convertidos em forma de terras e títulos nobiliárquicos que equivaliam oficialmente a uma ascensão à aristocracia. Embora houvesse a possibilidade de acumulação de fortunas, a primogenitura e a competência fizeram com que a aristocracia inglesa fosse menos numerosa que suas homólogas na França e na Alemanha. Diferentemente do que ocorria do outro lado do Canal da Mancha, o *status* aristocrático inglês dependia muito mais da riqueza, da influência na corte e dos lucros acumulados por antepassados aristocráticos. Diante disso, muitos ingleses experimentaram novos meios de controle de recursos e de criação de riqueza. Alguns tiveram notável êxito e é nesse contexto que o esporte moderno e a Revolução Industrial têm sua origem comum no dinamismo da cultura inglesa.

Contribuiu para o fortalecimento desse modelo o sistema educacional inglês. Distante do que seu nome sugere as *public schools* eram centros educativos seletos, os quais eram freqüentados pelos filhos, do sexo masculino, da aristocracia e da alta burguesia (Rubio, 2002.a).

González (1993) afirma que essas escolas assemelham-se às instituições totais, definidas por Foucault, e caracterizavam-se por uma grande disciplina interna, que levavam ao abuso, à tirania e a crueldade física dos alunos mais velhos e maiores sobre os mais novos, além de práticas sexuais inconvenientes e pela mais completa autonomia dos alunos no uso de seu tempo livre. A necessidade de regulação das atividades de ócio levaram a uma reformulação das instituições educacionais ao longo do século XIX. Esse momento foi marcado pela utilização do esporte como parte da estratégia de controle das atividades dos adolescentes das classes dominantes e, em um período muito curto de tempo, transformou-se em um dos conteúdos curriculares mais importantes dessas instituições.

Tradicionalmente, conforme González (1993), os estudantes tinham garantido o direito de desfrutar e disponibilizar de seu tempo

Katia Rubio

livre de acordo com seu desejo, porque se supunha que tal liberdade era de fundamental importância para a formação do espírito independente dos futuros líderes sociais. Diante disso, era de se esperar que após tediosas sessões de língua e cultura clássicas, que constituíam o currículo acadêmico das *public schools*, os estudantes buscassem refúgio em lugares distantes e distintos como as tabernas, realizassem atos de vandalismo e atividades proibidas (como a invasão de propriedades, caça e pesca) ou se ocupassem com práticas populares (formas tradicionais de futebol e outros jogos com bola, perseguições etc.) que assumiam também o caráter iniciático dos mais jovens que eram obrigados a desempenhar o papel de sofredores.

Essas condições acabaram por gerar também uma preocupação com a normatização de conduta e de regras. Elias e Dunning (1992:224) apontam que a concepção e organização do esporte moderno na Inglaterra estão intimamente relacionadas aos complexos processos sociais e políticos que viveram esta nação ao longo dos séculos XVII e XVIII, e justificam:

> *No decurso do século XIX e, em alguns casos, mais cedo, na segunda metade do século XVIII, com a Inglaterra considerada como um modelo, algumas atividades de lazer exigindo esforços físicos assumiram também em outros países as características estruturais de "desportos". O quadro de regras, incluindo aquelas que eram orientadas pelas idéias de "justiça", de igualdade de oportunidades de êxito para todos os participantes tornou-se mais rígido... A "desportivização", em resumo, possui o caráter de um impulso civilizador comparável, na sua orientação global, à "curialização" dos guerreiros, onde as minuciosas regras de etiqueta representam um papel significativo.*

A crueldade, a vulgaridade e a rudeza das práticas de tempo livre realizadas pelos estudantes ingleses levaram as autoridades educacionais a reconsiderar o princípio da liberdade e independência, instalando um sistema de vigilância que teve importantes desdobramentos para a organização das atividades esportivas. Alguns passatempos tradicionais foram prontamente proibidos, outros que fossem

47

Considerados suscetíveis de serem regulados, de ajustar-se melhor a um marco espacial definido ou de fomentar espírito de equipe, foram adotados. Não se pode dizer que esse processo tenha sido pacífico e aceito prontamente, pelo contrário. Diante do caráter impositivo dessa medida os estudantes protagonizaram inúmeras rebeliões, levando, inclusive, a necessidade de utilização de força policial (González, 1993; Ulmann, 1982). Depois de muita resistência os estudantes conseguiram manter sua tradicional autonomia em relação ao uso do tempo livre, e enquanto isso se potencializava a estrutura hierárquica baseada na tradição dos veteranos. Isso significava que os processos de regulação a que foram submetidos os passatempos tradicionais pré-esportivos até serem transformados em esportes como, por exemplo, o futebol e o rúgbi, foram produto, fundamentalmente, de assembléias de cursos e escolas, de discussões entre os estudantes relativas às técnicas corporais que deviam ser permitidas e proibidas. Foram sistematizados os códigos, os gestos apropriados e homologadas as similitudes e as variedades das diversas modalidades.

A permissão e a regulamentação dessas práticas não envolviam apenas os estudantes. Diretores e professores, cuja formação era basicamente clerical, precisavam ser convencidos e conquistados para essa nobre causa. Em pouco tempo uma nova ordem se estabelecia nas *public schools* e os dissidentes e resistentes à nova ordem pedagógica, fossem eles professores ou alunos, eram classificados como afeminados ou intelectuais suspeitos. Investido de caráter educativo, o esporte se transformou em componente central dos currículos escolares. Quadras, campos, piscinas e pistas converteram-se em verdadeiro celeiro de líderes que iriam atuar na indústria, na política, no exército, nas empresas comerciais e na administração do império colonial e a influência socializante dos jogos era enfatizada para promover liderança, lealdade, cooperação, autodisciplina, iniciativa e tenacidade, qualidades necessárias à administração do Império britânico.

Em algumas décadas os alunos originários dessas instituições, a chamada *cristandade muscular* (Mangan, 1986), conquistou postos de direção no governo, no parlamento, na igreja, em empresas privadas e na educação e difundiram com muito êxito a nova mensagem esportiva. Segundo esse autor desde que o Império britânico se estabeleceu as *public schools* tornaram-se seu suporte. Os alunos oriundos dessas instituições subscreviam totalmente o imperativo ético imperial. Eles desempenhavam o papel de agentes de persuasão da hegemonia, ou seja, eram executores autocratas, com capacidade para impor seu ponto de vista exercendo o papel moral não pela força, mas pela autoridade: ocupavam os púlpitos das igrejas, participavam das competições esportivas, da caçada na selva, realizavam palestras em escolas ou escreviam os editoriais dos periódicos oferecendo à sociedade sua versão da realidade. Os formandos das *public schools* serviam para legitimar as convicções dominantes, conquistando a juventude e criando unidade no terreno da ideologia.

E assim, a Inglaterra passou a exportar as práticas esportivas juntamente com suas mercadorias e poder bélico para a Índia, para a África, para a América e onde mais se descortinasse um mercado consumidor.

De acordo com Mangan (1986) algumas modalidades esportivas como o críquete definiam claramente o conceito de cavalheirismo, embora o rúgbi e o futebol propusessem os valores mais apropriados para o imperialismo: a coragem, o autocontrole e o companheirismo.

Ainda que as *public schools* estivessem voltadas para a formação dos filhos da aristocracia e da alta burguesia e aparentassem representar um único modelo educacional inglês, havia as escolas que abrigavam as crianças filhas da classe trabalhadora.

As instituições educacionais passaram por grandes transformações como a transferência para o Estado das escolas de ensino fundamental associadas à Igreja e a entidades particulares de caráter beneficente, responsáveis pela educação dos "pobres".

O processo de escolarização obrigatório tardou a ser efetivado na prática. No bojo dessas mudanças estava o Ato de Educação de 1870, que estabeleceu um acordo entre o Departamento de Educação e o Gabinete Militar para que sargentos ministrassem educação física nas escolas primárias (Betti, 1991).

O modelo seguido foi o da ginástica sueca de Ling, gerando uma dualidade de sistemas na educação física inglesa: jogos organizados nas *public schools* e ginástica nas escolas primárias, ou seja, nas primeiras tem-se a formação de líderes empreendedores e bons oficiais, e nas segundas bons operários e soldados, talhados na disciplina e nos efeitos fisiológicos do exercício sistemático (Rubio, 2001.a).

Os recintos escolares foram alvo de um tipo de intervenção que pretendia estender uma certa prática de exercício ginástico – repetitivo, estático, em espaço limitado – que buscava proporcionar benefícios para a saúde, além de impor a docilidade dos corpos. O esporte, em oposição à ginástica, continuou a ser desenvolvido em espaços abertos. A distinção social favorecia a exclusão esportiva. Apesar dessa discriminação a organização das instituições esportivas não resistiu às pressões sociais pela popularização da prática.

As diferenças sociais também se refletiam na prática esportiva. De acordo com Guttmann (1978) o esporte da elite tinha como finalidade a socialização e o desenvolvimento de papéis cujo principal traço seria a liderança necessária para o comando dentro e fora do território. Os esportes do proletariado, por outro lado, seriam o veículo para uma outra forma de socialização. Caminhavam na direção das modalidades coletivas onde predominava a aprendizagem e a prática da subordinação e a aceitação da autoridade, autoridade essa simbolizada mais imediatamente pela figura do técnico. Cedo os atletas-operários eram iniciados na rotina do sistema industrial. Independente da classe social o esporte cumpria uma função utilitária, fosse para uso externo, na conquista de novos mercados, fosse para uso interno, no incremento da produção inglesa.

Mas, não era apenas o desenvolvimento de perfis individuais que se relacionava com a prática esportiva. O autor demonstra a relação entre desenvolvimento econômico e esportivo entre as cinco nações mais poderosas de então – Inglaterra, França, Estados Unidos, Alemanha e Suécia – que despontaram no cenário internacional como industrializadas e o estabelecimento de organizações nacionais para o esporte.

Quadro 1 – A difusão do esporte moderno

Fundação de instituições esportivas nacionais (por ano de organização)					
	Inglaterra	Estados Unidos	França	Alemanha	Suécia
Associação de Futebol	1863	1913	1919	1900	1904
Associação de Natação	1869	1878	1889	1886	1904
União de Ciclismo	1878	1881	1881	1884	1900
Associação de Remo	1879	1872	1890	1883	1904
União Amadora de Atletismo	1880	1888	1887	1891	1895
Associação de Tênis	1888	1881	1889	1902	1906

Fonte: Guttmann, 1978.

Desde a primeira metade do século XIX os jogos populares tornaram-se alvo da atenção e intervenção por parte dos setores mais puritanos e moralistas das classes dominantes. A heterogeneidade dos diversos grupos sociais levou à criação de várias e distintas associações que acabaram por complementar-se, culminando em um efeito regular amplo e efetivo. As igrejas, de acordo com González (1993) foram uma das principais agências na difusão da mensagem esportiva. Como meio de intervenção tinham fácil acesso às comunidades e bairros de trabalhadores e dispunham de espaço que podiam ser transformados em campos de jogo exatamente ao lado das igrejas. Com isso facilitavam as atividades esportivas e ampliavam o rebanho de fiéis. Além disso, os religiosos jovens acreditavam no esporte e perceberam que essa atividade seria um bom meio para atrair fiéis para a igreja. Young (1968) afirma que milhares de clubes e equipes esportivas foram constituídos sob o amparo de instituições religiosas. Mas não foram apenas as igrejas que descobriram o poder da atividade esportiva. As fábricas foram outro importante foco de criação de clubes esportivos. As equipes de futebol constituíram-se como uma das principais atividades recreativas dos trabalhadores das cidades industriais durante o inverno. As diferenças sociais proporcionaram concepções distintas de ver e praticar o futebol, fazendo emergir uma questão central para o esporte inglês e o Movimento Olímpico contemporâneo: o amadorismo.

O Movimento Olímpico

O Movimento Olímpico contemporâneo tem como principal ideólogo Pierre de Freddy, conhecido pelo título nobiliárquico de Barão de Coubertin. Educador, pensador e historiador, quando se empenhou na reorganização dos Jogos Olímpicos almejava revalorizar os aspectos pedagógicos do esporte mais do que assistir à conquista de marcas e quebra de recordes. Sua preocupação fundamental era valorizar a competição leal e sadia, o culto ao corpo e à atividade física.

Embora de origem aristocrática Coubertin resistia à idéia e a prática de perpetuar um modelo político social que havia levado a França a três monarquias, dois impérios e três repúblicas em menos de cem anos. Por essa razão definia-se como um republicano e embora desacreditasse da política desejava promover ações que levassem à transformação de uma sociedade que lhe parecia enferma.

Nesse contexto começou a freqüentar a *École Supérieure des Sciences Politiques* na qual teve contato com a pessoa e a obra de Hipólito Taine e com um núcleo anglófilo que buscava compreender a dinâmica cultural inglesa capaz de proporcionar uma estabilidade social que faltava à França.

De acordo com Tavares (2003) duas características da sociedade inglesa interessavam a Coubertin e iriam influenciar sobremaneira sua obra e suas ações: uma delas era o "espírito de associação" da sociedade inglesa *corporificado nas associações privadas de patronato das mais diversas causas* (p. 40); o segundo foi o sistema educacional inglês, *inclusive as atividades esportivas nas escolas que Taine discute sublinhando seu valor como uma preparação para a vida numa sociedade democrática* (p. 40).

Mas, sobretudo as obras *Notes sur l"Anglaterre* de Hippolyte Taine e *Tom Brown"s Schooldays* de Thomas Hughes iriam provocar profunda identificação de Coubertin com o sistema educacional e esportivo ingleses. Hughes foi aluno de Thomas Arnold na escola de Rugby, marco da institucionalização do esporte nas escolas inglesas, e na obra *Tom Brown"s* relatou de forma romanesca e apaixonada o cotidiano e as preocupações de uma pedagogia pelo esporte. A fundamentação dessa pedagogia se assentava na responsabilidade e na hierarquia. A responsabilidade estava associada ao uso da liberdade e do cumprimento de normas e tradições que entre, outras ações, refletia-se no uso do tempo ocioso. A hierarquia demandava a compreensão e aceitação de uma "ordem natural" imposta pelos veteranos, por aqueles que primeiro chegaram à instituição impondo a perpetuação de uma cultura que deveria ser reproduzida pelos mais novos.

Embora Coubertin encontrasse em Taine o eco necessário para a reflexão sobre um modelo pedagógico é em Frédéric Le Play que a reforma social por meio de uma pedagogia esportiva encontraria seu porto seguro. Organizador da Société d"Économie Sociale e da Unions de la Paix Sociale, Le Play sociólogo e filósofo da segunda metade do século XIX exerceu grande influência sobre Coubertin, que iria afirmar em seus escritos no final da vida que *Le Play foi, juntamente com Arnold, o mestre a quem dedico minha gratidão no momento em que o fim se aproxima. A esses dois homens eu devo mais do que eu posso dizer* (Mangan, 198:83).

Coubertin começou a se preocupar em desenvolver um modelo de reforma social por meio da educação e do esporte em uma perspectiva internacionalista depois de obter pouco sucesso com programas de caráter educacional em seu país, a França. MacAloon (1984) aponta que durante os idos de 1880 visitou inúmeras escolas inglesas, uma verdadeira peregrinação, em busca de referência para seu projeto esportivo-pedagógico, deslocando, entretanto esse micro sistema – a educação – do macro sistema – a sociedade – no qual ele estava inserido e situado. Não satisfeito com isso, em 1889, partiu para os Estados Unidos para conhecer de perto o modelo americano emergente e distinto do inglês, agora não mais na condição de observador, mas como comissário oficial do governo francês ligado ao ministério da educação. Em quatro meses visitou escolas e universidades de Chicago e New York até New Orleans e Flórida. Nessa oportunidade Coubertin mostrou-se surpreso com os "sentimentos democráticos do catolicismo americano" que separava igreja do Estado e tolerava a liberdade de culto, fato menos comum na Inglaterra. Talvez essa questão tenha lhe chamado tanta atenção em virtude da resistência que os países de cultura puritana ofereciam à idéia dos jogos Olímpicos, relacionando-os com uma festa pagã, extinta pelo imperador Teodósio I, um católico fervoroso, a pedido do bispo de Milão, San Ambrosio, no ano de 394.

Foi, sobretudo, o renascimento do interesse pelos estudos clássicos, fazendo reviver na intelectualidade de então a fascinação que a cultura helênica exercia sobre a européia, além das descobertas de sítios arqueológicos que permitiam desvendar acontecimentos relacionados aos Jogos Olímpicos da Antiguidade, que levou Pierre de Coubertin a tomar para si a tarefa de organizar uma instituição de caráter internacional com a finalidade de cuidar daquilo que seria uma atividade capaz de transformar a sociedade daquele momento: o esporte.

Tavares (2003) aponta que o estabelecimento do Movimento Olímpico nos idos de 1894 coincide com a criação e proliferação de um amplo espectro de organizações de cunho internacionalista, cujo principal objetivo era a promoção da paz. Isso porque, embora durante o século XIX tivesse ocorrido um grande desenvolvimento das ciências humanas e da produção de idéias, os conflitos ainda eram resolvidos de forma brutal por meio da guerra. As organizações internacionalistas buscavam a resolução de conflitos, tanto de ordem interna como externa, pelo uso da razão e das leis, e não pelas armas. Dentro dessa lógica a competição esportiva era uma forma racionalizada de conflito, sem o uso da violência.

O projeto de restauração dos Jogos Olímpicos como na Grécia Helênica foi apresentado em 25 de novembro de 1892 quando da ocasião do 5° aniversário da União das Sociedades Francesas de Esportes Atléticos, que teve como paraninfo o Barão de Coubertin. Naquela ocasião ele manifestaria seu desejo e intenções com relação os Jogos: *É preciso internacionalizar o esporte. É necessário organizar novos Jogos Olímpicos* (López, 1992:21).

A tarefa audaciosa de promover uma competição esportiva de âmbito internacional, espelhada nos Jogos Olímpicos gregos, com caráter educativo e permanente demandava a criação de uma instituição que desse o suporte humano e material para a realização de tal empreitada.

E assim, em junho de 1894, na Sorbonne, em Paris, diante de uma platéia que reunia aproximadamente duas mil pessoas, das quais setenta e nove representavam sociedades esportivas e universidades de treze nações, teve início o congresso esportivo-cultural, no qual Coubertin apresentou a proposta de recriação dos Jogos Olímpicos.

Inicialmente o Barão intentava realizar a primeira edição dos Jogos Olímpicos na capital francesa em 1900, como parte das comemorações da virada do século que ocorreria em seis anos. Entretanto, diferentemente do que havia sugerido o proponente, a competição foi antecipada para o ano de 1896, para Atenas, como uma deferência aos criadores dos jogos originais (Rubio, 2002.a).

Algumas particularidades marcaram a criação do Comitê Olímpico Internacional e sua dinâmica ao longo do século XX.

Constituído por representantes de várias nacionalidades indicados pelos participantes do encontro da Sorbonne, o COI tinha como missão e intenção a organização dos Jogos Olímpicos bem como a normatização das modalidades disputadas, muitas delas recém-criadas e sem um corpo de regras universalizadas.

Medalhistas olímpicos brasileiros: memórias, histórias e imaginário

A idéia inicial, e que posteriormente foi perpetuada, era da celebração de uma competição de caráter internacional, com realização quadrienal, cujos participantes estariam vinculados a representações nacionais. Subjacente a essa proposta, lembra Tavares (2003:64), estava a idéia e o princípio de

uma organização não ideológica, destinada a promover uma idéia, se organizar em torno de uma elite e servir a humanidade em regime de total independência de correntes políticas e de governos nacionais.

A proposta de criação da instituição nessas bases guardava preocupações com a isenção, autonomia e independência de um movimento que se propunha internacional, apolítico e apartidário. Como decorrência dessa perspectiva Coubertin idealizou o Movimento Olímpico sustentado na força dos comitês olímpicos nacionais, mas principalmente na cooptação e atuação dos membros do Comitê.

Conforme já mencionado os membros do Comitê Olímpico Internacional são indicados, desde sua constituição, pelos membros já participantes, ou seja, o regime que sustenta a organização olímpica não está pautado em uma concepção democrática. Tavares (2003) enfatiza que Coubertin se baseou no princípio da representatividade reversa dos membros do COI como forma de garantir a independência de sua organização.

Embora reconhecida como defeituosa e limitada seu idealizador acreditava que a dinâmica impressa na instituição garantiria sua estabilidade e defende essa posição com o seguinte argumento:

Nós não somos eleitos. Não somos auto-recrutados, e nossos mandatos são limitados. Existe qualquer outra coisa que pudesse irritar mais a opinião pública? O público tem visto de maneira crescente o princípio da eleição se expandir, gradualmente, colocando todas as instituições sob seu domínio. Em nosso caso,

Katia Rubio

estamos infringindo essa regra geral, uma coisa difícil de tolerar, não é mesmo? Bem, nós temos muito prazer em tomar a responsabilidade por esta irregularidade e não estamos nem ao menos preocupados com ela (Müller, 2000: 587-589).

A prática de indicação pelo próprio Comitê persiste até os dias atuais e seus membros são considerados *embaixadores dos ideais olímpicos* em seus respectivos países e não delegados de suas nações junto ao Comitê, numa tentativa de destituir aqueles que lidam com o esporte de qualquer relação com manobras políticas (Sagrave, 1988). Isso vem representar um paradoxo uma vez que embora não haja representação nacional dentro da estrutura burocrática do COI, a um atleta só é permitido participar de uma edição de Jogos Olímpicos desde que tenha os índices necessários, obtidos em situações em que ele tenha representado seu país em eventos internacionais. Ou seja, é vetada a participação independente de qualquer pessoa, mesmo habilidosa, sem que ela defenda as cores de uma bandeira nacional.

O receio de lidar com conflitos internos e o ceticismo com a democracia levou Coubertin a estruturar e organizar o COI como uma instituição unipartidária, em um modelo próximo ao oligárquico, tendo como documento norteador de sua prática a Carta Olímpica, elaborada pelo fundador do movimento olímpico em aproximadamente 1898 (Valente, 1999).

Regidos desde então por princípios fundamentais contidos na Carta Olímpica, os Jogos Olímpicos pautaram-se em um conjunto de valores que são a referência fundamental do Movimento Olímpico até os dias atuais.

De acordo com Tavares (1999.a:15) os Jogos Olímpicos eram para seu reinventor a institucionalização de uma concepção de práticas de atividades físicas que *transformava o esporte em um empreendimento educativo, moral e social, destinado a produzir reflexos no plano dos indivíduos, das sociedades e das nações –* concepção que expressava a formação humanista e eclética de Coubertin. E, é justamente o ecletismo uma das chaves para compreen-

57

Medalhistas olímpicos brasileiros: memórias, histórias e imaginário

der a lógica interna do *corpus* de valores do Olimpismo, uma vez que a definição contida nos Princípios Fundamentais da Carta Olímpica (Comitê Olímpico Internacional, 2001) é pouco precisa – ou em última análise, como afirma DaCosta (1999) uma filosofia *em processo* durante o tempo de vida de Coubertin – o que tem levado estudiosos do tema a discussões extensas e inconclusivas (Lenk, 1976; Sagrave, 1988; Grupe, 1992).

Vale ressaltar que o termo Olimpismo refere-se ao conjunto de valores pedagógicos e filosóficos do Movimento Olímpico, e não aos aspectos formais e/ou burocráticos que sustentam a instituição e o fenômeno olímpico.

A Carta Olímpica apresenta o conceito de Olimpismo no Princípio Fundamental n° 2 como

> *uma filosofia de vida que exalta e combina em equilíbrio as qualidades do corpo, espírito e mente, combinando esporte com cultura e educação. O Olimpismo visa criar um estilo de vida baseado no prazer encontrado no esforço, no valor educacional do bom exemplo e no respeito aos princípios éticos fundamentais universais* (Comitê Olímpico Internacional, 2001: 8).

E apresenta como objetivos no Princípio n° 3

> *Colocar em toda parte o esporte a serviço do desenvolvimento harmonioso do homem, na perspectiva de encorajar o estabelecimento de uma sociedade pacífica preocupada com a preservação da dignidade humana. Neste sentido o Movimento Olímpico se engaja em cooperação com outras organizações e dentro do limite dos seus meios, em ações para promover a paz* (p. 8).

E no Princípio n° 6

> *Contribuir para a construção de um mundo melhor e pacífico pela educação da juventude através do esporte praticado sem discriminação de qualquer tipo e no espírito olímpico, o qual requer entendimento mútuo com um espírito de amizade, solidariedade e* fair play (p. 9).

Dos idos de 1894 a 1999 esse conceito passou por algumas transformações e hoje é entendido

> *de maneira crescente como um grande "laboratório" para o estudo do esporte uma vez que possibilita, em uma escala internacional e sob abordagens multiculturais, o estudo das questões culturais, filosóficas, educacionais, econômicas, sociais, ecológicas e urbanas à (sic) ele relacionadas via Movimento Olímpico* (Tavares & DaCosta, 1999: 08).

Outros autores buscam definir o conceito de Olimpismo, contemplando as idéias originais de Coubertin e assimilando as transformações ocorridas tanto no esporte como na sociedade do século XX. É o caso de Müller (2000:14) que entende o Olimpismo como

> *Uma espécie de excesso de esforço, de transcendência do homem enquanto uma unidade psicossomática, os quais revelados pela e na prática do esporte e ativado pelos constantes esforços do indivíduo em seguir princípios estéticos e morais, são encontrados na consciência, para integrar todos os valores humanos na educação do corpo e da mente.*

As modernas Olimpíadas, ou seja, o período em que ocorrem as edições dos Jogos Olímpicos, dividem-se em Jogos de inverno e de verão, ocorrem de quatro em quatro anos, como na Antigüidade, alternando-se a cada dois anos entre os Jogos de Verão e os de Inverno. Diferentemente da dificuldade para definição da sede ocorrida nas edições iniciais, na atualidade, a realização das competições é disputada por grandes metrópoles dos cinco continentes, em um processo que demanda alguns anos.

O crescimento da importância do evento pode ser observado nos números entre Grécia em 1896 e Sydney em 2000. As modalidades saltaram de 9 para 26. Os países participantes passaram de 13 para 197. De 250 atletas homens na Grécia o total entre mulheres e homens em Sydney ficou em torno de 10 mil. A evolução dos números é um bom indicador de que na atualidade os Jogos Olímpicos adquiriram a importância e o prestígio de que desfrutavam na Grécia Helênica, embora as razões para isso sejam bastante distintas.

Para os gregos, os Jogos representavam um momento de trégua nas guerras e conflitos de qualquer ordem para que competidores e espectadores pudessem chegar a Olímpia. Ao longo desses cento e quatro anos de competições, os Jogos Olímpicos da Era Moderna já sofreram interrupção por causa das duas Grandes Guerras e boicotes promovidos por Estados Unidos e União Soviética na década de 1980, indicando que o Movimento Olímpico não está alheio às questões sociais e políticas do mundo contemporâneo, como desejava Pierre de Coubertin.

Apesar dos boicotes e das inevitáveis gestões diplomáticas para a superação de conflitos internacionais foi basicamente dois preceitos olímpicos fundamentais que mais fizeram o Movimento Olímpico ver sua estabilidade abalada: o *fair play* e o amadorismo.

O *fair-play*

Um dos elementos fundamentais do movimento olímpico é denominado *fair-play*. Utilizado pela primeira vez por Shakespeare, em 1595, sem qualquer relação com a prática esportiva (Mangan, 1996), a partir de 1880 foi incorporado ao esporte para designar um tipo de conduta.

O *fair-play*, ou "espírito esportivo", ou "jogo limpo", ou "ética esportiva" pode ser definido como um conjunto de princípios éticos que orienta a prática esportiva, principalmente do atleta e também dos demais envolvidos com o espetáculo esportivo.

O *fair-play* presume uma formação ética e moral daquele que pratica e se relaciona com os demais atletas na competição, e que este atleta não fará uso de outros meios que não a própria capacidade para superar os oponentes. Nessas condições não há espaço para formas ilícitas que objetivem a vitória, suborno ou uso de substâncias que aumentem o desempenho.

De acordo com Turini (2002) o *fair-play* é entendido como um dos valores do Olimpismo sendo considerado a ética do esporte moderno cujo propósito é orientar a conduta do competidor na prática esportiva.

Dentre os valores culturais ingleses com os quais Pierre de Coubertin teve contato, o *fair-play* foi sem dúvida aquele que mais influência exerceu sobre sua concepção de Olimpismo. A gênese do *fair-play* está fincada no cavalheirismo, espécie de comportamento social que contemplava a nobreza de caráter, os valores cristãos e humanistas relacionados ao Renascimento. Esse *ethos* cavalheiresco era a base do comportamento que definia um *gentleman*, o ideal de homem na sociedade inglesa do século XIX. A transposição para o âmbito esportivo dessa atitude social foi idealizada e empregada desde o surgimento do Movimento Olímpico contemporâneo, afirmando a relação de projeção que há entre sociedade-cultura e movimento olímpico-esporte. Entretanto, embora a Inglaterra representasse a principal potência no cenário geopolítico de então, exercendo uma forte hegemonia sobre países europeus e americanos, seus padrões culturais não eram universais. Sendo assim, é de se esperar que o *fair-play* também não representasse uma unanimidade.

Tavares (1999.b) endossa essa afirmação apontando que as implicações do *fair-play* enquanto um conjunto de valores normativos dos comportamentos no ambiente da competição reflete a formulação de um ambiente cultural específico.

> *Desse modo, ainda que o Olimpismo de um modo geral, e o* fair-play *em particular, tenham adquirido alguma expressão hipoteticamente universal, é altamente recomendável que se examine a significância atual do* fair play *a partir de um cenário cultural multidimensional* (p. 178).

Em outro trabalho Tavares (2003) cita o filósofo alemão Gunter Gebauer para discutir o paradoxo inerente ao esporte que associa a "liberdade de excesso" (*altius, citius, fortius*) e o cavalheirismo (*fair play*) por serem dificilmente compatíveis diante das codificações éticas e princípios morais em um campo onde o que prevalece são as ações práticas. Há condições objetivas que levam a essa conclusão.

Mesmo quando as regras não mudam ou mudam pouco, o desenvolvimento da preparação física, o aumento da "seriedade" da competição e toda a carga de mudanças competitivas trazida pela crescente lógica profissional do esporte, determinam uma dinâmica e um sentido novos que fazem um mesmo esporte se tornar um jogo bastante diferente. A busca pela vantagem, por sua chance, é o que determina a perspectiva interna que um atleta tem na situação competitiva, a maneira como organiza ações e a quantidade e a qualidade dos recursos que ele mobiliza para atingir seus objetivos (p.102).

Diante do universalismo sugerido e desejado pelo Olimpismo seria de se esperar que o multiculturalismo fosse contemplado em respeito aos diversos atores sociais que protagonizam os Jogos Olímpicos, a principal manifestação do Movimento Olímpico. Entretanto, assim como o ideal de amadorismo, o *fair-play* foi concebido a partir de uma perspectiva cultural dominante, e como decorrência natural eurocêntrica (ou anglocêntrica), em um momento em que a estrutura e organização olímpica restringiam-se a um grupo restrito de pessoas que tinham a si próprios como referência para a criação de regras. Diante desse quadro, Abreu (1999:75) destaca que

O Olimpismo e, conseqüentemente, suas bases multiculturais guardam conceitos tradicionalmente transmitidos pela cultura universal e posições contestadoras referentes a problemas atuais. Portanto, conforme a experiência histórica, a atividade esportiva é ensinada e vivida de forma diferente em cada sociedade, sendo interpretada segundo valores da cultura local.

A atividade esportiva, bem como a competitiva, são criações culturais localizadas histórica e geograficamente. A universalidade desejada é construída demandando tempo para a sua assimilação. Um exemplo dessa dinâmica são as regras para a aceitação de uma nova modalidade esportiva em Jogos Olímpicos.

Conforme a Carta Olímpica (2001: 78) para que uma modalidade esportiva venha a fazer parte dos Jogos Olímpicos é preciso que ela seja praticada em um mínimo de setenta e cinco países e quatro continentes para homens e em, no mínimo, de quarenta países de três continentes para mulheres. Essas modalidades terão, em um primeiro momento, apenas caráter de exibição, e em sendo reconhecidas e aprovadas passam a fazer parte do programa oficial.

Os estudos sobre o *fair-play* têm recebido a atenção de estudiosos do Olimpismo preocupados com as transformações que vêm ocorrendo nas regras e conduta dos praticantes das diversas modalidades esportivas, bem como do avanço dos estudos culturais (Lenk, 1976; Loland, 1995; Mangan, 1996; Marivoet, 1998; Tavares, 1999.b). Isso porque o próprio Movimento Olímpico criou padrões, normas e orientações que norteiam e influenciam a prática e o entendimento do esporte, tanto por parte de quem o pratica como de quem o assiste.

Para Gebauer a idéia de cavalheirismo e *fair-play* formatadas por Coubertin funcionam como uma ideologia que não permite ao atleta explorar o limite das possibilidades de uma competição. Sendo assim, o rígido código de conduta a que são submetidos os participantes de um embate é "injusto e intelectualmente desonesto" para o esporte moderno e para a criação de uma atmosfera intelectual nos Jogos. É, contudo, a "perspectiva interna do praticante", a partir de uma moral egocêntrica, que permitirá a criação de valores culturais, ou sua destruição. Sobre esses valores morais Gebauer afirma

Elas podem ser julgadas triviais, mas também podem enriquecer a imagem do ser humano. O reconhecimento desta moral vai depender de até que ponto a sagacidade é valorizada e até que ponto as intenções do esporte e os objetivos do Movimento Olímpico parecem desejáveis (apud Tavares, 2003:102-103).

A compreensão e aplicação do *fair-play* envolvem elementos emocionais e cognitivos que levaram Lenk (1976) a postular duas manifestações possíveis:

– o *fair-play* **formal** que está relacionado diretamente ao cumprimento de regras e regulamentos escritos e formalizados que o participante da competição deve cumprir, em princípio, sendo

Medalhistas olímpicos brasileiros: memórias, histórias e imaginário

considerado uma "norma obrigação" (*must norm*). É o comportamento normatizado, caracterizado como um comportamento objetivo.

- o *fair-play* não formal – relaciona-se ao comportamento pessoal e aos valores morais do atleta e daqueles envolvidos com o mundo esportivo. Não está limitado por regras escritas e é legitimado culturalmente. A ausência de uma regulamentação oficial confere a ele um caráter subjetivo. É o comportamento efetivo influenciado pelos estados emocionais e motivacionais.

Apesar de caracterizado por uma abordagem normativa e conservadora do comportamento atlético, o *fair-play* serviu durante longo período como orientação para os protagonistas do espetáculo esportivo, ainda que não fosse seguido durante todo o tempo.

Assim como o conceito de amadorismo foi abolido do Olimpismo, assiste-se a mudanças no que se refere ao *fair-play*. Tavares (1999.b: 190) justifica essa transformação porque

> *o esporte vem sofrendo deslocamentos de sentido nos últimos trinta anos, apontando para uma possível relativização dos valores tradicionais ligados à prática esportiva, entre eles o* fair-play.

O autor tenta justificar essa guinada situando, principalmente, o *fair-play* dentro de uma nova ordem cultural.

É preciso discutir, entretanto, a motivação intrínseca do Olimpismo atual que está pautada na potência comercial que o COI se tornou. Dentre os muitos interesses que cercam o cumprimento de normas ou uma atitude cavalheiresca com um adversário estão os interesses de empresas e meios de comunicação de massa responsáveis pela divulgação e espetacularização do evento esportivo.

Sensível à transformação irrefreável que os Jogos Olímpicos vêm sofrendo Tavares (1999.b) considera que

> *talvez o próprio conjunto de valores do* fair-play *necessite ser repensado em função de um cenário cultural bastante diverso do*

ambiente aristocrático do século passado em que surgiu o Olimpismo, incorporando novos valores sociais contemporâneos ao mesmo tempo que mantendo seus elementos essenciais, numa articulação entre tradição e mudança (p. 190).

Parece acaso, mas o lapso temporal apontado pelo autor coincide com o fim do amadorismo e o início do profissionalismo no esporte, conferindo uma nova moral ao Olimpismo. E mais uma vez os ideais olímpicos coubertinianos são postos à prova.

De 1896 em Atenas a 2000 em Sydney, os Jogos Olímpicos cresceram em número de países e atletas participantes e em importância. Tornaram-se um evento significativo tanto do ponto de vista esportivo, como econômico e político. Já não possuem o purismo sonhado por Coubertin, que idealizava o esporte como um momento de celebração quase religiosa entre os povos. Na atualidade os Jogos Olímpicos são o principal evento esportivo competitivo do mundo, principalmente naquilo que se refere a índices de desempenho atlético, número de provas, de modalidades, de esportistas e de países participantes, além de ser um evento com forte apelo turístico e comercial.

Contribuiu grandemente para essa transformação o advento das transmissões televisivas, principalmente ao vivo a partir de 1960 em Roma, que permitiram o acompanhamento em tempo real das façanhas realizadas nas pistas, quadras, piscinas e ginásios, por atletas que começaram a ver seus papéis transformados ao longo do século XX.

Marivoet (1998) considera que o desenvolvimento do modelo profissional de atuação esportiva deve ser considerado um dos principais perturbadores do *fair-play*. Isso porque ao nível da mais alta competição que o profissionalismo impõe a dedicação em tempo integral a que o atleta é submetido, exige contrapartidas pecuniárias que assumem elevadas somas em algumas modalidades.

O amadorismo

Como já discutimos anteriormente, o esporte foi originalmente concebido como uma prática tipicamente aristocrática e da alta burguesia, tido como uma atividade de ócio e um meio de educação social dos filhos dessas classes sociais, fato que sofreu grandes transformações com a proliferação do esporte em outras camadas sociais. Essa concepção levou o atleta amador a ser definido como aquele que

> *pratica esporte apenas por prazer e para usufruir tão somente dos benefícios físicos, mentais e sociais que derivam dele e cuja participação não é nada mais do que recreação sem ganho material de nenhuma natureza, direta ou indireta* (Bastos, 1987: 75).

Posto que organizadores e praticantes do esporte criaram e defenderam o esporte como uma atividade de poucos e para poucos não é de se estranhar que o amadorismo tenha se constituído como um dos pilares fundamentais sobre qual se assentou o Movimento Olímpico. Preocupados com a perda do controle da prática esportiva originária em seus domínios, aristocratas e burgueses lançaram-se em defesa dessa atividade alegando que a permissão para o seu exercício seria dada apenas àqueles que pudessem tê-la para uso no tempo ocioso, distanciando o trabalhador da participação em esportes institucionalizados e dos Jogos Olímpicos.

Embora associado a uma atividade não remunerada, o conceito de amadorismo viu-se envolvido em ambigüidade devido às transformações sociais ocorridas ao longo do século XX. Uma das questões principais dessa discussão se deu após a entrada dos países do bloco socialista nas disputas olímpicas. Para o mundo capitalista parecia não haver dificuldades em identificar amadores e profissionais. Amador era todo aquele atleta que não recebia qualquer bem ou valor em troca de sua atuação esportiva. Profissional, por sua vez, tinha a sua força de trabalho, a performance, paga pelos clubes que negociavam passes e salários, gerando a razão de ser do capitalismo: o lucro. Já para os participantes do chamado bloco do leste, o argumento da socialização dos meios de produção era utilizado para negar a existência de profissionais do esporte, afirmando a condição amadora de todos seus atletas-cidadãos.

Diante disso, afirmam Salles e Soares (2002), o *status* de atleta estava relacionado com uma atitude do esportista, representava um estilo de vida e diante da dinâmica das relações internacionais passou a ser determinado por questões internas dos diversos Estados participantes dos Jogos Olímpicos.

> *Portanto, os valores estabelecidos sobre amadorismo são apropriados em diferentes contextos, não aceitando as mesmas determinações em todos os países devido ao fato das estruturas políticas e culturais serem distintas* (p. 438).

O amadorismo foi no passado tema tão tabu quanto o uso de substâncias dopantes, considerado uma virtude humana e condição *sine qua non* para qualquer atleta olímpico. Porém, mais que um valor ético essa imposição era um qualificador pessoal e social dos atletas que se dispunham a seguir a carreira esportiva (Rubio, 2002.b).

Envolvida em uma discussão ideológica tanto para os que defendiam esse princípio como para os que o atacaram, a história olímpica contemporânea está pontuada por ocorrências que demonstravam o uso parcial desse preceito.

Entre os muitos casos de falta de amadorismo um dos mais destacados se deu nos Jogos Olímpicos de Estocolmo, em 1912, quando um americano de origem indígena chamado Jim Thorpe perdeu suas duas medalhas de ouro no pentatlo e no decatlo, acusado de competir pela liga profissional americana de futebol entre os anos de 1909 e 1910.

López (1992), bem como Cardoso (2000), classificam essa atitude menos olímpica do que racista, visto que outro medalhista olímpico, o ginasta italiano Alberto Braglia, havia passado os quatro anos que separaram os Jogos Olímpicos de Londres-1908 a Estocolmo-1912 trabalhando como acrobata de circo, fazendo uso de suas atribuições e habilidades esportivas.

Foram necessários 70 anos para que o COI revisse o ocorrido e reabilitasse Jim Thorpe. No ano de 1982, as medalhas confiscadas do campeão olímpico foram entregues a seus filhos, em um ato de reconhecimento pelos feitos atléticos do pai e de revisão de decisão que não em tese, mas de fato, feriam o espírito olímpico. Thorpe havia morrido alguns anos antes como indigente, pobre e esquecido.

Embora episódios como esse fizessem o tema amadorismo freqüentar com constância as reuniões e congressos do Comitê Olímpico Internacional, para Coubertin a questão não era de toda solucionada a ponto de fazê-lo se posicionar claramente. Tanto é assim que quando em Antuérpia-1920 pela primeira vez se hasteou a recém criada bandeira olímpica e se prestou, também pela primeira vez, o juramento olímpico, ambos obra de Pierre de Coubertin, nenhuma referência se fazia ao amadorismo ou profissionalismo, mas sim se prometia respeito aos regulamentos.

Em seu livro de memórias publicado em 1997 Coubertin finalmente esclarece sua posição sobre o tema. Deixa claro que a questão do amadorismo não era central para si, mas diante da importância que adquiria para a comunidade britânica e do peso político desse grupo dentro do Comitê Olímpico Internacional, era então necessário tomar posição contra o "perigo" que o profissionalismo poderia representar para os Jogos Olímpicos.

Pessoalmente, eu não estava particularmente preocupado com isso (o amadorismo). Hoje eu posso admitir: essa questão nunca realmente me preocupou. Ela servia como pano de fundo para reunir os participantes do Congresso que tinham por objetivo recriar os Jogos Olímpicos. Diante da importância do tema nos círculos esportivos, eu sempre apresentei o entusiasmo necessário, mas era um entusiasmo sem convicção real. Minha própria concepção de esporte sempre foi diferente de um grande número de membros da Academia – senão da maioria. Para mim o esporte era uma religião, com suas igrejas, seus dogmas, seus serviços... mas, acima de tudo um sentimento religioso... Os ingleses eram particularmente sensíveis a essa questão. Era um sinal e um presságio do poder do Comitê Olímpico Internacional quando eles voltaram a pedir ajuda (Muller, 2000: 653-654).

Até ser superado definitivamente pelo profissionalismo, o amadorismo foi tratado como uma questão central do Olimpismo, conforme atestam as palavras de Coubertin.

Katia Rubio

Tanto foi assim que em outra passagem de suas memórias Coubertin frisa uma vez mais seu desapego a esse ideal e entende que essa discussão camuflava outras questões centrais do Olimpismo, que ganhavam vulto, na medida que os Jogos Olímpicos cresciam em visibilidade e importância.

> *¡Siempre el amateurismo! Hacía ahora dieciséis años que habíamos pretendido ingenuamente acabar con el problema, y he aquí que seguía candente, idéntico e inalcanzable: un auténtico balón de waterpolo con esta peculiar manera de resbalar y escurrirse bajo la presión de la mano, como el gato, alejándose unos metros. Personalmente, ello me tenía sin cuidado; hoy me atrevo a confesar con franqueza que este asunto jamás me ha apasionado. Desde luego, me sirvió de pretexto para convocar el Congreso destinado a restablecer los Juegos Olímpicos. Viendo la importancia que se le atribuía en los medios deportivos, le dediqué la máxima atención pero era un celo sin convicción real* (Coubertin, 1989:65).

Alguns autores chegaram a afirmar que essa questão poderia comprometer a própria razão de ser do Movimento Olímpico, caso suas bases não fossem revistas. É o caso de Donnely (*apud* Gomes & Tavares, 1999) para quem o amadorismo é fundamental para o Olimpismo. Embora seu desenvolvimento tenha se dado dentro de um contexto bastante específico – uma Inglaterra regulada pela moral vitoriana – veio a sofrer verdadeira mutação com o estabelecimento de uma relação causal entre dinheiro e desempenho esportivo. Por isso, o Olimpismo é para esse autor, uma atitude em extinção no mundo olímpico

> *mais do que solidariedade e respeito mútuo, o principal referencial para a realização do esporte de alta competição atualmente é a capacidade de gerar remuneração financeira para todos os envolvidos direta ou indiretamente* (p. 248).

Como conseqüência desse processo e do esforço de muitos, o amadorismo foi sendo esquecido como um dos elementos fundantes e fundamentais do Olimpismo no final da década de 1970, emergindo um movimento de disfarce de atletas em funcionários de empresas para que escapassem à condição de profissionais do esporte. Esse esforço foi substituído definitivamente e com sucesso pelos contratos com patrocinadores e empresas interessadas em investir no esporte, surgindo a partir daí outros tipos de problema.

Muitos foram os valores implicados nessa mudança. A transformação do espetáculo esportivo em um dos negócios mais rentáveis do planeta foi talvez a principal motivação para a reconsideração sobre o que era e qual a finalidade do amadorismo na participação do atleta em Jogos Olímpicos.

A profissionalização acabou por imprimir uma grande alteração na organização esportiva tanto do ponto de vista institucional como na atividade competitiva em si, levando o esporte a se tornar uma carreira profissional cobiçada e uma opção de vida para jovens habilidosos e talentosos.

A competição atlética ganhou visibilidade e complexidade ao se tornar espetáculo esportivo e produto da indústria cultural. E assim, interesses econômicos aliados a disposições políticas e intervenção estatal produziram e reforçaram uma das instituições mais robustas do planeta.

Conforme Bourdieu (1993), algumas chaves constitutivas do dispositivo esportivo, esboçadas no século XIX, não se transformaram plenamente até meados do presente século. Uma das mudanças mais significativas teve relação com a crescente intervenção do Estado, isso porque a esportivização da sociedade constitui uma parte importante da intervenção e do desdobramento de distintas agências que, durante sua atuação, se autodefiniam e recriavam. Além disso, a filosofia do amadorismo, que dominou o Olimpismo praticamente até os Jogos Olímpicos de 1984, em Los Angeles, tratou sempre de apresentar as práticas esportivas independentes dos poderes públicos, como produto da iniciativa individual e do associacionismo voluntário.

Os protagonistas do espetáculo esportivo são na sociedade contemporânea figuras espetaculares, por realizarem feitos incomuns aos cidadãos médios, e públicas, por serem alvo de projeção e de identificação, principalmente pela população infantil e jovem. Esses olimpianos, como os designaria Morin (1997) são o exemplo de um profissional possível em um mundo onde o trabalho se torna escasso.

No entender de Brohm (1993) o atleta competitivo é um novo tipo de trabalhador que vende a um patrão – clubes e patrocinadores – sua força de trabalho que é um espetáculo capaz de atrair multidões a espaços públicos ou de reter milhões de telespectadores diante de um aparelho eletrônico. O valor de troca de sua força de trabalho, regulado pelas leis de oferta e procura do mercado, está determinado pelo tempo de trabalho socialmente necessário para sua fabricação. O amadorismo deixou de existir quando esse trabalhador do esporte teve agregado ao seu esforço o distintivo de um clube ou a logomarca de uma empresa.

Enquanto ideal olímpico o amadorismo constituía um imperativo de igualdade de circunstâncias entre os atletas. Ainda que desde cedo não tenha tido eficácia prática, Marivoet (1998) afirma que o princípio que lhe subsiste tem sido remetido para a diferenciação dos quadros competitivos, de acordo com as especificidades dos atletas e das suas competências, de modo a garantir uma posição mais igualitária, assim como um maior equilíbrio na dimensão competitiva.

A atividade esportiva como profissão é um fenômeno recente, posto que a profissionalização no esporte, exceto para o futebol onde isso já ocorria, só se tornou uma realidade a partir do início da década de 1980. O marco desse evento coincide com os Jogos Olímpicos de Los Angeles e os procedimentos que marcaram essa prática nas nações ricas do planeta, com fortes investimentos privados e públicos, diferem em muito dos países pobres ou em desenvolvimento onde o esporte ainda se estrutura em bases amadoras e/ou familiares.

O profissionalismo

A intenção de limitar o esporte a nobres e aristocratas buscava sobreviver dentro de uma concepção anacrônica de amadorismo deri-

Medalhistas olímpicos brasileiros: memórias, histórias e imaginário

vada, em parte, de conceitos medievais de hierarquia social, em parte do ideal renascentista de habilidades plurais sem práticas específicas. Defendido arduamente por nobres e aristocratas, o amadorismo foi enfrentado ainda no século XIX, justamente na modalidade que sintetiza a organização do esporte moderno (Rubio, 2003.a).

Dunning e Sheard (1976) analisaram a cisão do esporte inglês em 1895 quando dissidentes do Rugby Football Union (RFU) fundaram a Rugby League Professional (RLP). O conflito imediato surgiu por causa do rígido senso de amadorismo da RFU a qual não admitia qualquer tipo de pagamento para seus atletas e clubes por treinos e jogos, exceto medalhas. A questão central desse procedimento era a natureza social do esporte como instituição. O centro dessa controvérsia era o receio de nobres, aristocratas e alta burguesia ver a prática esportiva cair nas mãos da classe operária, principalmente na região industrial inglesa, ao norte. Em outras palavras, ainda que a elite das *public schools* tendia a racionalizar seu *ethos* no esporte *stricto sensu*, grande parte deles desejava preservar as características originais do esporte carregadas das hostilidades regionais e de classe. A condição amadora era um instrumento de estado de guerra de classes.

A exclusividade e a apropriação da prática esportiva deixou de existir na medida em que ela se tornou uma manifestação cultural maior que a expressão de um valor social.

Guttmann (1992) lembra que uma forma dos *players* (como eram chamados os profissionais) se distinguirem dos *gentlemen* (amadores sem qualquer atividade remunerada) foi a apropriação lenta e sistemática de atividades esportivas competitivas que culminaram nos Jogos dos Trabalhadores no ano de 1920. Organizado pelos socialistas europeus esses Jogos tinham por finalidade democratizar a prática esportiva competitiva, uma vez que a busca de bons resultados e índices estavam levando os atletas a se especializarem e se dedicaram com exclusividade à prática esportiva, impedindo o trabalhador de participar de forma igualitária do processo. Esses Jogos viriam a se repetir nos anos de 1929, 1933 e 1937 com grande sucesso de público e de participantes, tendo sido interrompidos em função da guerra.

72

Os Jogos Olímpicos da Era Moderna atravessaram o século XX e sobreviveram a duas Grandes Guerras, dois boicotes declarados e alguns disfarçados, mas não suportou a força do poder financeiro que prevaleceu sobre o espírito do amadorismo após os Jogos de Los Angeles – 1984. Entre os vários motivos que favoreceram essa abertura está a falta de entendimento generalizado do que seja a condição amadora. Guttmann (1978) profetizou o que ocorreria com o esporte a partir do entendimento que países capitalistas e socialistas tinham sobre o papel desempenhado por seus atletas no cenário olímpico.

As nações do bloco capitalista devem abolir a distinção entre amadorismo-profissionalismo na presente forma porque ela é tão antiga quanto anacrônica e também porque ela tem sido corroída pela hipocrisia e falsidade da prática das nações comunistas nas quais os "amadores" têm mais tempo para o esporte do que nossos "profissionais" (p. 32).

A disparidade provocada em algumas modalidades pela utilização de atletas do bloco socialista em disputas olímpicas levou à alteração da regra do futebol nos Jogos de Los Angeles – 1984 quando poucos meses antes da competição a FIFA proibiu a participação nos Jogos Olímpicos de atletas que já haviam disputado alguma Copa de Mundo independente da idade. A questão não era complexa. As seleções que disputavam a competição olímpica dispunham de atletas jovens, talentosos, mas com pouca experiência. Quando em disputa com as seleções dos países do bloco socialista a disparidade física ficava evidente, bem como os vários anos a mais de vida e de carreira. O argumento da falta de paridade prevaleceu. Isso levou, no caso do Brasil, à dissolução da equipe que já se preparava para a competição, com vários atletas ainda jovens, mas com experiência profissional em Copa e o convite, primeiro ao Fluminense e posteriormente ao Internacional de Porto Alegre para representar a seleção nacional.

Outro elemento que não pode ser desprezado na transformação dos valores do amadorismo foi a possibilidade de transmissão televisiva a partir dos Jogos de Roma. Uma cadeia transnacional de televisão transmitiu os jogos ao vivo para 200 milhões de espectadores em dezenove países da Europa Ocidental. Estados Unidos e Japão também puderam assistir às imagens das competições por videoteipe, o que rendeu ao COI na época a quantia de 50 mil dólares. Nos Jogos de Tóquio-1964 a transmissão seria via satélite, ao vivo e em cores e abrangeria os Estados Unidos, a Europa e o Japão e o valor pago ao COI foi de 65 mil dólares. Nas edições subseqüentes dos Jogos Olímpicos os valores não pararam de crescer, superando a marca do bilhão nos Jogos de Sydney-2000. A televisão passaria a incorporar o espetáculo olímpico tanto quanto os próprios atletas (Cardoso, 2000).

No gráfico abaixo é possível observar a evolução da participação da televisão nos Jogos Olímpicos nas duas últimas décadas.

Gráfico 1 – Valores pagos pela transmissão dos Jogos Olímpicos – 1980-2008 (em US$ milhões)

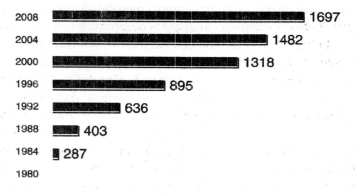

Fonte: Krajewski, Guimarães e Ribeiro (2003: 215).

Uma nova ordem comercial se estabeleceu com a entrada da televisão no mundo olímpico. A visibilidade que os atletas ganharam estimularam empresas comerciais a terem suas marcas associadas àqueles seres sobre-humanos capazes de realizações incomuns. Diante

Katia Rubio

do risco que a celebração de contratos podia representar para a carreira dos atletas, o caminho era burlar as normas por meio de atitudes inusitadas. Foi o que fez Mark Spitz nos Jogos de Munique-1972 que tendo se destacado como ganhador de sete medalhas de ouro com sete recordes, um feito nunca antes realizado por ninguém, subiu ao pódio com um par de tênis Adidas... no pescoço. Embora com o mundo a seus pés era na porção superior do corpo que sua marca ganhava destaque.

Simons e Jennings (1992) tornaram-se ilustres no meio esportivo não por serem jornalistas competentes, mas principalmente por apontar em uma obra contundente *The lords of rings* (e não confundi-la com a obra homônima de J. R. R. Tolkien) como o poder econômico minava os ideais olímpicos tão duramente defendidos por Pierre de Coubertin ao longo de sua vida. A questão central dessa investigação era a relação próxima e discutível entre o COI, a FIFA e a Adidas e os benefícios pessoais que essa "amizade" estava proporcionando.

Parecia difícil admitir que diante da nobreza da proposta olímpica justamente a corrupção, e não exatamente o profissionalismo ou o doping, pudesse manchar a honra da instituição.

Tavares (2003), em sua tese de doutorado sobre a democracia dentro do Comitê Olímpico Internacional e suas instâncias de poder, discute essa questão a partir do escândalo da escolha da cidade de Salt Lake City como sede dos Jogos de Inverno-2002, ocasião em que diversos membros do comitê responsável pela vistoria das cidades candidatas receberam diversos benefícios e presentes para olhar com "mais carinho" para aquela tão generosa comunidade.

Outro fato que levou à busca da profissionalização não apenas entre os atletas, mas à estrutura do Comitê Olímpico Internacional como um todo, foi o crescente gigantismo dos Jogos Olímpicos. A necessidade de uma ampla infra-estrutura para realização das competições, bem como a acomodação de milhares de atletas, turistas e técnicos de apoio atrelaram a realização dos Jogos à boa vontade governamental dos países no qual eles ocorressem. Essa dinâmica foi mantida até o Jogos de Montreal-1976. Montreal, capital da província de Québec, apresentava a particularidade de ser uma cidade representativa da porção francófona do país e, portanto, minoritária dentro da República canadense. As diferenças entre as comunidades e as rivalidades políticas levaram o governo a advertir os organizadores dos Jogos que nenhum centavo seria destinado a obras para essa finalidade. Embora recebesse 34,5 milhões de dólares pelos direitos de transmissão pela televisão, o governo local amargou um prejuízo de aproximadamente 1,7 bilhão de dólares, transformado em impostos que a comunidade *quebecoise* pagou até o ano de 2000 (López, 1992; Cardoso, 2000).

Depois dessa experiência era certa a necessidade de buscar novas estratégias para o futuro dos Jogos Olímpicos, que começava a ganhar novos contornos com os boicotes promovidos pelos Estados Unidos e seus aliados em 1980 e, posteriormente, pela União Soviética e países do bloco socialista em 1984 e com a eleição de Juan Antonio Samaranch para a presidência do COI em 1980.

A entrada de grandes empresas no financiamento dos Jogos parecia inevitável diante das necessidades impostas à cidade-sede. Los Angeles-1984 serviu como um laboratório para essa experiência. Naquela ocasião, apesar do boicote, o governo norte-americano não retirou um único centavo dos cofres públicos para a realização de obras. Por sua vez o marketing esportivo mostrava sua razão de existir promovendo a captação de recursos suficientes para cobrir todas as despesas e ainda render lucro a seus organizadores. Abrira-se o caminho para novos rumos olímpicos que não haveria de ter volta.

Nos Jogos de Seul-1998 atletas e equipes experimentaram ousar sua capacidade de fazer brilhar a marca de seus patrocinadores, mas foram os Jogos Olímpicos de Barcelona-1992 que apresentaram o símbolo da profissionalização do esporte: o time de basquete norte-americano, chamado de *dream team*. Originários de um país com uma instituição chamada NBA (National Basketball Association) que promovia um campeonato com 27 times e pagava os mais altos salários do planeta para atletas, Michael Jordan, Magic Johnson e Larry

Bird entre outros participaram dos Jogos Olímpicos não para ganhar uma medalha de ouro, que ninguém duvidava que fosse deles, mas para divulgar a todo o planeta um grande campeão de vendas, o campeonato norte-americano de basquetebol. Embora tido como o símbolo da profissionalização dos Jogos Olímpicos outras modalidades associadas ao mundo do esporte profissional também foram admitidas pela primeira vez em Barcelona. Foi o caso de ciclistas envolvidos em provas como a volta da França, dona do maior prêmio em dinheiro da modalidade, e dos tenistas melhores colocados no *ranking* mundial, que deixaram de se hospedar em hotéis luxuosos para se hospedar na vila olímpica.

Vale lembrar que Pierre de Coubertin, no Congresso Olímpico de Praga, em 1925, buscou sintetizar as questões relacionadas ao amadorismo apontando que profissionalismo não era apenas o ato de ter seu desempenho esportivo pago com dinheiro, mas também receber benefícios, como hospedagem em locais por demais luxuosos.

Na lógica interna do esporte contemporâneo especialização e profissionalização são inevitáveis. Desde que a capacidade atlética em uma variedade de esportes tornou-se incompatível com a alta performance a especialização tornou-se inevitável.

Dentre os aspectos mais perversos que a busca de resultados tem proporcionado para o movimento olímpico, o *doping* tem despontado como a questão principal a ser superada no momento contemporâneo.

A origem da utilização do termo *doping* no esporte é contada por Cagigal (1996) como estando relacionado às corridas de cavalos, primeiro esporte em que se utilizou fármaco clandestinamente para conseguir que um determinado cavalo corresse mais lento e perdesse. Hoje este termo designa a ingestão de medicamentos usados por certos atletas para conseguir justamente o contrário: tentar ganhar.

Espera-se que uma competição seja pautada pela igualdade de oportunidades, baseada no desinteresse para além da competição em si mesma, onde vence o melhor, aquele que reúne mais competências e quem mais trabalhou para alcançar o resultado. Na atualidade essas expectativas nem sempre são verdadeiras: a utilização de substâncias dopantes e o seu refinamento, que leva à inviabilização de sua detecção, desvirtuam o sentido de igualdade que norteia a competição.

Existem diferentes motivos competindo pelo comportamento do indivíduo, e aquele ao qual for atribuído maior significado passará a influenciar sua atitude. Uma visão que tem prevalecido no esporte é a de que as metas dos atletas se concentram na competição e na conquista de marcas sempre superiores. O corpo desse indivíduo é considerado somente um instrumento para conseguir estes fins (Rodríguez, 1987). Isso vem ao encontro da proposta do esporte atual que privilegia a competição. Quando um atleta tem determinação por vencer a qualquer preço e a instituição e equipe que o cercam compartilham desse espírito, alguns excessos podem ser cometidos, fazendo com que valores éticos sejam preteridos. Assim, a auto-manipulação hormonal mostra-se como um meio eficaz para a superação dos obstáculos que se apresentam (Miah, 2003.a; 2003.b). Há uma idéia no esporte de alto rendimento a respeito do perfil do atleta que busca substâncias proibidas: envolvido com o objetivo, o primeiro compromisso desse tipo de atleta é consigo mesmo, depois com os demais e por último, com o regulamento, inviabilizando qualquer aplicação do princípio de *fair-play* (Calderon, 1999).

A razão física para o uso de drogas e mais recentemente, pela remodelação genética (Miah, 2003.b) é melhorar o desempenho, dando-lhe um maior poder competitivo. A razão psicológica de dopar-se reflete em sua raiz um alto grau de exigência (intrínseca e extrínseca) e de responsabilidade, que leva o atleta a utilizar estimulação artificial optando por uma conduta que lhe faça se sentir menos inseguro, diante das próprias expectativas e de muitas outras pessoas, principalmente pertencendo a uma sociedade que criou como parâmetro produtivo a realização de resultados – e no esporte essa lógica é imediata e evidente. Além disso, quando um atleta faz uso de substâncias proibidas ele busca não somente a vitória e o prazer que esta lhe proporciona, mas o pareamento com retribuição financeira e prestígio social.

Com o fim do amadorismo, o esporte converteu-se em um meio de vida, uma atividade profissional: homens de excepcionais dotes físicos passam a receber altas somas financeiras comprometendo-se a realizar determinadas atuações. Buscando responder a essas exigências, nos últimos anos os campeões do esporte passaram a ser transformados em rendosas mercadorias que são vendidas e negociadas em diversos pontos do planeta (Thomas, Haumont e Levet, 1988; Rubio, 2002.b; Silva e Rubio, 2003).

Os atletas de alto nível, igual aos demais profissionais destacados em suas profissões, permanecem em uma luta constante por sua posição; o que os difere de demais categorias é a interdependência entre seu rendimento, o qual têm de maximizar em curtos períodos de tempo, e a capacidade de seu corpo, considerando a brevidade de suas carreiras (González, Ferrando e Rodríguez, 1998).

Na transformação da prática da condição amadora para a profissional não foram apenas os valores nobres e aristocráticos que se perderam. A criação de uma nova ordem olímpica indicava que o mundo do século XX havia passado por grandes e profundas mudanças de ordem prática e moral.

O atleta profissional não é apenas aquele que tem ganhos financeiros pelo seu trabalho. Ele é também a representação vencedora de marcas e produtos que querem estar vinculados à vitória, à conquista de resultados.

Para Guttmann (1978) o profissional deve ser definido como aquele que recebe uma compensação pecuniária pelo que faz por ter sua vida direcionada para a prática do esporte. Por muito tempo a especialização (codinome da profissionalização) foi o resultado das tensões geradas pela necessidade de disfarçar a condição amadora sob forma de ganhos secundários como bolsas de estudos, apoio governamental e generosidade patronal ao invés de salário.

O início do Movimento Olímpico no Brasil

Como visto anteriormente a *cristandade muscular* formada nas *public schools* inglesas levou as empresas e a cultura inglesa, inclusive o esporte, para vários pontos do mundo onde o império pudesse se instalar fosse na América, na África ou na Ásia.

Um episódio no continente europeu facilitou a chegada inglesa em território brasileiro. Diante do descumprimento do *bloqueio continental* (exigência de não comercialização de produtos ingleses com as nações européias) imposto por Napoleão Bonaparte o reino de Portugal se viu ameaçado de ser invadido. E assim, sob a proteção de uma esquadra inglesa toda a corte portuguesa, incluindo nobres, ministros e funcionários embarcou rumo ao Brasil trazendo importantes documentos, bibliotecas, coleções de arte, as riquezas de particulares e da coroa.

A chegada da família real portuguesa ao Brasil, em 1808 levou D. João VI a executar várias medidas econômicas e políticas. A primeira delas foi a permissão para o livre comércio com os países amigos, situação que não ocorria anteriormente. Esse ato ficou conhecido como Abertura dos Portos e permitiu que o capital e os produtos da Inglaterra, então única nação amiga de Portugal, chegassem em terras brasileiras de forma legal. Nessa esteira vieram os bancos, as empresas do setor têxtil, as companhias de mineração e elétricas, de cabotagem e ferroviária responsáveis por um grande contingente de empregados, mas não em número suficiente para a operacionalização de todas as tarefas. Foi assim que os brasileiros, contratados como empregados, se aproximaram da cultura inglesa e tomaram contato com vários elementos da cultura britânica, inclusive o esporte.

Rufino dos Santos (1981) afirma que em função dessa dinâmica começou a despontar nas cidades brasileiras com presença inglesa clubes de criket ou de squash a partir de 1850, geralmente ao lado de uma grande fábrica ou no interior das chácaras, espaços dedicados ao encontro da comunidade britânica no estrangeiro.

Mas, não foi apenas a comunidade britânica que trouxe para o Brasil as práticas esportivas. A substituição da mão de obra escrava pela dos imigrantes europeus e asiáticos no final do século XIX favoreceu o contato com atividades desconhecidas da população brasileira, possibilitando a criação de clubes e times de diversas modalidades esportivas, em diferentes regiões brasileiras, principalmente no sul e sudeste (Jesus, 2001; Franscheschi Neto, 1999).

A República foi o período no qual se iniciaram as diversas modalidades esportivas no Brasil, que já vinham sendo disputadas e praticadas em outros países. Exerceu papel fundamental nesse processo a chegada ao país da Associação Cristã de Moços, instituição de caráter internacional que tinha o esporte como um elemento de grande importância nos processos sociais e pedagógicos da juventude (Santos, 2000; Tubino, 2000).

No final do século XIX já se praticavam de maneira regular o remo, a natação, o basquetebol, o tênis, o futebol e a esgrima.

Conta Penna Marinho (1979) que o remo era praticado desde o Império, principalmente no Rio de Janeiro, onde foram fundados, em 1892, o "Union des Conotiers", o Club de Regatas Fluminense e o Clube de Regatas Botafogo e no Rio Grande do Sul o "Rude Werein Germania" e o Grupo de Regatas Riograndense. Com a criação de vários clubes em outros estados foi possível, em 1895, ser criada a Federação Brasileira de Sociedades de Remo.

A natação, embora praticada nas escolas militares, veio a ter caráter competitivo apenas em 1898, com uma prova de 1.500m, no Rio de Janeiro.

O basquetebol, por sua vez, chegou ao Brasil em 1898, trazido dos Estados Unidos por August Shaw para o Colégio Mackenzie de São Paulo e para a ACM do Rio de Janeiro. O primeiro torneio da modalidade aconteceu em 1915.

Mas, nenhuma modalidade manteve tanto sua origem e tradição aristocráticas como o tênis. Sua implantação no Brasil está associada ao Tennis Clube Walhafa de Porto Alegre, em 1898 e o primeiro

Medalhistas olímpicos brasileiros: memórias, histórias e imaginário

torneio realizado, sob os auspícios da Liga Metropolitana de Esportes Terrestre, aconteceu em 1915.

Dentre todas as modalidades de origem inglesa, nenhuma outra se adequou tanto à cultura brasileira como o futebol. Rufino dos Santos (1981) afirma que um brasileiro de ascendência inglesa, de nome Charles Miller, que não gostava de críquete, organizou o primeiro *team football* do Brasil, o São Paulo Athletic Club, em 1895. Em 1902 surgiu, no Rio de Janeiro, o Fluminense; em 1903, o Fuss-Ball-Club e o Grêmio Foot-Ball Porto Alegrense, no Rio Grande do Sul; em 1904, o Sport Club de Belo Horizonte, quase que como uma reação em cadeia.

Tubino (1996) aponta dois fatos merecedores de registro que marcaram o início do esporte brasileiro. O primeiro deles foi a outorga do diploma olímpico de mérito do Comitê Olímpico Internacional a Santos Dumont, uma das mais célebres condecorações do COI, tendo sido conferida anteriormente apenas ao presidente norte-americano Theodore Roosevelt e ao explorador norueguês Fritjof Nansen. Essa honraria tinha como intenção premiar aqueles que tivessem servido à causa do esporte ou concorrido para a propagação do ideal olímpico. A segunda foi a primeira participação brasileira em Jogos Olímpicos na cidade de Antuérpia, em 1920. Naquela ocasião, apesar das poucas condições materiais da delegação brasileira, foi possível conquistar uma medalha de ouro, com Guilherme Paraense no tiro (pistola tiro rápido), uma de prata com Afrânio Costa também no tiro (pistola livre) e uma de bronze na pistola livre por equipe com os atletas Afrânio Antonio da Costa, Guilherme Paraense, Sebastião Wolf, Dario Barbosa e Fernando Soledade.

A participação efetiva do Brasil no Movimento Olímpico, conforme Franceschi Neto (1999), ocorreu em maio de 1913, quando o então ministro do Brasil na Suíça, Raul do Rio Branco, filho do barão de Rio Branco, foi convidado pessoalmente por Pierre de Coubertin a participar do Congresso Olímpico Internacional em Lausanne e posteriormente a fazer parte do Comitê Olímpico Internacional na condição de representante brasileiro. Seu pouco conhecimento sobre a realidade esportiva brasileira e as muitas tarefas como diplomata não foram argumentos suficientes para convencer o Barão de Coubertin da impossibilidade de aceitar o convite. O argumento derradeiro utilizado pelo barão foi a inclusão do Brasil em um cenário internacional já compartilhado pelas grandes nações.

Embora na Suíça, Raul do Rio Branco entrou em contato com diversos dirigentes esportivos no Brasil informando sobre sua nova condição. Foi também nessa carta que sugeriu a criação de um Comitê Olímpico Nacional (CON), solicitou informações sobre a condição do esporte brasileiro e pediu sugestões de nomes de outras pessoas que pudessem vir a compor o quadro de dirigentes do Comitê Olímpico Internacional.

Afirma Fransceschi Neto (1999) que o diplomata tomou uma atitude de cautela quanto à organização do Movimento Olímpico Brasileiro, chegando a sugerir que fosse feito inicialmente a divulgação dos ideais olímpicos para somente então discutir a participação brasileira nos Jogos Olímpicos.

O Comité Olympico Nacional, juntamente com a Federação Brasileira de Sports, que passaria a se chamar Confederação Brasileira de Desportos (CBD), foi criado em 8 de junho de 1914, na sede da primeira entidade organizada do esporte brasileiro, a Federação Brasileira das Sociedades de Remo, no Rio de Janeiro, em uma reunião realizada por iniciativa da Liga Metropolitana de Esportes Atléticos. Contou com a participação de representantes de sociedades esportivas brasileiras atuantes na época e foi o primeiro Comitê Nacional Olímpico da América do Sul. Era uma tentativa, ainda que incipiente, de organizar instituições e praticantes de esporte que começava a ganhar espaço e destaque nas atividades sociais da época e de viabilizar a participação do Brasil nos Jogos Olímpicos.

O Comité Olympico Nacional foi constituído por:

Automobilismo: doutores Fernando Mendes de Almeida e Ernani Pinto;

Hipismo e Equitação: coronel James Andrew, Raul de Carvalho e tenente Armando Jorge;
Turismo: doutor Candido Menezes de Almeida;
Aviação: comandante Jorge Moller e tenente Ricardo Kirck;
Sports Athleticos: doutor Alvaro Zamith, doutor Mario Pollo e G. de Almeida Brito;
Natação e Remo: comandante Raul Oscar de Faria Ramos, capitão Ariovisto de Almeida Rego, doutor Antonio de Oliveira Castro e Alberto de Mendonça;
Tiro: major Bernardo de Oliveira e doutor Alberto Pereira Braga;
Gymnastica;
Pesos e Alteres: J. Pinheiro Barbosa e J.Pedro Dias.

O passo seguinte foi constituir a diretoria que iria assumir a responsabilidade de fincar as bases do Movimento Olímpico no Brasil. Ela ficou assim composta:

Presidente: doutor Fernando Mendes de Almeida;
1º Vice-presidente: doutor Alvaro Zamith;
2º Vice-presidente: capitão Ariovisto de Almeida Rego;
Secretário Nacional: Almeida Brito;
Secretário de Acta: J. Pinheiro Barbosa;
Tesoureiro: Raul de Carvalho

Vale ressaltar que os senhores Almeida Brito e Ariovisto de Almeida Rego viriam fazer parte também da Confederação Brasileira de Desportos, fundada em 1916, afirmando a proximidade e convergência de interesses que existia entre as duas instituições.

No entanto, esse Comitê presidido por Fernando Mendes de Almeida não chegou a exercer plenamente suas funções devido ao cancelamento dos Jogos Olímpicos de Berlim previstos para 1916 em virtude da eclosão da Primeira Guerra Mundial.

Os Jogos Olímpicos de Antuérpia, em 1920, levaram a uma mobilização dos dirigentes e atletas para organizar uma equipe que pudesse representar o Brasil. O Comitê Olímpico Internacional enviou o convite ao Comitê Olímpico Nacional, que por sua vez atribuiu à Confederação Brasileira de Desportos a incumbência de preparar os atletas para a competição.

A relação amistosa entre a CBD e o CON não tardou a ser abalada, embora a delegação brasileira que foi a Antuérpia contasse com a presença do senador Mendes de Almeida, presidente do Comitê Olímpico Nacional e de Ariovisto de Almeida Rego, presidente da Confederação Brasileira de Desportos (Fransceschi Neto, 1999).

É possível afirmar que parte das divergências que marcam essa relação estivesse no fato de a CBD ter sido organizada como uma entidade ligada ao governo, enquanto o CON nasceu e se desenvolveu como uma entidade de caráter privado, desatrelado das políticas governamentais.

Os estatutos da CBD (1914) atestam essa disposição:

Art. 1º – A Condereração Brasileira de Desportos, fundada em 08 de Junho de 1914, com a denominação de Federação Brasileira de Sports, é constituída por todas as Federações, Ligas e Clubs, que nos Estados dirigem os respectivos desportos.
Paragrapho 1º – Em cada Estado e no Districto Federal, à proporção do desenvolvimento desportivo, existirão tres instituições, uma de desporto terrestre, outra de desporto aquatico e a terceira de desportos aereos, e só estas serão filiadas à Confederação.
Paragrapho 2º – À Confederação poderão ser filiadas sociedades desportivas isoladas, desde que no respectivo Estado não exista outra sociedade do mesmo desporto.
Art. 2º – A C.B.D. terá as seguintes attribuições:
1º – Representar os desportos nacionaes junto aos poderes constituidos.
2º – Representar os desportos nacionaes no estrangeiro.
3º – Promover o desenvolvimento e congraçamento dos desportos.
4º – Servir de tribunal de ultima instancia para derimir as questões que surgirem entre federações ou sociedades desportivas directamente filiadas.

Medalhistas olímpicos brasileiros: memórias, histórias e imaginário

5° – Procurar uniformisar os regulamentos e codigos desportivos.
6° – Fazer convenções, tratados e relações com sociedades
desportivas estrangeiras. (p.75)

A divergência fica explícita quando da composição da delegação brasileira que foi aos Jogos de Paris, em 1924. Novamente incumbida da preparação dos atletas e gozando de grande prestígio em função das medalhas obtidas em Antuérpia, a CBD recebeu do governo a quantia de 350 contos de réis para custear a representação brasileira. Disputas internas e interesses políticos fizeram essa verba ser suspensa levando a CBD a retirar a inscrição dos atletas brasileiros. Inconformado com essa situação, o presidente da Federação Paulista de Atletismo, Antonio Prado Junior, responsável pela formação da equipe de atletismo, promoveu uma campanha para arrecadar a verba necessária, juntamente com o jornal *O Estado de São Paulo*, para a inscrição e custeio dos atletas na capital francesa.

Documento do COB (1977) confirma essa situação:

Entretanto a Federação Paulista de Atletismo, fundada em feve-
reiro de 1924, resolveu angariar fundos, por meio de subscrição
pública, patrocinada pelo Jornal O Estado de São Paulo *e dentro*
de algumas semanas obtinha o numerário suficiente para as des-
pesas de viagem e de estada da pequena, porém selecionada,
delegação. E assim, no dia 27 de maio de 1924, embarcaram em
Santos, no navio Orânia e em segunda classe, com destino a
Cherbourg, na França, dez integrantes da seleção da delegação
paulista de atletismo (p. 56).

De posse da verba era preciso gestões junto ao Comitê Olímpico Internacional para que a delegação brasileira fosse readmitida. E assim Antonio Prado Júnior e José Ferreira dos Santos, mesmo sem a CBD e o CON foram capazes de sensibilizar o COI para que os atletas brasileiros pudessem participar dos Jogos de Paris-1924.

Mas não foi apenas a equipe de atletismo que representou o Brasil em Paris. Os remadores Carlos e Edmundo Castelo Branco

Katia Rubio

também participaram dos Jogos, entretanto sem vinculação com os demais integrantes da delegação brasileira. Essa situação é justificada no mesmo documento do COB (1977).

A presença do remo, classificada em 4° lugar na categoria de double-sculls, não integrante da equipe chefiada pelo Dr. Américo R. Netto, é justificada pelo fato de que, não existindo COB a participação de desportistas credenciados poderia fazer-se desde que houvesse o beneplácito da CBD (p. 56).

Esses episódios e outros interesses levaram os três embaixadores do Olimpismo no Brasil o pioneiro, Raul do Rio Branco, mas, mais efetivamente Arnaldo Guinle e José Ferreira dos Santos a iniciarem um movimento de criação e legalização junto ao Comitê Olímpico Internacional do Comitê Olímpico Brasileiro, em 1927, o que atesta as divergências citadas anteriormente. Enquanto o primeiro havia sido convidado pessoalmente por Pierre de Coubertin, os outros dois foram indicados pelo Conde Henri Baillet-Latour, presidente do COI no período de 1925 a 1942, atestando a proximidade desse grupo com a comunidade olímpica internacional.

A fundação efetiva do Comitê Olímpico Brasileiro aconteceu em 20 de maio de 1935, na sede da Federação Brasileira de Football por iniciativa de representantes de várias instituições esportivas nacionais, sob a coordenação de Arnaldo Guinle e José Ferreira dos Santos. Essa iniciativa contou com o apoio irrestrito e o incentivo do então presidente do COI, conde Henri de Baillet-Latour. Subscreveram a ata de criação do Comitê a União Brasileira de Esgrima, bem como as Federações Brasileiras de Athletismo, Basketball, Remo, Natação, Tennis, Vela e Motor e da Cyclista.

A mesma iniciativa tomou a CBD, fundando em 1° de junho de 1935 um segundo COB com o apoio do governo brasileiro.

As razões que levaram à criação do COB foram sintetizadas por Arnaldo Guinle ao evocar o artigo 17° dos estatutos do COI conforme a ata de instalação e fundação:

Não têm razão os espíritos menos avisados que procuram confundir, em meio às disenções esportivas internas as verdadeiras finalidades dos Comitês que a grande honra de declarar com o apoio das entidades esportivas nacionaes presentes à reunião e perfeito entendimento e solidariedade de seus colegas, delegados do C.I.O., no Brasil, fundado e installado (COB, 1977: 23).

Depois de aprovados os estatutos, foi eleito para o cargo de presidente Antonio Prado Junior, que havia se manifestado a respeito da equipe de atletismo nos Jogos de Pais em 1924, e a Comissão Executiva composta por Renato Pacheco, Antonio Prado Junior, Álvaro Prata, coronel Newton Cavalcanti, comandante Attila Aché, Oswaldo Palhares, Bededicto Montenegro, Campos Líbero, Mas de Barros Erhart, Herbert Moses, Octavio da Rocha Miranda e Erasmo Assumpção Junior.

O presidente eleito, após a sessão, proclamou os resultados, agradeceu ao apoio e colaboração de todos e fez constar da ata uma situação pouco amistosa com relação a CBD. Consta o texto:

...e agradece aos representantes em particular e, de modo geral às suas entidades a cooperação prestada na fundação e instalação do Comitê Olympico Brasileiro, lamentando, com sinceridade, não ver entre os presentes o representante da Confederação Brasileira de Desportos, apesar do convite que teve a honra de enviar ao seu digno presidente e dos esforços empregados pelo seu colega doutor J. Ferreira dos Santos para a mesma entidade se fizesse representar na reunião de hoje (COB, 1977; 24).

Um dos principais episódios das diferenças entre as duas instituições se deu nos Jogos de 1936 quando duas delegações chegaram a Berlim: uma do Comitê Olímpico Brasileiro, reconhecida pelo Comitê Olímpico Internacional, e outra da Confederação Brasileira de Desportos, apoiada pelo governo brasileiro. Já em solo alemão, e com a seleção do COB na Vila Olímpica, as duas delegações entraram em entendimento e registraram todos os 72 atletas brasileiros que lá chegaram em nome do COB.

Desde sua constituição oficial, em 1935, o Comitê Olímpico Brasileiro foi presidido por sete diferentes pessoas, cujos mandatos variaram de alguns meses a várias décadas.

Katia Rubio

Quadro 2 – Presidentes do COB

Período do mandato	Presidente
1935-1946	Antonio Prado Júnior
1947-1950	Arnaldo Guinle
1951-1962	José Ferreira Santos
1963 (janeiro a outubro)	almirante Attila Aché
1963-1990	major Sylvio de Magalhães Padilha
1990-1995	André Gustavo Richer
1996 até o presente	Carlos Arthur Nuzman

Embora os atletas brasileiros não registrassem resultados marcantes nas competições olímpicas, a presença brasileira no Comitê Olímpico Internacional e nas suas instâncias deliberativas é registrada desde o início do século. Vale lembrar que os membros do Comitê Olímpico Internacional são representantes do Movimento Olímpico em seus países e não delegados de seus países no Comitê, o que destitui essa participação de qualquer caráter nacional. Não devem e não podem aceitar de seus governos ou de qualquer outra organização ou indivíduos, instruções que, em qualquer sentido, possam interferir com a independência de seu voto.

Os brasileiros a ocupar o cargo de embaixadores do Movimento Olímpico no Brasil foram os seguintes:

Quadro 3 – Embaixadores do Movimento Olímpico no Brasil

Período do mandato	Representantes
De 1913 a 1918 De 1923 a 1962 - membro da Comissão Executiva de 1960 até seu falecimento em 1962.	Raul do Rio Branco José Ferreira dos Santos
De 1923 a 1961 De 1938 a 1955 De 1963 até o presente (membro vitalício) De 1964 até seu falecimento em 2003 (membro vitalício). Foi Primeiro Vice-presidente de 1975 a 1979. Ocupou a Comissão Executiva por três mandatos a partir de 1970.	Arnaldo Guinle Antonio Prado Jr. João Havelange major Sylvio de Magalhães Padilha
1996 até o presente.	Carlos Arthur Nuzman

Vale ressaltar que os membros do COI têm grande respeito por seu protocolo, cumprindo com rigor a ordem de precedência conforme os membros mais antigos. Ainda que existam membros vitalícios entre seus quadros, destacados como tal de acordo com o antigo regimento, atualmente o regulamento foi alterado impondo o afastamento compulsório do Comitê quando da idade de 75 anos, quando então esses participantes são convertidos em membros honorários, com direito a participar das discussões da entidade, sem, no entanto, ter direito a voto.

Os jogos olímpicos da era moderna

*Esse hábito extrapola o razoável! É justo
optar pela força em detrimento da sabedoria?
Um representante do povo campeão de boxe,
ás no pentatlo, ás no pugilato,
expedito na pista (modalidade mais honrosa que o uso
da força nos jogos), não garante à polis um norte.
Fugaz seria o prazer da cidade
se um filho seu ganhasse na fímbria do Pisa.
Isso não sobe os silos da polis.*
Xenófanes

Em seus 110 anos de existência os Jogos Olímpicos têm oferecido mostras de uma relação próxima com as transformações políticas e sociais mundiais. Apesar de sua declaração e tendência apolíticas eles se viram envolvidos em várias situações extra-esportivas ao longo do século XX que por vezes alterou seus rumos e determinou novas concepções.

Esses ciclos parecem definir os rumos futuros do Movimento Olímpico em si e de seus partícipes. Propor uma periodização histórica para os Jogos Olímpicos da Era Moderna é uma forma de buscar articular os diferentes momentos e dinâmica desse fenômeno ao longo do século XX.

Nesse capítulo será apresentada uma proposta de periodização histórica para o Olimpismo contemporâneo a partir de fatos que marcaram uma época e possibilitaram a transformação tanto da instituição como do fenômeno olímpico.

Para tanto estão sendo propostas quatro fases que buscam destacar momentos distintos pelos quais passou e tem passado os Jogos Olímpicos (Rubio, 2003.b). Isso se faz necessário para que o Movimento Olímpico não seja tido como estático, uníssono e unívoco, apesar da pouca flexibilidade de suas regras e da difícil mobilidade de seus membros nas instâncias executivas e deliberativas. Embora tido como uma instituição burocrática o COI acompanhou, inegavelmente, a dinâmica histórica e social de todo o século XX, e, portanto, se viu sujeito, mesmo contra a vontade de seus membros, de se adequar aos acontecimentos que o cercaram.

Os quatro grandes momentos identificados são:

Fase de estabelecimento – de Atenas – 1896 a Antuérpia – 1920. Período reconhecido por Pierre de Coubertin como de aceitação de sua proposta olímpica.

Fase de afirmação – de Paris – 1924 a Berlim – 1936. Momento em que as nações reconheceram a importância do evento e passaram a disputar sua realização.

Fase de conflito – de Londres – 1948 a Los Angeles – 1984. Quando os Jogos Olímpicos foram utilizados como importante palco das distensões entre o bloco socialista e o bloco capitalista.

Fase profissional – de Seul – 1988 até os dias atuais. Momento em que um dos principais pilares do Olimpismo – o amadorismo – é substituído pela profissionalização dos atletas e pela participação imperiosa de grandes empresas multinacionais na realização do espetáculo esportivo.

A fim de estabelecer uma ordem nos acontecimentos da história olímpica contemporânea é apresentado a seguir como e quando se deram os Jogos Olímpicos da Era Moderna e os principais acontecimentos mundiais que seguiram e mudaram seus rumos. A partir do início da participação brasileira são também incluídos os eventos nacionais que ditaram o movimento dos atores nesse cenário social.

Quadro 4 – Realização dos Jogos Olímpicos da Era Moderna

Cidade Sede	Ano	Participação Brasileira
Atenas	1896	Não
Paris	1900	Não
Saint Louis	1904	Não
Londres	1908	Não
Helsinque	1912	Não
Antuérpia	1920	Sim
Paris	1924	Sim
Amsterdã	1928	Não
Los Angeles	1932	Sim
Berlim	1936	Sim
Londres	1948	Sim
Helsinque	1952	Sim
Melbourne	1956	Sim
Roma	1960	Sim
Tóquio	1964	Sim
México	1968	Sim
Munique	1972	Sim
Montreal	1976	Sim
Moscou	1980	Sim
Los Angeles	1984	Sim
Seul	1988	Sim
Barcelona	1992	Sim
Atlanta	1996	Sim
Sydney	2000	Sim
Atenas	2004	Sim

Fase de estabelecimento

Denominamos *fase de estabelecimento* dos Jogos Olímpicos o período que compreende de Atenas-1896 a Estocolmo-1912, marcado pela aceitação da proposta olímpica. Tida no princípio como uma aventura de nobres excêntricos e aristocratas que requeria uma grande soma de dinheiro e de energia para convencer governos e atletas a correrem diversos pontos do planeta na difusão de uma idéia e de uma prática, os Jogos se viram em alguns momentos confundidos com ideais alheios aos olímpicos, mas necessários para sua sedimentação.

O Olimpismo em seus primórdios era uma idéia aberta que foi sendo construída ao longo de sua realização. No princípio vários episódios de cunho prático e ideológico puseram seus ideais à prova, demandando grande esforço por parte de seus ideólogos na manutenção dessa proposta.

Conforme visto anteriormente, os Jogos Olímpicos estão pautados em uma trajetória que vai de uma prática de tempo livre a uma atividade profissional.

Apresentada a idéia durante o 5° aniversário da União das Sociedades Francesas de Esportes Atléticos, em 1892, somente dois anos depois foi criado o Comitê Olímpico Internacional, tendo como presidente eleito o grego Demetrius Vikelas e como secretário geral Pierre de Coubertin, com a finalidade explícita de organizar o Movimento Olímpico Mundial e realizar os Jogos Olímpicos da Era Moderna. Ficou determinado desde aquele momento que os Jogos seriam realizados a cada quatro anos, o período de uma Olimpíada, em uma cidade escolhida pelo COI.

A proposta inicial era de que a primeira edição dos Jogos Olímpicos ocorresse na cidade de Paris, em 1900, como parte das comemorações da virada do século, durante a realização de uma grande feira internacional. Entretanto, diante da excitação provocada por aquele acontecimento entre os gregos, os Jogos da I Olimpíada foram levados para o berço dos Jogos Olímpicos da Antigüidade.

I Olimpíada – Jogos de Atenas 1896

Apesar do regozijo pela realização dos I Jogos Olímpicos, em pouco tempo o governo grego percebeu a extensão dos gastos que teria para a realização daquele evento, que até então, não passava de uma aventura. Isso porque a infra-estrutura necessária para a realização dos Jogos, simplesmente, ainda não existia. Os Comitês Olímpicos Nacionais eram apenas uma idéia a ser concretizada, as regras das modalidades a serem disputadas não estavam universalizadas, variando conforme o país, e as federações esportivas nacionais e internacionais ainda eram raras e concentradas a poucos países. Apesar disso era preciso por em marcha o ideal.

Não bastassem as dificuldades inerentes ao âmbito esportivo, as disputas políticas locais tentaram fazer uso dos Jogos – a favor e contra a sua realização – levando o barão de Coubertin a utilizar uma estratégia ardilosa para escapar às questões locais. Conhecedor da influência que a aristocracia tinha em seu tempo, conquistou o beneplácito da família real grega, convertendo-a ao olimpismo, e nomeando, por insistência do presidente Vikelas, o príncipe Constantino como presidente do comitê organizador dos Jogos, duque de Esparta, e seu irmão Jorge como presidente da comissão de árbitros.

Os gastos da ordem de 920 mil dracmas (algo em torno de 380 mil dólares) para a execução das obras do estádio olímpico e demais obras necessárias a acolher atletas e público foram bancados pelo armador grego George Averoff, residente em Alexandria, no Egito. O espírito olímpico parecia conquistar adeptos.

O rei Jorge I inaugurou os I Jogos Olímpicos da Era Moderna em 6 de abril de 1896, com a presença de setenta mil pessoas no estádio olímpico e cerca de cento e cinqüenta mil pessoas nos arredores (López, 1992). Participaram 14 países com um total de 241 atletas, em 9 modalidades esportivas, perfazendo um total de 43 provas. É importante registrar que nessa edição dos Jogos, seguindo a tradição grega e as forças da sociedade da época, era proibida a participação feminina.

Baseado numa visão vitoriana de papéis sociais femininos e masculinos, o Barão Pierre de Coubertin, via os jogos como um fórum apropriado para representar a esfera competitiva masculina, onde se projetou no esporte questões relacionadas a política como força, viri-

Medalhistas olímpicos brasileiros: memórias, histórias e imaginário

lidade, coragem, moralidade e masculinidade (Rubio e Simões, 1999). Estava instituída uma competição que viria a se tornar um dos maiores fenômenos socioculturais do século XX.

II Olimpíada – Jogos de Paris 1900

Embora os gregos desejassem que Atenas se tornasse sede permanente dos Jogos Olímpicos, Pierre de Coubertin foi enfático na proclamação desse evento como sendo do mundo, ocasião que permitia a atletas e dirigentes saírem de seus países para conhecer outras terras e outras gentes, afirmando o espírito olímpico. Quando se iniciaram os preparativos para os Jogos de Paris, Coubertin não podia imaginar a resistência que a comunidade francesa iria opor, transformando essa realização em seu maior desafio até então.

Diante da escassez de recursos do COI e da pouca vontade do governo francês em aderir à idéia da competição os II Jogos Olímpicos foram realizados como mais uma atividade dentro da III Exposição Universal, que entre tantas novidades inaugurou um majestoso monumento chamado Tour Eiffel. Diante de tamanha magnitude e esplendor daquela comemoração de início de século e da quantidade de público que acorria a ela os realizadores não tinham qualquer interesse que um evento agregado pudesse ter mais visibilidade que a própria exposição. Era tão grande o desinteresse do coordenador do megaevento, Alfred Picard, que não só os II Jogos Olímpicos não constam do programa oficial da exposição como foram nomeados como Encontro Internacional de Exercícios Físicos e Esportes, para indignação dos membros do COI e do próprio Pierre de Coubertin (Cardoso, 2000).

A imposição de datas e locais por parte dos organizadores levou as provas dos Jogos de Paris a serem realizadas em vários locais, em datas que variaram de 14 de maio a 28 de outubro, período da Exposição Universal, tendo algumas competições contado, exclusivamente, com a presença de atletas e árbitros, sem qualquer espectador. Havia muitas atividades sendo realizadas simultaneamente na cidade e a atenção do público não estava endereçada à realização de Jogos.

96

Apesar de todos os percalços acontecidos, foram aos Jogos de Paris 997 atletas de 24 países, em 18 modalidades esportivas, um número quase quatro vezes maior que o de Atenas.

Um fato marcante nessa edição dos Jogos foi a admissão da participação feminina, antes negada. Essa aceitação está intimamente relacionada ao fato de Paris ser uma cidade reconhecida como o berço do movimento feminista pelo sufrágio universal e por igualdade de condições de trabalho, provando a flexibilidade e adequação dos ideais olímpicos às questões sociais. Havia, no entanto, algumas restrições: as únicas competições permitidas eram o golfe e o tênis, modalidades consideradas belas, esteticamente, e que não ofereciam contato físico entre as participantes.

Os Jogos Olímpicos de Paris-1900 foram talvez a mais dura prova da história olímpica contemporânea. Em seu balanço final do evento, Coubertin declarou que *as disputas em Paris foram o que poderiam ter sido naquelas condições, isto é, medíocres e sem prestígio. É um milagre que o Movimento Olímpico tenha sobrevivido a essa celebração* (Cardoso, 2000:38).

E apesar de todo desencanto, Pierre de Coubertin manteve a idéia dos Jogos Olímpicos.

III Olimpíada – Saint Louis-1904

A experiência de Paris ainda calava fundo quando foi realizado o IV Congresso Olímpico que tinha, entre outras finalidades, a de escolher a cidade que sediaria a próxima edição dos Jogos. Duas cidades norte-americanas surgiriam como candidatas: Saint Louis, capital do algodão e com uma população, na época, de 600 mil habitantes, e Chicago, cujos habitantes haviam arrecadado 120 mil dólares para organizar os Jogos em sua cidade, oferta que foi prontamente aceita pelos membros do COI. Inconformada com a manobra da cidade rival, Saint-Louis se mobilizou e recorreu ao presidente a Exposição Universal, a ser realizada em 1903, sendo posteriormente transferida para 1904, para que fizesse gestões junto aos membros do COI na tentativa de reverter sua posição. Segundo López (1992)

Medalhistas olímpicos brasileiros: memórias, histórias e imaginário

até o presidente Theodore Roosevelt foi mobilizado nessa disputa. Finalmente, acreditando que a questão financeira decidiria a escolha e, que, portanto, os Jogos se realizariam em Chicago, os membros do comitê organizador dessa cidade decidem pressionar o COI para que os Jogos fossem transferidos para 1905. E assim, definitivamente Saint-Louis foi escolhida como sede dos Jogos da III Olimpíada, embora os fantasmas de Paris despertassem diante da possibilidade de se tornarem mais uma atração dentro de uma Exposição Universal, que teria a duração de 1 de julho a 23 de novembro.

Se os Jogos de Paris haviam ficado marcados pela má vontade dos realizadores em oferecer condições para seu sucesso, Saint-Louis registraria o total apoio ao evento, classificando como olímpicas todas as disputas esportivas que ocorressem na Lousiana naquele período. E assim jogos escolares, campeonatos de clubes e até mesmo provas de profissionais receberam um selo olímpico. Mas a maior das aberrações ocorreu com uma competição intitulada "Dias antropológicos", uma espécie de paródia esportiva, cujos participantes, vindos quase todos das representações regionais presentes na Exposição, originários de variadas etnias, foram convertidos em competidores como em um antigo circo romano, onde realizavam diferentes espetáculos com roupas exíguas ou mesmo nus.

Tanto Coubertin, como os membros do COI mostraram sua repulsa àquela intromissão.

Outro fato que contribuiu para marcar os Jogos de Saint-Louis foi o pioneirismo de realizar pela primeira vez a competição fora de solo europeu, cruzando o Atlântico, na direção do Novo Mundo. E com isso o número de países participantes ficou reduzido a 12, o de atletas a 651, em 17 modalidades.

Mais uma vez os Jogos Olímpicos sobreviveram a uma organização aquém de sua merecida glória e esperavam seus idealizadores que fosse possível reconquistá-la nos tempos futuros.

IV Olimpíada – Jogos de Londres 1908

Diante da insistência do governo grego para que fossem realizados jogos alternados entre os períodos olímpicos, e com o argumento

Katia Rubio

da comemoração dos 10 anos do reinício dos Jogos Olímpicos, aconteceram em Atenas os jogos de 1906, sem validade oficial nem homologação de marcas e recordes. Não era o momento do COI se indispor com aqueles que haviam apoiado a realização dos I Jogos e demonstrado desde então uma disposição férrea em tê-los novamente. Nenhuma outra vez a experiência foi repetida e o COI centrou suas atenções nos Jogos da IV Olimpíada.

Eram candidatas à sede as cidades de Berlim, Roma e Londres. Escolhida, Berlim renunciou alegando problemas financeiros. O clima de tensão no continente europeu prenunciava a Primeira Grande Guerra. Embora Roma contasse com o apoio do rei Victor Emanuel II, outras cidades italianas também postulavam à candidatura: Milão, Turim, Gênova e Florença. Roma despontava como a favorita até que a imprensa das cidades descartadas promoveu uma grande polêmica em torno de seu favorecimento sendo acompanhada de uma erupção do vulcão Vesúvio, que provocou grande destruição na cidade, facilitando a vitória de Londres. E assim os Jogos de 1908 aconteceriam no berço do esporte moderno, com um padrão de organização que viria a servir como exemplo em edições futuras.

Uma vez mais a realização dos Jogos Olímpicos coincidia com a realização de uma Exposição Internacional, dessa vez franco-britânica, com o intuito de celebrar um acordo firmado entre o rei Eduardo VII e o presidente francês M. Loubet. Embora houvesse coincidência nas datas os eventos foram realizados de forma distinta, com o apoio da família real.

Ainda que tudo parecesse caminhar para um evento digno de registro e de superação das experiências anteriores, os Jogos de Londres que tiveram a duração de 28 de abril a 31 de outubro criaram um fato inusitado que mereceu entrar para os registros da história olímpica. O presidente do Comitê Organizador dos Jogos de Londres, lorde Deborough adotou a postura inflexível de determinar que as marcas obtidas pelos atletas fossem registradas no sistema métrico britânico, as medidas imperiais (em jardas), no lugar do sistema métrico deci-

Medalhistas olímpicos brasileiros: memórias, histórias e imaginário

mal, alegando que os atletas britânicos não estavam acostumados ao outro sistema métrico e por isso seriam prejudicados.

Embora o COI contestasse a decisão e apelasse para o bom senso a decisão foi mantida. E assim a prova dos 5 mil metros foi substituída por uma de 3 milhas.

Ausentes nos Jogos de Saint-Louis, alegando a grande distância a ser percorrida, em Londres os britânicos voltaram a enfrentar os americanos após oito anos de distanciamento. A rivalidade que havia entre eles desprezava os preceitos básicos de *fair-play*.

Cardoso (2000) ressalta que pela primeira vez os Jogos sofreram interferência direta e aberta do poder político estatal com a proibição imposta pela Rússia à Finlândia, sob ocupação russa, de desfilar com a bandeira de seu país, e a determinação da Inglaterra de proibir a Irlanda de desfilar com sua bandeira.

Apesar das configurações que os Jogos Olímpicos começaram a apresentar os Jogos de Londres-1908 ficaram registrados como o momento da adoção das medalhas de ouro, prata e bronze para, respectivamente, o primeiro, segundo e terceiro colocados em cada prova. Foi também nessa ocasião pronunciada publicamente a frase: *"o importante não é vencer, mas participar"*. Esse episódio ocorreu no dia 19 de julho, durante as cerimônias fúnebres do primeiro presidente do COI Demetrius Vikelas, na catedral de Saint Paul. Embora conhecida como a síntese do ideal olímpico, essa frase foi proferida pelo arcebispo da Pensilvânia e não por Pierre de Coubertin (López, 1992).

Nessa ocasião também foram registrados números inéditos de participação: 22 países, totalizando 2.008 atletas em 22 modalidades, indicando o fortalecimento do estabelecimento dos Jogos Olímpicos.

V Olimpíada – Jogos de Estocolmo 1912

Estocolmo não contou com a concorrência de nenhuma outra cidade para sediar os Jogos de 1912. Pela primeira vez desde Atenas, o evento seria realizado como a própria razão de ser, não disputando espaço nem atenção com qualquer outra forma de entreteni-

Katia Rubio

mento. Contava ainda com a simpatia da população de um país que era o berço de um dos principais movimentos ginásticos.

Além disso, obteve o apoio incondicional do governo sueco o que facilitou a organização da infra-estrutura necessária para a realização de um evento que começava a assumir grandes proporções, exigindo uma logística pouco usual para os padrões da época. Estiveram presentes em Estocolmo 28 nações, representadas por 2.407 atletas em 14 modalidades esportivas. A paixão do povo sueco pelos Jogos Olímpicos pôde ser registrada pelo grande afluxo de público às competições. Estádios, ginásios e outros locais de provas encontraram-se lotados, o que fez render ao COI a quantia de 106.000 coroas, fato inédito até então.

Mas nem tudo era festa, paz e harmonia. A Europa estava à beira de uma guerra e as tensões vividas no continente eram percebidas no universo olímpico. A Finlândia, ainda submetida à Rússia, mas sob protetorado da Suécia, e a Boêmia, sob controle austro-húngaro, não puderam figurar como nações independentes, o que levou o presidente do COI, Pierre de Coubertin, a proferir a seguinte justificativa: *Uma nação não é necessariamente um Estado independente e existe uma geografia esportiva que pode eventualmente ser diferente da geografia política* (Cardoso, 2000:80). Embora a frase tentasse justificar o episódio presente, o que já se podia perceber era que Jogos Olímpicos e questões nacionais estavam mais e mais próximos e dependentes.

VI Olimpíada

Como as Olimpíadas são o período entre os eventos olímpicos e não os Jogos em si, elas são computadas mesmo diante de alguma interrupção. Os Jogos da VI Olimpíada que deveriam ser realizados em Berlim em 1916 não ocorreram em função da eclosão da I Guerra Mundial.

Fase de afirmação

Passados 24 anos de seu reinício os Jogos Olímpicos já haviam superado a condição de uma aventura de nobres e aristocratas ex-

101

céntricos e se convertido em um importante evento internacional. Já era palco de exposição das tensões internacionais e como poucos eventos de sua envergadura sobreviveu ao período entre guerras.

A forte política de alianças que se apresentava no cenário internacional e as restrições impostas por meio do Tratado de Versailles fazia transparecer, na composição dos países convidados ou barrados na festa olímpica, o jogo de forças entre as nações envolvidas na conjuntura internacional conforme a posição tomada diante de algum conflito. O número de nações participantes do Comitê Olímpico Internacional chegou a ser maior do que a Liga das Nações.

A aparente prosperidade vivida ao longo da década de 1920 é seguida pelo colapso da Bolsa de Valores de Nova Iorque, um período de profunda depressão tanto para as nações americanas como européias e a emergência de regimes totalitários.

O Movimento Olímpico acompanharia de perto essa dinâmica, vendo refletir na realização dos Jogos Olímpicos a ausência de atletas, por falta de condições econômicas para isso, e a sua utilização para outras finalidades que não a competição. Políticos e governantes já reconheciam a importância e abrangência desse evento.

Essa fase compreende o período entre os Jogos de Antuérpia 1920 a Berlim 1936.

VII Olimpíada – Jogos de Antuérpia-1920

A Primeira Guerra Mundial marcaria a história dos Jogos Olímpicos pela interrupção de um calendário seguido de maneira exemplar. Os Jogos de 1920 foram abrigados pela cidade de Antuérpia, na Bélgica, alguns meses após o fim da guerra e buscavam resgatar não apenas a periodicidade, mas outros valores que haviam se perdido nos anos de conflito. E assim como já acontecera com Estocolmo, não houve concorrência para sediar os Jogos da VII Olimpíada.

Uma das razões para escolha dessa sede seria uma homenagem ao país arruinado depois de anos de guerra. Esse talvez tenha sido o motivo para que a Bélgica se recusasse a convidar a Alemanha a participar oficialmente dos Jogos, cabendo ao Comitê Organizador formalizar o convite.

Por causa disso a Áustria, Hungria, Bulgária, Polônia e Rússia, países também atingidos pelo conflito, recusaram-se a participar do evento, marcando o primeiro boicote da história dos Jogos Olímpicos.

Apesar da disposição e boa vontade do rei Alberto I e da rainha Elizabeth em sediar os Jogos Olímpicos de 1920, as condições precárias vivida por toda a Europa no pós-guerra fizeram com que as delegações dos diversos países buscassem solucionar por conta própria os problemas causados pela escassez de recursos.

Muitos atletas careciam de preparação adequada pelas circunstâncias do momento ou por terem participado da guerra como combatentes.

Nessa ocasião, alguns ideais olímpicos seriam postos à prova, com o barão Pierre de Coubertin ainda vivo. Pela primeira vez foi hasteada a bandeira olímpica com os cinco anéis e feito o juramento olímpico, no qual os participantes prometiam manter o respeito ao regulamento, ambos criados pelo mentor do Olimpismo. O *fair-play* estava formalizado e nenhuma menção era feita em relação ao debate, sempre presente, relacionado ao amadorismo.

Embora os efeitos da guerra tivessem sido devastadores para o continente europeu e as instalações dos Jogos não fossem as mais apropriadas, estiveram em Antuérpia 29 países, com 2.626 atletas, participando de 22 modalidades.

Pela primeira vez o Brasil esteve representado em Jogos Olímpicos. Mesmo sem a formalização de um Comitê Olímpico Brasileiro, um grupo de atletas sob a organização da CBD rumou para a Europa, em uma viagem que encheria as páginas da história olímpica brasileira com episódios que se tornariam quase lendas (Rubio, 2004). Com representantes nas provas de tiro, natação, pólo aquático e remo, a estréia brasileira foi marcada pela conquista de três medalhas: uma de ouro com Guilherme Paraense, uma de prata, com Afrânio da Costa e uma de bronze por equipe Afrânio da Costa, Guilherme Paraense, Sebastião Wolf, Dario Barbosa e Fernando Soledade, todas elas no tiro.

VIII Olimpíada – Jogos de Paris-1924

Os Jogos da VIII Olimpíada representavam para Pierre de Coubertin mais do que a realização quase religiosa do evento que se propusera resgatar e transformar em um patrimônio da humanidade. Representaria seus últimos Jogos como presidente do COI, o reconhecimento internacional de sua importância e a confirmação, em sua própria nação, de que eles seriam mantidos como um evento único.

As indicações que levavam a essa afirmação podiam ser dadas pelo número de cidades postulantes. Foram 14 candidatas, entre elas: Amsterdã, Lyon, Havana, Halifax, Oslo, Los Angeles, Praga, Barcelona, Paris, Reims, Atlantic City, Roma, Chicago e Boston.

Por fim, durante a vigésima sessão do COI, em 1920, decidiu-se que os Jogos de 1924 seriam em Paris, bem como os de 1928 seriam em Amsterdã.

Ao mesmo tempo em que Coubertin desejava encerrar seu mandato frente ao COI era grande o desejo de ver reparados os erros e descasos dos Jogos de 1900 ainda vivos na memória do barão. Apesar de seu empenho, as autoridades francesas pouco sensibilizadas para o tema olímpico, não agiram com afinco para demonstrar que desta feita não haveria de se repetir o que ocorrera na virada do século. Nem o patriotismo, nem a paciência de Coubertin foram demasiadamente fortes para suportar a falta de interesse das autoridades e restando apenas dois anos para a realização dos Jogos, impondo sua autoridade de presidente e consciente da importância que os Jogos Olímpicos já haviam conquistado no cenário internacional, mas desgostoso dessa decisão, resolveu transferir as competições para a cidade de Los Angeles.

O pragmatismo venceu uma tradição ainda incipiente. Embora pouco entusiasmados com aquela celebração, o Comitê Olímpico Francês e a burocracia local, sabedores das proporções que os Jogos haviam conquistado pelo mundo, resolvem tomar as providências necessárias para que os Jogos da VIII Olimpíada pudessem transcorrer com o aparato do qual eles necessitavam.

E assim, em 3 de maio de 1924 iniciavam os Jogos com a participação de 3.089 atletas, entre os quais 135 mulheres, de 44 países.

Alegando falta de segurança para seus atletas (argumento que servia para encobrir as feridas ainda abertas da I Guerra) Alemanha, Áustria e Rússia não enviaram suas delegações. Diante do pouco conforto oferecido pela Vila Olímpica a delegação americana preferiu o alojamento de seu navio América.

Os franceses descobriram e exploraram como ninguém, até então, a capacidade comercial que os Jogos Olímpicos representavam. No entorno do estádio olímpico instalou-se uma verdadeira feira de produtos que fizessem recordar o que se passava nas instalações da competição, dando início a um mercado altamente rentável que se desenvolveria dali para o restante do século.

A participação brasileira era esperada diante do sucesso que a equipe de tiro havia conquistado na edição anterior. Foram concedidos pelo governo brasileiro 350 contos de réis para a preparação e viagem da delegação aos Jogos de Paris. Entretanto, problemas de organização da CBD, entidade responsável pela equipe brasileira diante do COI, levou à cassação da verba e a retirada oficial da inscrição (COB, 1977). Inconformada com esse fato, a Federação Paulista de Atletismo realizou uma campanha de fundos, patrocinada pelo jornal *O Estado de São Paulo*, para conseguir a verba necessária para o pagamento das despesas de viagem e alojamento. E assim a equipe composta por Alberto J. Byington Junior, Alfredo Gomes, Álvaro de Oliveira Ribeiro, Eurico Teixeira de Frentas, José Galimberti, Narciso Costa, Otavio Zani, Guilheme Seewald e Aldo Travaglia, tendo como chefe de delegação Américo R. Netto e Alberto J. Byington Junior como secretário, representaram o Brasil nos Jogos de Paris.

Embora Edmundo Castelo Branco e Carlos Castelo Branco tenham conquistado a quarta colocação na prova *doublé-sculls*, no remo, eles não foram considerados delegação por não terem sido inscritos pela CBD.

IX Olimpíada – Jogos de Amsterdan-1928
Em 28 de maio de 1925 uma nova página na história do Movimento Olímpico começava a ser escrita. Depois de 31 anos à frente

do Olimpismo Pierre de Coubertin se retirava da presidência do Comitê Olímpico Internacional, abrindo espaço para que o conde belga Henri Baillet-Latour assumisse os encargos até então gerenciados pelo barão. Coubertin era então conduzido ao cargo de presidente de honra dos Jogos Olímpicos, condição nunca mais conferida a qualquer outra pessoa.

O Movimento Olímpico, e particularmente os Jogos Olímpicos, havia superado o status de um evento para nobres e aristocratas para se converter em um grande fenômeno que exigia dedicação e empenho por parte de seus organizadores. No período de sua existência já dava mostras da necessidade de infra-estrutura e do empenho dos governantes para a sua realização. Já não era uma festa de poucos e para poucos, mas vinha se convertendo em um grande espetáculo que ganhava o gosto de praticantes do esporte e do público em geral.

Embora todos esses aspectos tivessem sido afirmados nas nove edições anteriores, os Jogos da IX Olimpíada esbarraram nos mesmos argumentos utilizados por Teodósio I, no ano de 394, para sua extinção. A rainha Guilhermina da Holanda, uma puritana conservadora, acreditava que o Olimpismo era um reduto do paganismo que precisava ser refreado, antes que tomasse proporções incontroláveis. Para tanto, não concedeu nenhum apoio financeiro aos Jogos e tentou fomentar um sentimento antiolímpico na população local.

Apesar desse esforço, seus súditos, entusiasmados com a possibilidade de sediar uma edição olímpica, fizeram com que sua soberana reconsiderasse essa atitude e apoiasse a iniciativa.

Pela primeira vez a chama olímpica era acesa em Olímpia e trasladada até o local dos Jogos, sendo carregada por atletas de vários países, ato que representa até os dias de hoje, uma das sínteses da propagação do ideal olímpico.

Quando a tocha olímpica chegou ao estádio olímpico de Amsterdã, 2.883 atletas, representando 46 países (dois a mais que a Liga das Nações, antecessora da Organização das Nações Unidas), esperavam para o início das competições, presidida pelo príncipe consorte

Heindrick. Sua mãe, a rainha Guilhermina, esteve presente apenas na cerimônia de encerramento.

Dessa vez por problemas políticos Rússia e China, estiveram ausentes dos Jogos.

A delegação brasileira que participara dos Jogos de Antuérpia e Paris com muitas dificuldades não conseguiu o apoio financeiro suficiente para ir a Amsterdã.

X Olimpíada – Jogos de Los Angeles-1932

Los Angeles era candidata à sede dos Jogos Olímpicos desde 1919 e apenas em 1932 pôde ver esse desejo realizado. Desde Saint Louis-1904 os Jogos Olímpicos não eram realizados fora de Europa, tendo nesse período acontecido uma guerra e outra fosse prenunciada.

O *crack* da bolsa de Nova Iorque, em 1929, levou a uma profunda crise econômica chamada de depressão vivida pelo Estados Unidos e grande parte do mundo. Embora as dificuldades fossem inúmeras, o sonho olímpico havia de ser realizado.

A Califórnia já abrigava então o principal pólo da indústria cinematográfica do mundo e se destacava como um grande centro de produtores de espetáculos. Com essa mentalidade foram preparados os Jogos Olímpicos de 1932. O Memorial Coliseum, estádio com capacidade para cento e vinte mil espectadores era apenas um dos muitos símbolos daqueles jogos. Foi construída uma Vila Olímpica com a concepção de casas e não de dormitórios, como se fazia até então. O padrão hollywoodiano de produzir espetáculos chegava aos Jogos Olímpicos. A cerimônia de abertura foi produzida pelo diretor de cinema Cecil B. De Mille.

Iniciava-se também em Los Angles o uso do sistema automático de tomada de tempo, embora o que prevalecesse ainda fosse a aferição mecânica, e o *photo-finish* que se mostrou providencial na proclamação dos resultados de várias provas de atletismo.

Foram a Los Angeles 1.332 atletas de 37 países, menos da metade dos participantes dos Jogos anteriores. A justificativa para esse reduzido número de atletas era dada pela necessidade da travessia do Atlântico e alguns dias mais para sair da costa Leste até o lado Oeste e a crise econômica mundial.

Os americanos foram também os inventores da cerimônia de recebimento de medalhas no pódio, com o hasteamento das bandeiras dos três primeiros colocados e a execução do hino nacional do vencedor, afirmando a ascensão do renegado nacionalismo em território olímpico. A viagem da delegação brasileira pode ser considerada quase uma aventura. Com o intuito de não pagar as despesas para a travessia do canal do Panamá, foram instalados na popa do navio dois canhões na tentativa de conferir-lhe a condição de vaso de guerra. As autoridades do canal, no entanto, em face do elevado contingente humano e a existência das sacas de café a bordo não aceitaram a condição de navio de guerra e exigiram o pagamento das taxas devidas. Providências foram tomadas até que o Banco do Brasil liberasse o dinheiro necessário e a delegação seguisse seu curso.

A versão do Comitê Olímpico Brasileiro para o episódio é a seguinte:

> *Nesse porto da Califórnia* (Los Angeles) *a chefia da delegação viu-se forçada a tomar decisões que contrariam o objetivo que levava nosso desporto a concorrer aos Jogos Olímpicos de 1932. À falta de recursos continuou, pois o café não pudera ser vendido na sua totalidade, não sendo possível o desembarque de toda a equipe e sua instalação na Vila Olímpica. O recurso foi selecionar aqueles que tecnicamente apresentavam condições mais favoráveis na proporção dos meios disponíveis e para esses foram pagas as taxas devidas. Entre os escolhidos encontravam-se Mario Castelar de Oliveira, Domingos Puglisi, Carmine Giorgio, Antonio Pereira Lyra, Lucio de Castro, Carlos Joel Nelli, Arnaldo Ferrar, Ricardo Vaz Guimarães, José Xavier de Almeida, Heitor Medina, José Augusto, isto no atletismo, além das equipes de remo e water-pólo, Carlos Weygand e Sylvio de Magalhães Padilha, também no atletismo* (COB, 1977).

A delegação brasileira foi constituída de 82 atletas que participariam das provas de atletismo, natação, remo, tiro e pólo aquático,

Katia Rubio

mas a delegação como um todo era composta de 375 pessoas e treze atletas viajaram por conta própria. O governo federal contratou o navio Itaquicê para transportar a delegação e também 50 mil sacas de café que deveriam ser vendidas nos portos onde o navio atracasse para fazer um fundo de caixa para o pagamento das despesas de inscrição e alojamento dos competidores. Apenas 45 membros da delegação conseguiram vender sua cota enquanto os demais não obtiveram êxito, o que provocou a inscrição de apenas 58 atletas para participar dos Jogos Olímpicos (COB, 1977). Esse episódio não passou desapercebido à comunidade olímpica mundial. Diante de toda ostentação dos jogos, em tempos de crise, faltou, sem dúvida, um pouco mais de espírito olímpico aos organizadores. López (1992: 71) fez questão de registrar esse episódio.

> *Os jornais no dia seguinte* (à cerimônia de abertura) *informaram entre outras coisas, sobre a história dos atletas brasileiros que, tendo chegado de navio, haviam custeado a viagem com a venda de café nos portos onde atracava o barco. No entanto, ao chegar nos Estados Unidos lhes foi negado o direito de desembarcar por carecerem de dinheiro para pagar as taxas, ainda que os dirigentes pudessem pagá-las. A vergonha desse feito, ante a intransigência das autoridades norte americanas, foi que o barco iniciou sua viagem de volta mesmo com os atletas estando inscritos para a prova. E tudo porque ninguém se dispôs a ser fiador deles. Com todo o dinheiro gasto não houve um dólar para os atletas brasileiros.*

Los Angeles-1932 ficaria marcado para o Brasil muito mais pelos eventos externos à competição do que pelo desempenho dos atletas e, para o mundo como um evento potencialmente rentável, fato que viria a se concretizar 52 anos depois.

XI Olimpíada – Jogos de Berlim 1936

Os Jogos da XI Olimpíadas foram os mais discutidos e analisados da história do Movimento Olímpico contemporâneo. A presença de Hitler e a determinação de mostrar ao mundo a perfeição do nazismo renderam muitas teorias e análises a respeito da influência da política e da ideologia no Olimpismo e a flexibilidade com que o Movimento Olímpico lidava com as questões políticas e nacionais.

López (1992) afirma que do ponto de vista olímpico e esportivo os Jogos de Berlim seriam o exemplo de como deveriam ser organizados os demais Jogos Olímpicos. Dirige uma dura crítica àqueles que fizeram uso dessa oportunidade para ter benefícios políticos e ideológicos, mas não tem qualquer dúvida sobre a qualidade daquela competição. E afirma: *a Alemanha nazista podia ser execrável, mas os Jogos Olímpicos que organizaram em Berlim, não* (p. 77). Essa é uma dúvida que paira sobre uma grande parcela dos estudiosos dos estudos olímpicos. Seria possível, de fato, cumprir o ideal de separar Olimpismo com questões nacionais e políticas? Teria o Movimento Olímpico condições de não se envolver, nem se perder nas questões do mundo que mobilizavam exércitos e promoviam a guerra?

Berlim já havia postulado aos Jogos de 1916, mas diante da eclosão da I Guerra viu seu desejo ser adiado. Voltou a se candidatar juntamente com Alexandria, Barcelona, Budapeste, Colônia, Dublin, Frankfurt, Helsinque, Nuremberg e Roma. Por fim, restaram as candidaturas de Berlim e Barcelona e os membros do COI, em votação realizada pelo correio, optaram por Berlim, cuja vitória foi homologada no Congresso Olímpico de Viena, em 1934. Não parecia restar muita alternativa ao Movimento Olímpico. Fosse escolhida a capital da Catalunha, a abertura dos Jogos ocorreria em plena guerra civil espanhola, fato que certamente teria inviabilizado o evento. Tendo sido Berlim a contemplada coube a Hitler dar as boas vindas aos 3.963 atletas de 49 nações presentes ao maior evento olímpico realizado até aquela data. Depois de visitarem as instalações de Los Angeles os alemães voltaram a Berlim e produziram outra maior e mais luxuosa Vila Olímpica, que depois viria a ser utilizada como Vila Militar.

Os atritos entre o chefe da nação alemã e o presidente do COI foram constantes. Começou com a tentativa de destituição do judeu Theodore Lewald da chefia do comitê organizador dos jogos, após a edição dos Decretos de Nuremberg, que declaravam serem os judeus sub-humanos. E continuou quando foram encontrados cartazes que ultrajavam as populações judias e negras. Hitler alegou que a Alemanha era ele quem governava. O conde Henri Bailler-Latour respondeu que no momento em que fosse hasteada a bandeira olímpica aquele território passaria a ser Olímpia e sob a égide do Olimpismo seria governada. Hitler concedeu, sabedor da importância e abrangência daquele evento. Nenhuma outra máquina de divulgação era capaz de tanta publicidade quanto os Jogos Olímpicos. Acorreram a Berlim aproximadamente 3 mil jornalistas. Fosse pelo crescente interesse acerca do esporte ou por causa da curiosidade com o que ocorria naqueles dias na Alemanha, os profissionais da imprensa realizaram uma grande cobertura do evento, sendo recepcionados pessoalmente por Joseph Goebbels, o responsável pela área de comunicação e divulgação nazista.

Não há dúvida de que os Jogos de Berlim foram um sucesso de organização e de público, êxito que custou 30 milhões de dólares ao governo, destinados à construção de estádios, ginásios, piscinas e demais instalações. Em troca o público deixou nos cofres dos organizadores algo em torno de 2.800.000 dólares, afirmando o que já se percebera em Los Angeles quatro anos antes. Os Jogos Olímpicos podiam ser altamente rentáveis.

Pela primeira vez foram utilizadas câmeras de televisão para transmissão de imagens, ainda em circuito interno. Esporte e imagem começam a flertar, dando mostras de uma relação duradoura.

O Brasil foi a Berlim e protagonizou uma situação inusitada. Legalizado e oficializado no ano de 1935 o Comitê Olímpico Brasileiro passou a ser reconhecido pelo Comitê Olímpico Internacional como a entidade responsável pela constituição da equipe brasileira. Até então cabia à Confederação Brasileira de Desportos a tarefa olímpica.

Conforme documento do COB (1977)

Sem nenhuma possibilidade de acordo, duas representações brasileiras apresentaram-se como titulares do desporte de nosso país, criando para o Comitê Organizador uma situação difícil e deli-

*cada que somente foi resolvida na noite que precedeu a cerimô-
nia de inauguração dos XI Jogos Olímpicos, ocorrendo, então a
fusão das duas delegações, convertendo-se no corpo representa-
tivo do desporto do Brasil* (p. 67).

Como decorrência da unificação das duas delegações o Brasil
foi representado por 91 atletas nas modalidades atletismo, natação,
tiro, basquete, esgrima, ciclismo, pentatlo moderno, remo e iatismo,
sem conquistar, porém, nenhuma medalha.

XII e XIII Olimpíadas

Os Jogos das XII Olimpíadas deveriam ter sido realizados em
Tóquio, em 1940, que havia disputado a candidatura com Atenas,
Barcelona, Budapeste, Buenos Aires, Helsinque, Lausanne, Londres,
Alexandria, Montreal e Rio de Janeiro. Entretanto a guerra sino-ja-
ponesa levou a candidatura da capital japonesa a ser retirada. Helsinque, a segunda colocada, foi então proclamada sede dos Jogos de
1940. Mais uma vez a guerra, desta feita entre a Rússia e a Finlândia,
levou à desistência da candidatura de Helsinque, deixando uma lacuna na XII Olimpíada. Os tempos eram de guerra.

Durante a 38ª sessão do COI, em 1939 quatro cidades postula-
ram os Jogos da XIII Olimpíada, em 1944: Londres, Roma, Detroit e
Lausanne, sendo eleita Londres com vinte votos contra onze de Roma,
dois de Detroit e um para Lausanne. Pela segunda vez Londres seria
sede olímpica, mas em função da II Guerra Mundial essa indicação
ficaria postergada para o ano de 1948.

Fase de conflito

Se no período que antecedeu a II Guerra Mundial os Jogos Olímpicos se firmaram como um grande evento mundial, capaz de superar as
diferenças políticas e sobreviver a elas, a fase posterior à guerra colocaria o Movimento Olímpico frente às dificuldades de um mundo dividido
em dois grandes blocos: os países capitalistas e os países socialistas.

As tensões geradas entre esses dois blocos levaram o mundo a viver um período chamado de *guerra fria*, em que o conflito armado em terra foi substituído por um forte jogo de espionagem e de corrida pelo desenvolvimento de tecnologia bélica para o enfrentamento de um possível novo conflito generalizado.

Em meio a esse quadro os Jogos Olímpicos foram utilizados como mais uma forma de demonstração de poder político e força social. As medalhas passaram a ser contadas como pontos a favor de seus respectivos regimes, afirmando um tipo de superioridade não pretendida pelo Movimento Olímpico.

XIV Olimpíada – Jogos de Londres-1948

Londres já havia sido escolhida como cidade-sede antes mesmo de iniciada a guerra, tendo sua condição afirmada ao final do conflito. Assim como ocorrera com Antuérpia em 1920, Londres também foi devastada por intensos bombardeios que arruinaram grande parte da cidade. A escassez vivida por atletas e comissões técnicas era grande, mas a disposição que prevalecia para seu enfrentamento era olímpica.

Foram chamados de Jogos da Amizade por causa do espírito cooperativo que reinou ao longo das competições.

Devido à situação precária que vivia a cidade a organização do evento foi levada a improvisar muitas das instalações, tanto para as competições como para o alojamento de atletas e equipes técnicas. A Vila Olímpica foi montada nos barracões da Royal Air Force, o que produzia nos atletas a sensação de estar em um campo de batalha. As mulheres ficaram no Victoria College, situado no centro da cidade, preservadas desse clima de guerra, mas isoladas dos demais participantes.

O país ainda vivia sob racionamento de comida, situação que também afetava os atletas. Com a colaboração da aeronáutica americana, que montou uma ponte aérea sobre o Atlântico, a alimentação foi minimamente resolvida, garantindo um cardápio básico, embora pouco diversificado.

Grande parte dos atletas do continente europeu e da América do Norte haviam participado do conflito, prevalecendo uma postura e uma disciplina militar de treinamento, confirmando o esporte como um fenômeno social que reflete as circunstâncias histórico-culturais de seu tempo.

Os Jogos Olímpicos de Londres – 1948 foram abertos com a presença de 4.104 atletas de 59 países, apesar de todas as dificuldades vividas naquele momento.

De acordo com López (1992) a política havia ocupado no Olimpismo um protagonismo que não lhe cabia. A condição de isolamento imposta pelos burocratas ingleses, que dominavam o Movimento Olímpico, à Alemanha e ao Japão, derrotados na guerra, era um indicador de que as questões do mundo político arranhavam a aura independente do Olimpismo. A Alemanha não chegou a ser convidada a participar. Também na condição de derrotado, o Japão chegou a receber convite, mas preferiu não se manifestar quanto a sua presença. A União Soviética, apesar da condição de aliada, não participou porque segundo o relato de lorde Burghley (depois presidente da Federação Internacional de Atletismo) esse país não contava com Comitê Olímpico estruturado. Ainda assim enviou um grupo de observadores porque a aventura olímpica estava nos planos soviéticos.

Os Jogos de Londres representaram para o Brasil a oportunidade de voltar a despontar entre os medalhistas. Passados 28 anos das primeiras medalhas olímpicas, o basquete masculino brasileiro iniciaria um período de glórias para a modalidade conquistando sua primeira medalha de bronze.

XV Olimpíada – Jogos de Helsinque-1952

As cidades que disputaram a condição de sede dos Jogos da XV Olimpíada foram Detroit, Minneapolis, Los Angeles, Atenas, Helsinque, Estocolmo e Lausanne. Definida Helsinque como a escolhida e contando com grande apoio da população, um grande aparato começou a ser preparado para receber os atletas de todo o mundo.

Havia naquele momento uma nova forma de conflito nomeado Guerra Fria e o esporte seria apenas mais um campo de batalha desse confronto que duraria até final dos anos 1980. Depois de já ter sido invadida pela antiga Rússia, o que levou inclusive ao cancelamento dos Jogos da XII Olimpíada, agora a Finlândia recebia pela primeira vez na história a União Soviética que participaria dos Jogos como nação e se apresentaria com uma delegação de mais de 300 atletas.

Alegando os mais variados motivos para não compartilhar da Vila Olímpica, espaço ocupado pelos países do bloco capitalista, soviéticos e seus aliados comunistas alojaram-se em uma base militar soviética, em território finlandês, no Mar Báltico. Era apenas o início de muitas hostilidades que ainda estavam por vir, contrariando o ideal olímpico de Pierre de Coubertin de que o Movimento Olímpico fosse apolítico, supra nacional e supra partidário.

Alemanha e Japão voltavam a participar dos Jogos Olímpicos e a edição de Helsinque batia um novo recorde de participações nacionais com 4.955 atletas de 69 nações.

No país em que o atletismo era a modalidade mais popular, um brasileiro no salto triplo voltaria a ocupar o lugar mais alto do pódio.

Haviam passado 32 anos, desde a estréia brasileira nos Jogos de Antuérpia, sem que o esporte brasileiro realizasse novamente essa façanha.

O realizador desse feito foi Adhemar Ferreira da Silva, que permaneceria até os dias atuais tão conhecido em terras finlandesas como os astros do esporte contemporâneo.

Outros brasileiros também se destacariam. José Telles da Conceição, conhecido como o atleta completo pela grande variedade de habilidades nas provas de atletismo, ganharia uma medalha de bronze no salto em altura e Tetsuo Okamoto, um nadador incansável, também ganhou uma medalha de bronze nos 1.500 metros, mesmo treinando em piscinas a 14 graus, durante o inverno paulista. Esses atletas ficariam inscritos na história brasileira como os primeiros em suas modalidades a trazerem medalhas olímpicas para o Brasil.

Os Jogos de Helsinque chegavam ao final com sucesso e com um novo presidente, o norte-americano Avery Brundage, que haveria de permanecer à frente da entidade até 1972. Brundage foi um atleta de pouca expressão no atletismo, mas um poderoso dirigente. No caso da acusação de Jim Thorpe, um atleta índio americano, ajudou no processo que cassou suas duas medalhas de ouro por ter exercido atividade profissional como jogador de beisebol durante alguns meses antes dos Jogos de Estocolmo. Novos tempos começavam para o Movimento Olímpico.

XVI Olimpíada – Jogos de Melbourne-1956

Diante da internacionalização dos Jogos Olímpicos e da quantidade de países participantes era grande o desejo de ver o evento ser realizado fora do circuito europeu, principalmente para as nações não européias.

Isso levou as cidades de Minneapolis, Buenos Aires, México, Los Angeles, San Francisco, Chicago, Filadélfia e Melbourne a se candidatarem a sede dos Jogos da XVI Olimpíada. Pela primeira vez nenhuma cidade européia postulou a candidatura. Permaneceram na disputa final as cidades de Melbourne e Buenos Aires, tendo esta última perdido por apenas um voto 21 a 20. A capital do estado de Vitória protagonizaria uma das organizações mais difíceis de todos os Jogos Olímpicos realizados até então. Isso porque a distância que separava Melbourne dos principais países participantes do evento olímpico era algo inusitado em uma história com pouco mais de meio século. Isso exigia um grande esforço de adaptação e de acomodação. A começar pela data de realização. Os Jogos de Verão supõem-se devem ser realizados nessa estação do ano. Porém, diferentemente do hemisfério norte o verão no sul ocorre entre dezembro e março. Portanto, a data dos Jogos de Melbourne foi marcada para dezembro, período impensável para europeus e norte-americanos. Diante da insistência geral decidiu-se realizar os Jogos de Melbourne, ainda na primavera, começando no dia 22 de novembro, com a presença de 3.314 atletas de 72 países.

Outro episódio marcante dos Jogos de Melbourne foi a imposição de uma quarentena de seis meses para os cavalos que iriam participar das provas hípicas, o que impedia muitas das equipes de participar. Depois de muito discutir e da manutenção do governo australiano de não alterar as suas leis, cavalos e cavaleiros olímpicos disputaram os Jogos de Melbourne em Estocolmo, na Suécia, ainda durante o mês de junho. Era uma clara demonstração de que diante do contexto posto, princípios olímpicos e Jogos Olímpicos haveriam de se adequar às bases materiais dadas.

Vários problemas políticos puseram os Jogos em risco. A Guerra Fria vivia seu auge e os Jogos Olímpicos foram descobertos como uma arena perfeita para esse conflito. Já utilizado como pretexto para protestos em outras ocasiões, nessa edição a invasão de Budapeste pelos soviéticos e a guerra do Canal de Suez seriam os motivos para boicotes.

De um lado Espanha, França e Suíça protestaram contra a presença soviética na Hungria e não foram à Austrália. De outro Líbano, Iraque e Egito manifestaram seu repúdio com a atitude israelense e também deixaram de competir. Quando os governantes da China nacionalista souberam que Taiwan participaria com a condição de nação, também resolveram impedir a presença de seus atletas às vésperas do embarque da delegação, frustrando a expectativa de centenas deles que haviam se preparado para a competição.

Diante dessas desistências as instalações construídas não foram totalmente ocupadas.

Uma vez mais o talento de Adhemar Ferreira da Silva traria para o Brasil uma medalha de ouro, tornando-o, até os Jogos de Atenas 2004, nosso único bi-campeão olímpico. Seria o único brasileiro a subir ao pódio em Melbourne.

XVII Olimpíada – Jogos de Roma-1960

Os Jogos Olímpicos de Roma buscaram superar e sepultar as inúmeras dificuldades vividas durante a edição anterior, tendo sua organização sido considera a melhor desde Berlim, em 1936.

Roma postulava a condição dos Jogos Olímpicos desde o início do século, sem sucesso. Desta feita competiu com Bruxelas, Budapeste, Detroit, México, Tóquio e Lausanne, vencendo esta última cidade por 35 votos contra 24. Foram gastos cerca de 24 milhões de dólares, originados de sua loteria, para organizar aqueles que seriam considerados os Jogos mais belos até então. O palco das competições foi instalado em meio aos cenários naturais oferecidos pela cidade, utilizando-se inclusive o Coliseu, as Termas de Caracalla e a Basílica de Maxêncio.

Nesses quatro anos o mundo permanecia em conflito, ora aberto, ora velado. Ambas as Alemanhas desejam participar com suas equipes distintamente. Mas como ficaria então os símbolos nacionais já tão valorizados nas cerimônias olímpicas? A sugestão do COI foi acatada sem problemas. Tanto Alemanha Ocidental quanto Oriental desfilariam sob a bandeira do COI e o hino executado em caso de medalha de ouro seria a *Ode à alegria*, excerto da nona sinfonia de Beethoven.

Mas havia questões também não resolvidas no extremo oriente. A China protestava contra o nome utilizado por Taiwan, levando o COI a obrigar que a delegação se apresentasse sob o nome de Formosa, acatado pela delegação, mas sob protesto. O nome China foi usado apenas pela delegação continental.

Essa também foi a oportunidade de outros países africanos, além da branca África do Sul, que depois de Roma seria mantida distante dos Jogos por 36 anos, entrarem para o mapa olímpico definitivamente.

Os Jogos de Roma foram abertos com a participação recorde de 5.338 atletas, representando 83 países.

Mas, talvez o fato que marcou definitivamente esses Jogos foi o advento da TV com transmissões ao vivo, o que permitiu que mais de 200 milhões de pessoas, do continente europeu tivessem acesso às competições em tempo real. Nessa primeira tentativa o COI comercializaria o evento por 50 mil dólares, mais a desconfiança do sucesso dessa empreitada. Com o passar do tempo e de outras experiências, Jogos Olímpicos e mídia seriam parceiros tão inseparáveis quanto esporte e competição.

Em Roma o basquete masculino brasileiro voltaria a brilhar e conquistaria uma medalha de bronze, confirmando sua excelência e impondo sua condição de uma das principais seleções do mundo, afirmada pelos dois títulos mundiais conquistados.

Na natação o talento de Manoel dos Santos renderia outra medalha de bronze ao país, nos 100 metros livre, em uma modalidade que por muito tempo sobreviveria às custas de esforços individuais.

XVIII Olimpíada – Jogos de Tóquio-1964

Tóquio postulava a candidatura a sede desde 1940, quando a II Guerra pôs fim aos seus planos. Finalmente, depois de vencer Bruxelas, Detroit e Viena, a capital do Japão celebraria os Jogos da XVIII Olimpíada.

O Japão conseguiu mostrar ao mundo sua capacidade de superação e de inclusão entre as principais potências mundiais do final do século XX realizando uma edição impecável dos Jogos Olímpicos.

Por ocasião desse evento o governo japonês aplicou 1.800 milhões de dólares em obras estruturais e uma ampla rede de serviços que além de transfigurar a cidade permaneceram para posterior uso da população.

Da construção do *monorail* ligando o aeroporto ao estádio, à edificação de grandes avenidas e instalações dignas de prêmios (o arquiteto foi Kenzo Tange), os Jogos Olímpicos de Tóquio serviram para que o Japão pudesse mostrar ao mundo que havia vencido os horrores do final da II Guerra.

Esses Jogos foram marcados pelas particularidades da cultura japonesa como a retidão e a disciplina. No que pese a amabilidade dos anfitriões com os estrangeiros seu estilo de vida era ainda incompreendido por grande parte das delegações de todo o mundo, e vice-versa.

Em 10 de outubro de 1964 o imperador Hiroito, presidente da cerimônia de abertura dava por iniciados os Jogos Olímpicos, com a presença de 5.151 atletas de 93 países. O atleta a acender a pira, Yoshinori Sakai, foi um jovem nascido em 6 de agosto de 1945, em Hiroshima, dia da explosão da bomba atômica.

Depois de inaugurada em Roma a transmissão das competições ao vivo para os países do continente europeu era a vez do Japão mostrar sua capacidade de desenvolver e implantar tecnologia. Apesar da distância que separava Tóquio do restante do mundo, os países da Europa, da Ásia e da América do Norte puderam assistir a várias competições transmitidas ao vivo e em cores, via satélite, por meio de aparelhos de TV.

Mais uma vez a China comunista se manteve alheia aos Jogos como protesto contra a participação de Taiwan, que insistia em utilizar o nome de China nacionalista.

Para o esporte brasileiro os Jogos de Tóquio representaram a afirmação do basquete masculino como potência ao ganhar pela terceira vez uma medalha de bronze, feito que até os dias atuais não mais se repetiu.

XIX Olimpíada – Jogos de México-1968

A escolha da sede para os Jogos da XIX Olimpíada representou um novo momento para o Comitê Olímpico Internacional. Até então as cidades apresentavam suas candidaturas e ofereciam seus argumentos expondo as virtudes e estrutura necessária para a realização de um grande evento. Quando o congresso olímpico de Baden-Baden foi instalado, assistiu-se a uma verdadeira feira comercial onde as cidades de Buenos Aires, México, Detroit e Lion apresentavam por meio de maquetes e todos os recursos disponíveis o porquê da realização dos Jogos em seu território.

Os países de língua inglesa protestaram diante da possibilidade da celebração olímpica ir parar em um país subdesenvolvido. Já os países fora do circuito do desenvolvimento apoiavam essa possibilidade com o argumento de expansão do Olimpismo e da prática verdadeira de seu ideal.

E assim o México venceu a disputa registrando a condição de primeira edição latina do Jogos Olímpicos, única até os dias atuais.

Katia Rubio

Esse fato é digno de destaque se forem relembradas as origens do esporte contemporâneo, os detentores de seu poder e todos os argumentos utilizados em prol do amadorismo e do *fair-play*.

Dentre os argumentos contrários à candidatura da cidade do México estavam a questão da altitude, logo desmentida por atletas que participaram de provas preparatórias, e a repressão policial e do exército a uma manifestação de protesto contra os gastos excessivos e a corrupção no gerenciamento das verbas para a realização dos Jogos, faltando apenas 10 dias para o início do evento, no qual resultou um número não confirmado de mortes que passava de uma centena.

Não só o México, mas grande parte do mundo, vivia a ebulição de um momento histórico marcado pela invasão da Tchecoslováquia por tanques soviéticos, pelos protestos estudantis em Paris que se espalharam por grande parte do mundo, pelos anos mais difíceis do regime militar no Brasil com a instituição do AI-5 e pelo crescimento do movimento racial norte-americano que ganhava projeção mundial a partir da morte de Martin Luther King e da organização dos Panteras Negras. Essas manifestações não passariam despercebidas pelos Jogos de 1968.

No mesmo período o COI anulava a restrição à racista África do Sul de se manter afastada dos Jogos Olímpicos. Diante da possibilidade da reintegração sul-africana protestos veementes das demais nações africanas, acompanhadas da União Soviética, levaram os dirigente a rever sua posição e recuar na confirmação do convite.

Naquele momento era possível afirmar a impossibilidade de praticar os ideais de Pierre de Coubertin a respeito da condição apolítica e supranacional do Movimento Olímpico.

Negros norte-americanos que utilizaram o pódio para protestar contra a discriminação racial sofrida em seu país foram banidos para sempre das competições esportivas. Já a ginasta tcheca, que aproveitou o momento da premiação para desprezar suas concorrentes soviéticas não as cumprimentando como forma de protesto contra a invasão de Praga, passou ilesa pela situação, imprimindo seu protesto e marca nessa edição dos Jogos.

Medalhistas olímpicos brasileiros: memórias, histórias e imaginário

Cento e doze países se fizeram representar por 5.516 atletas que puseram por terra os argumentos fisiológicos dos dirigentes contrários aos Jogos que afirmavam ser a altitude a responsável por uma qualidade técnica desastrosa nas competições. Foram quebrados dezessete recordes olímpicos e nove mundiais no atletismo masculino e oito recordes olímpicos e cinco mundiais no feminino. Vale lembrar que argumentos técnicos são sempre um dos apoios fundamentais da burocracia.

Apesar de todos os protestos e manifestações, os Jogos Olímpicos do México são lembrados pela cordialidade do povo mexicano.

Os atletas brasileiros ampliaram o quadro de medalhas, trazendo do México três novos exemplares.

Nelson Prudêncio foi prata, e recorde mundial por alguns minutos, no salto triplo, mantendo a tradição em uma modalidade que ainda traria outros bons resultados.

Reinaldo Conrad e Burkhard Cordes, no iatismo, iniciariam o ciclo promissor da vela brasileira, responsável por vários títulos futuros, com uma medalha de bronze.

Servílio de Oliveira conquistaria a única medalha brasileira no boxe, de bronze, em toda a história olímpica até o presente.

XX Olimpíada – Jogos de Munique-1972

Munique buscava apagar as marcas que os Jogos de Berlim tinham deixado na memória do Ocidente como os jogos do nazismo.

Após Madri retirar sua candidatura, Munique começou a trabalhar para que o mundo tivesse um outro grande espetáculo como havia sido no México.

A Alemanha mudara, o mundo havia superado o drama da II Guerra, mas vivia outra forma de horror que não envolvia todo o mundo, mas gerava exclusão e ódio.

No dia 5 de setembro os ideais olímpicos eram postos à prova com a invasão da Vila Olímpica de Munique por membros do grupo palestino Setembro Negro, um dos braços armados da Organização para Libertação da Palestina, que exigia a libertação de 250 presos palestinos. No momento inicial da operação de seqüestro foram mortos dois membros da delegação israelense e outros nove foram mantidos como reféns.

As negociações para libertação dos atletas israelenses não foram consensuais e apesar das muitas autoridades envolvidas no processo, durante o momento da retirada no aeroporto da cidade, uma ação policial provocou a morte dos nove atletas, de cinco terroristas, de um piloto e de um policial alemão. Outros três terroristas sobreviventes foram presos e anos mais tarde libertados em função de uma outra ação terrorista.

O Movimento Olímpico nunca havia experimentado situação semelhante. Apesar da tragédia e da tristeza vividas pelos demais atletas, o presidente do COI, Avery Brundage, daria continuidade às competições afirmando uma condição apolítica do Olimpismo.

No âmbito internacional as tensões geopolíticas continuavam a interferir nas participações nacionais. A OUA (Organização para a Unidade Africana) posicionou-se contra o convite do COI à recém-independente Rodésia, acusada de racismo. Essa atitude durou até dias antes da abertura dos Jogos, quando enfim a própria Rodésia se retirou, dizendo que os acordos firmados entre o Comitê Organizador, o COI e a Rodésia não haviam sido respeitados.

Esse fato fez com que os Jogos de Munique fossem lembrados como os jogos do terror apesar das sete medalhas de ouro de Mark Spitz, recebidas no pódio com uma visível preocupação do nadador em mostrar a marca do tênis que usava, dando início a um período de associação de imagem do atleta vencedor com artigos esportivos e outros produtos, abrindo caminho para a tão temida profissionalização no âmbito olímpico.

Depois de vinte anos à frente do Comitê Olímpico Internacional, Avery Brundage cederia seu lugar a Lord Killanin para oito anos de mandato.

Participaram dos Jogos de Munique 7.134 atletas de 121 países. Em Munique os atletas brasileiros ganhariam duas medalhas.

Nelson Prudêncio mais uma vez subiria ao pódio ao conquistar a terceira melhor marca no salto triplo.

Chiaki Ishii, um japonês naturalizado brasileiro, conquistaria aos 32 anos a primeira medalha do judô, uma de bronze, prenunciando o potencial da modalidade em terras brasileiras.

XXI Olimpíada – Jogos de Montreal-1976

Depois do trágico episódio ocorrido em Munique poucas cidades desejaram se candidatar à condição de sede olímpica. Montreal, Los Angeles e Moscou mantiveram as postulações. Na escolha final prevaleceu Montreal.

O fato dos Jogos Olímpicos serem realizados na parte francesa do Canadá fez com que o governo central (anglo) negasse qualquer ajuda à cidade. O prefeito do município encarou o desafio às custas de um déficit de 1 milhão de dólares, pagos pelos canadenses de Québec em forma de impostos até o ano 2000. Não bastasse isso o comitê organizador foi obrigado a lidar com greve de trabalhadores e denúncias de corrupção devido aos elevados custos das construções que foram se multiplicando ao longo da preparação para a competição.

Se até então os principais itens da planilha de custos estavam relacionados com a construção e reformas das instalações físicas o medo agora fazia parte do universo olímpico. Milhões de dólares foram gastos em sistemas de segurança para que a tragédia de Munique não se repetisse, indicando que o sonho de um evento supra nacional e supra partidário havia acabado. Forças policiais e de segurança inauguraram um novo estilo de cuidar dos atletas, protagonistas do espetáculo esportivo, e dos espectadores que lotavam estádios e ginásios.

Se no campo da segurança buscou-se a máxima eficiência dentro de padrões antes desconhecidos, no âmbito da política internacional e comercial o governo canadense aproveitou a ocasião para resolver outras questões domésticas.

Diante da realização de um acordo comercial com a China comunista, que ameaçava rompê-lo caso a China nacionalista participasse dos Jogos com essa denominação, o governo canadense propôs que a China de Chiang Kai-Chek competisse com o nome de Taiwan, proposta recusada pelos chineses insulares. Impotente diante da situação, ao COI restou apenas acatar a decisão do governo do país sede, afirmando uma relação muito mais complexa, do que apenas competitiva, entre as representações nacionais. Taiwan foi excluída dos Jogos e a China de Mao Tse Tung, vitoriosa no embate, não compareceu.

Os Jogos Olímpicos de Montreal foram marcados também pelo primeiro grande boicote, organizado por 23 nações africanas, contra a presença da Nova Zelândia, que jogara uma partida de hóquei contra a África do Sul, banida dos Jogos Olímpicos por empregar um política de segregação racial, juntamente com outros países promotores do *apartheid*.

Estiveram presentes nos Jogos Olímpicos de Montreal 6.084 atletas de 92 países, um número que excedeu expectativas e registros. O evento olímpico crescia a cada edição e dava mostras de que era necessário ter um limite para isso.

Uma vez mais o Brasil entrava para o quadro de medalhas.

O recordista mundial do salto triplo João Carlos de Oliveira conquistaria uma medalha de bronze.

Reinaldo Conrad, em sua quarta participação olímpica, junto com Peter Ficker afirmaria o potencial do iatismo, ao ganhar mais uma medalha de bronze.

XXII Olimpíada – Jogos de Moscou-1980

A partir de 1952 a URSS começou sua aventura olímpica, e os EUA, de repente, encontraram um rival que passou a valorizar seus triunfos e medalhas.

Com a entrada da União Soviética nesse cenário, os Jogos Olímpicos ganharam uma nova dinâmica. O esporte passou a servir como cenário para as rivalidades entre Leste e Oeste, ora com mais, ora com menos tensão. Tudo parecia bem até a invasão do Afeganistão, em 1979, quando os Estados Unidos encabeçaram um boicote, já ensaiado em outras ocasiões, mas não tão bem orquestrado como em 1980.

Medalhistas olímpicos brasileiros: memórias, histórias e imaginário

Dos 142 países inicialmente inscritos apenas 80 foram aos Jogos das XXII Olimpíada, sendo que 66 desfilaram com suas bandeiras, 4 com a bandeira do COI, entre eles a Espanha, e não participaram da cerimônia de abertura Bélgica, Grã-Bretanha, Irlanda, Holanda, Luxemburgo, Portugal, San Marino, França, Suíça e Itália. Apesar das desistências foram a Moscou 6.084 atletas de 92 países.

Nessa mesma ocasião surgiria no cenário olímpico uma personalidade que imprimiria uma mudança substancial nos rumos do Movimento Olímpico Internacional. Eleito para a presidência do COI, Juan Antonio Samaranch ali permaneceria por 20 anos, implantando um novo modelo de relação comercial entre o espetáculo esportivo, agora um grande negócio, atletas, não mais apenas protagonistas, mas trabalhadores bem remunerados dessa atividade, e as empresas de diversos ramos profissionais diretamente ligadas ao maior espetáculo do planeta.

Os Jogos Olímpicos de Moscou foram marcados pela emoção inesperada das cerimônias de abertura e de encerramento, mas principalmente por denúncia de favorecimento da parte de árbitros de diversas modalidades para com atletas do país anfitrião e seus aliados e pela falta de rivais a altura para um bom desempenho dos participantes.

O iatismo brasileiro, confirmando sua ascensão, ganhou duas medalhas de ouro: uma com a dupla Alex Welter e Lars Björkström, na classe Tornado, e outra com Marco Soares e Eduardo Penido, na classe 470.

João Carlos de Oliveira foi uma das maiores vítimas da parcialidade dos juízes, tendo vários saltos considerados nulos, ficando com uma medalha de bronze no salto triplo.

Na natação, o revezamento 4x100m com Djan Madruga, Ciro Delgado, Marcos Mattioli e Jorge Fernandes também garantiria uma medalha de bronze.

XXIII Olimpíada – Jogos de Los Angeles-1984

Los Angeles já havia sido escolhida como cidade sede quando os Jogos de Moscou foram realizados. Foi a única cidade a apresentar candidatura, uma vez que muitas candidatas potenciais reviram seus planos e recuaram dessa intenção diante dos prejuízos que Montreal amargara em 1976. O governo bancou a candidatura mesmo sabendo disso e montou um Comitê Organizador com o firme propósito de obter os fundos necessários junto à iniciativa privada para sua realização sem prejuízos para o comitê ou para a comunidade. Inaugurava-se um novo modelo de gerenciamento e organização dos Jogos Olímpicos. O empreendedor foi Peter Ueberroth e levou os Jogos a renderem lucros de 250 milhões de dólares. Foram os primeiros Jogos Olímpicos comercializados da história que isentaram o governo e a cidade de qualquer custo.

Como era de se esperar, o boicote promovido quatro anos antes teria revide. Alegando falta de segurança para seus atletas, a participação de atletas profissionais e a instalação de mísseis na Europa 16 países não foram à festa olímpica: União Soviética, Bulgária, Alemanha Oriental, Vietnã, Laos, Mongólia, Afeganistão, Hungria, Polônia, Cuba, Iêmen do Sul, Etiópia, Coréia do Norte, Angola e por fim Líbia. Ainda assim, os Jogos Olímpicos de Los Angeles cresceram em número de participantes, chegando a 6.829 atletas de 140 países. Era o recorde absoluto até então.

Apesar da determinação soviética, Romênia e Iugoslávia não se furtaram em participar, representando um nível mais elevado de competitividade em provas como a ginástica olímpica e o basquete. E finalmente a China comunista, ausente desde 1936, retomou sua participação. Diante da ausência dos principais adversários, os Estados Unidos ganharam três vezes mais medalhas que o segundo colocado, a Romênia. Anos mais tarde, parte deles seria acusada de conquistar altos níveis de rendimento às custas de substâncias proibidas.

Para os atletas brasileiros os Jogos de Los Angeles representaram o vislumbre de uma igualdade de competição. Conquistaram ao todo oito medalhas, número nunca antes obtido.

Joaquim Cruz, em uma prova muitas vezes reprisada, conquistou o ouro nos 800 metros.

Ricardo Prado, um nadador incansável e recordista mundial, fez a prata nos 400m medley, prova que soma os quatro estilos da natação. Os velejadores Torben Grael, Daniel Adler e Ronaldo Senft também ganhariam a medalha de prata na classe soling.

O vôlei, que vinha de um crescimento vertiginoso como modalidade praticada no Brasil, conquistaria a primeira medalha da história, uma de prata.

O futebol masculino, que já era tricampeão mundial na categoria profissional, conseguia finalmente uma conquista olímpica ao ganhar sua primeira medalha de prata.

Douglas Vieira, com uma medalha de prata e Luis Onmura e Walter Carmona com uma de bronze cada afirmavam a condição brasileira de potência no judô.

Fase do profissionalismo

Durante muitos anos o tema amadorismo freqüentou as preocupações e as sessões do COI com a mesma constância que o tema Jogos Olímpicos. Se para os dirigentes a questão era basilar para os atletas tinha quase a mesma representação e poder que a Santa Inquisição na Idade Média. Ser acusado de profissional, principalmente em caso de vitória, significava ter os títulos cassados e o banimento do mundo olímpico.

Gradualmente essa questão foi perdendo força na medida em que os interesses econômicos e financeiros envolvidos com os Jogos Olímpicos tornaram-se inseparáveis deles. Diante das proporções grandiosas que o espetáculo esportivo adquiriu, já não era possível para o poder público assumir todo o seu ônus, embora parte das bem-feitorias fosse revertida depois para a população. Fora isso, havia a intenção real de veiculação de empresas cujos produtos estão ligados diretamente à prática esportiva em conquistar um mercado consumidor em crescente expansão.

Para as empresas que foram convidadas a entrar pela porta da frente no universo olímpico não bastava competir. O mais importante, indubitavelmente, era ganhar.

Katia Rubio

O profissionalismo começou pela organização dos Jogos e chegou ao atleta como uma condição ansiada e desejada. Diante da dedicação exigida do protagonista do espetáculo esportivo, capaz de divulgar a marca de seu material esportivo para milhões de consumidores em todo o planeta, passou-se a considerar razoável que seus ganhos fossem proporcionais à sua capacidade de divulgação.

E como em uma *hola* o profissionalismo invadiu de forma inexorável os Jogos Olímpicos, sendo hoje impensável outra condição que não essa para o desenvolvimento de um atleta que deseja estar entre os primeiros colocados do mundo.

Os desdobramentos desse movimento ainda estão sendo sentidos. As denúncias de corrupção e de doping nunca estiveram tão presentes no Movimento Olímpico como na atualidade.

XXIV Olimpíada – Jogos de Seul-1988

Foi com surpresa que durante a 84ª sessão do COI, em Baden-Baden, descobriu-se que havia apenas duas candidaturas aos Jogos da XXIV Olimpíada e ambas na Ásia. Uma delas em Nagóia, no Japão, e outra em Seul, na Coréia, país que nunca antes participara de um processo de postulação. Embora Nagóia despontasse como a preferida, principalmente pelas questões políticas que envolviam Coréias do Norte e do Sul, e que enchia a comunidade olímpica de receio por novas ausências, Seul sagrou-se vencedora do processo.

Depois de dois boicotes consecutivos, era grande o desejo de experimentar novamente o clima de confraternização universal vivido durante os Jogos Olímpicos.

O boicote havia acabado. Acabado? Não. Mais uma vez um problema político invadia a arena dos Jogos, prejudicando a participação de vários atletas de destaque no cenário internacional. A Coréia do Norte tentou, sem sucesso, pleitear uma parte do evento organizado e realizado pela Coréia do Sul. Alguns países solidários a ela resolveram não participar, como Cuba, que acabou com o sonho de toda uma geração olímpica após se retirar de duas edições dos jogos.

129

Acompanharam essa decisão Albânia, Etiópia, Nicarágua, Ilhas Seychelles e Madagascar.

Outro fato digno de destaque foi a compra dos direitos de transmissão dos Jogos Olímpicos pela NBC, que pagou 300 milhões de dólares e levou mil funcionários da TV de um lado a outro do planeta para que isso pudesse acontecer.

Provando a condição de nação emergente, o governo da Coréia do Sul, um dos tigres asiáticos, fez questão de demonstrar esse posto construindo grandes e belas obras para sediar as competições, apesar de grande parte delas permanecer vazia devido à falta de público. Isso provaria que apesar da presença dos espectadores para abrilhantar as disputas, o que de fato fazia o sucesso financeiro dos Jogos nesse novo momento de sua existência era a venda de cotas para os patrocinadores e as transmissões pela TV. Seul rendeu um lucro de 350 milhões de dólares, sepultando qualquer esperança de sobrevida do amadorismo.

Diante dessa nova realidade, era de se esperar que seus protagonistas também envidassem todos os esforços possíveis na busca das melhores colocações. E assim o uso de substâncias que maximizassem o rendimento passou a ser ainda mais empregado. Alguns atletas foram desmascarados de imediato. Outros, depois de muitos anos. E alguns outros vieram a falecer antes que a mascara caísse.

Os Jogos Olímpicos continuavam a crescer. Embora em um passado não muito remoto a distância tivesse sido um bom argumento para justificar a recusa de uma cidade, naquele momento o mundo já parecia menor e mais próximo. Foram a Seul 8.391 atletas representando 159 países.

Os atletas brasileiros conquistaram 6 medalhas. Uma de ouro no judô, com Aurélio Miguel, que se afirmaria como um dos principais nomes da modalidade no país e fora dele. Joaquim Cruz, na prova dos 800 m, conquistaria uma medalha de prata. Novamente o futebol chegava muito perto da realização de um sonho e ficava também com uma medalha de prata. No iatismo novamente Torben Grael, dessa vez em dupla com Nelson Falcão e na classe *star*, conquistaria uma medalha de bronze, façanha também realizada por seu irmão Lars Grael em dupla com Clínio de Freitas, na classe Tornado. Robson Caetano também entraria para a história como o primeiro corredor latino-americano a ganhar uma medalha em prova de velocidade no atletismo, nos 100 metros. Foi bronze.

XXV Olimpíada – Jogos de Barcelona-1992

Desde que Juan Antonio Samaranch conseguiu que o governo da Espanha não aderisse ao boicote e participasse dos Jogos Olímpicos de Moscou, garantindo assim sua postulação e vitória à presidência do Comitê Olímpico Internacional, tornar Barcelona uma sede olímpica era questão de tempo.

Ao longo do século XX a postulação de Barcelona havia surgido em vários momentos, mas nunca com a força e a organização que o então presidente do COI proporcionava. Para os Jogos da XXV Olimpíada Barcelona competia com as cidades de Amsterdã, Belgrado, Birmingham, Brisbane e Paris em uma verdadeira feira de exibição de qualidades e potencialidades. Para conferir um caráter oficial às candidaturas, estiveram presentes no dia da votação em Lausanne o presidente espanhol Felipe González e o primeiro-ministro francês Jacques Chirac. Conquistar a condição de sede olímpica já era uma questão de Estado.

O mundo que havia permanecido cindido em dois blocos durante quase quarenta anos era agora chamado de globalizado. Muita coisa havia mudado em um curto espaço de tempo. Em 1989 o muro de Berlim vinha abaixo, representando a reunificação da Alemanha e provocando intensas transformações no quadro geopolítico do final do século, sendo seguido em 1991 pela dissolução da União das Repúblicas Socialistas Soviéticas. Esses episódios representavam uma imensa transformação entre nações que tão bem definiam onde estavam os inimigos.

Em Barcelona as 12 repúblicas que compunham a URSS, e que ainda viviam a reformulação de sua condição de Estados Nacionais, desfilaram sob o nome de Comunidade dos Estados Independentes, garantindo a superioridade no quadro de medalhas já estabelecido em anos anteriores.

A unificação alemã também permitiu o acesso aos métodos de treinamento de atletas da antiga Alemanha Oriental vindo a público os procedimentos que envolviam a formação de um atleta campeão. Como se apenas lá isso ocorresse.

Atletas profissionais de várias modalidades já não precisavam mais disfarçar sua condição com receio de ver suas medalhas cassadas. A ordem agora era transportar o brilho dos diversos espetáculos esportivos espalhados pelo mundo para a arena olímpica. E assim astros do basquete, do tênis, do futebol, muito bem remunerados em suas profissões em seus países, podiam compartilhar o sonho olímpico, embora para alguns o sonho não passasse de mais uma maneira de aumentar seus rendimentos.

E nesse mundo globalizado e profundamente transformado, os Jogos Olímpicos tornavam-se uma vitrine para grandes negócios.

Os Jogos Olímpicos de Barcelona representaram um verdadeiro espetáculo esportivo e cultural. A cidade passou por uma grande reforma que incluiu desde a restauração de inúmeros monumentos até a construção de novas linhas de metrô. Durante alguns anos a cidade parecia um canteiro de obras, cuja realização contou com a aquiescência da população que envolvida com a idéia olímpica aderiu à sua realização como poucas vezes havia se visto. O resultado desse esforço foi uma participação recorde de atletas (9.356), de países (169) e de público.

Para o Brasil era chegado o momento de realizar o sonho da medalha de ouro no vôlei masculino, com uma equipe jovem e renovada que iniciara desacreditada a competição.

Rogério Sampaio no judô, depois de muitas batalhas particulares e institucionais, também conquistaria sua medalha de ouro.

Gustavo Borges iniciaria sua trajetória olímpica com uma medalha de prata em uma prova cheia de percalços.

XXVI Olimpíada – Jogos de Atlanta-1996

Os Jogos da XXVI Olimpíada foram disputados pelas cidades de Atenas, Atlanta, Belgrado, Manchester, Melbourne, Toronto. A favor de Atenas havia o argumento da comemoração do centenário dos Jogos Olímpicos. A favor de Atlanta havia a sede da Coca-Cola e da CNN. Venceu Atlanta.

Haviam passado apenas 12 anos quando mais uma vez os Estados Unidos sediaram novos Jogos Olímpicos. O estilo de vida americano pouco havia mudado nesse ínterim, mas o mundo e o esporte...

Os Jogos Olímpicos de Atlanta entraram para a história olímpica pelas características da cultura americana, contrariando um preceito básico do Movimento Olímpico herdado da Antigüidade grega, que era a permanência, também denominado legado. Na Antigüidade o nome do vencedor da principal prova do atletismo era impresso na porta do estádio, atestando para as gerações futuras a identidade do realizador daquele feito tão prodigioso.

Não se pode dizer o mesmo dos Jogos de 1996, uma vez que grande parte das instalações utilizadas para sua realização deixou de existir assim que as atividades do evento se encerraram. Em outros casos foram vendidas como *souvenirs* como foi o caso da grama do campo de futebol. Diante desses fatos, qualquer discussão sobre o legado desses jogos seria inútil.

Promovido como um megaespetáculo comercial as empresas patrocinadoras do evento e de material esportivo organizaram um grande aparato contratual para cercar todas as possibilidades de veiculação de marcas concorrentes nos espaços destinados às competições, transmitidos em tempo real para milhões de telespectadores em todo o mundo, que vivia o fim do *wellfare state* e a ascensão do neo-liberalismo. Acabada a Guerra Fria restava o conflito entre ricos e pobres.

O profissionalismo já sacramentado começava a fugir do controle das autoridades olímpicas. Atletas queriam e precisavam exibir suas marcas comerciais... as de rendimento ficariam para uma situação oportuna. Começava uma guerra entre patrocínios particulares e oficiais que colocava em risco a própria atuação dos atletas. Diante

Medalhistas olímpicos brasileiros: memórias, histórias e imaginário

do conflito de interesses o presidente do COI achou por bem pensar em estabelecer normas para uma situação que, primeiro proibida e agora liberada sem restrições, representava perigo a uma instituição, agora, secular.

Os Jogos Olímpicos nunca foram tão grandes. Foram 11 milhões de ingressos vendidos em todo o mundo. 3,5 bilhões de espectadores acompanharam as competições pela televisão em todo o mundo. As 197 nações presentes já representavam um número maior de países que os participantes da Organização das Nações Unidas. O número de atletas, 10.318, só não foi maior porque se achou que era prudente limitar o número de competidores em nome da qualidade do espetáculo.

A delegação brasileira conseguiria em Atlanta a melhor campanha de sua história, conquistando 15 medalhas, quatro delas por mulheres, feito nunca antes realizado.

Jacqueline Silva e Sandra Pires ficaram com a primeira medalha de ouro feminina no recém-inaugurado vôlei de praia, enquanto Adriana e Mônica ficavam com a prata, promovendo uma situação inédita.

Robert Scheidt, na classe Laser e a dupla Torben Grael e Marcelo Ferreira, na classe Star, também conquistariam medalhas de ouro na vela. Lars Grael e Kiko Pellicano na classe Tornado, por sua vez ganhariam a medalha de bronze.

A seleção feminina de basquete feminino que havia se sagrado campeã mundial no ano anterior ficava com a prata, outro feito inédito.

Gustavo Borges, da natação, ganharia duas medalhas. Uma de prata nos 200 metros livre e outra de bronze nos 100 metros livres, enquanto Fernando Scherer, nos 50 metros nado livre, conquistava uma medalha de bronze.

A equipe de revezamento 4x100m no atletismo, com Arnaldo Oliveira, Robson Caetano, Edison Ribeiro e André Domingos ganharia uma medalha de bronze em uma prova tradicionalmente vencida por americanos e europeus.

O judô manteria a tradição de medalha, com Aurélio Miguel e Henrique Guimarães conquistando medalha de bronze.

Katia Rubio

A equipe de hipismo, composta por Rodrigo Pessoa, Luis Felipe Azevedo, Álvaro Affonso de Miranda Neto e André Johannpeter, assim como o futebol masculino, ficou com uma medalha de bronze.

XXVII Olimpíada – Jogos de Sydney-2000

Beijin, Berlim, Istambul, Manchester e Sydney eram as cidades postulantes aos Jogos da XXVII Olimpíada que tinham a incumbência dada pelo COI de resgatar a participação um pouco mais efetiva do Estado na sua realização.

Era preciso buscar alguns valores fundamentais que estavam sendo perdidos no processo de profissionalização da organização do evento e da preparação dos atletas. Sydney apresentou os melhores argumentos e as melhores condições para isso.

Presente nas mãos da iniciativa privada desde Los Angeles 1984 e com uma necessidade premente de mantê-los como um grande negócio era chegado o momento de recuperar aquilo que representava os Jogos Olímpicos desde as suas primeiras manifestações na Antigüidade, o legado, sem retroceder naquilo que se conquistou de mais precioso, para os empresários, os lucros.

Mesmo tendo o patrocínio de mega empresas na organização do evento foi o governo do estado de Nova Gales do Sul quem garantiu a construção de todas as instalações físicas para os Jogos de Sydney. Os projetistas dessas construções buscaram adequá-las às preocupações dos ambientalistas fazendo uso de formas racionais de energia e de preservação e conservação do meio ambiente, o que garantiu à essa edição dos Jogos o subtítulo de Jogos Verdes.

Além das construções com ares futuristas projetadas para milhares de espectadores a baía de Sydney passou por um processo de despoluição para ser utilizada nas provas de vela, adequando-se à proposta ambientalista. Apesar das preocupações ecológicas, passado o evento percebeu-se que as instalações eram demasiadamente grandiosas para o número de habitantes da cidade e da região, trazendo à baila a discussão sobre a utilização dos equipamentos construídos exclusivamente para esse fim.

O mundo efetivamente globalizado, mas nem por isso sem conflito, assistiu à participação de 10.651 atletas de 199 países. Para os atletas brasileiros os Jogos Olímpicos de Sydney representaram a quebra de expectativas geradas pelos resultados dos Jogos de Atlanta.

Apesar da pressão de torcedores e dirigentes pela repetição do desempenho anterior, nos Jogos de Sydney os atletas brasileiros trouxeram várias medalhas, porém nenhuma de ouro.

A equipe de atletismo composta por Vicente Lenilson, Edson Luciano, André Domingos e Claudinei Quirino conquistou um desejado, porém inesperado, medalha de prata no revezamento 4x100m.

Robert Scheidt na vela, classe Star, também ganhou a medalha de prata após ser superado por seu concorrente direto na última regata de sua prova.

No judô, Carlos Honorato, na categoria médio, que foi aos Jogos após a contusão do atleta titular, e Tiago Camilo, na categoria leve, conquistaram medalha de prata.

O vôlei de praia foi triplamente premiado. Zé Marco e Ricardo, no masculino, e Adriana Behar e Shelda ficaram com as medalhas de prata, enquanto Adriana Samuel e Sandra Pires ganharam o bronze.

O hipismo repetiu o feito dos Jogos anteriores e com a mesma equipe composta por Rodrigo Pessoa, Luis Felipe Azevedo, Álvaro Affonso de Miranda Neto e André Johannpeter conquistaram a medalha de bronze.

A natação manteve o desempenho das edições anteriores dessa vez com medalha de bronze no revezamento 4x100m com Gustavo Borges, Fernando Scherer, Edevaldo Valério e Carlos Jayme e nos 50 metros livres com Fernando Scherer.

O vôlei feminino e o basquete feminino afirmaram a condição de estar entre as melhores equipes mundiais aos conquistarem medalhas de bronze.

Torben Grael, juntamente com Marcelo Ferreira, ganharia sua quarta medalha olímpica, ao conquistar o bronze, na classe Star do iatismo.

Katia Rubio

Quadro 4 - Medalhas olímpicas brasileiras

Ano	Atleta	Modalidade	Medalha
	Guilherme Paraense	Tiro individual	Ouro
1920	Afrânio Antonio da Costa	Tiro individual	Prata
	Afrânio Antonio da Costa, Guilherme Paraense, Sebastião Wolf, Dario Barbosa e Fernando Soledade	Tiro por equipe	Bronze
1948	Nilton Pacheco de Oliveira, Alfredo Rodrigues da Motta, Zenny de Azevedo - Algodão, Massinet Sorcinelli, Alberto Marson, Marcus Vinicius Dias, Ruy de Freitas, Afonso Évora, Alexandre Gemignani, João Francisco Brás	Basquetebol masculino	Bronze
1952	Adhemar Ferreira da Silva	Atletismo – Salto triplo	Ouro
	José Telles da Conceição	Atletismo – Salto altura	Bronze
	Tetsuo Okamoto	Natação – 1.500m	Bronze
1956	Adhemar Ferreira da Silva	Atletismo – Salto triplo	Ouro
	Manuel dos Santos Junior	Natação – 100m	Bronze
1960	Amaury Passos, Edson Bispo dos Santos, Wlamir Marques, Fernando Freitas, Moisés Blás, Waldemar Blathavskai, Antonio Succar, Carlos Massoni - Mosquito, Carmo de Souza - Rosa Branca, Jathyr Schall	Basquetebol masculino	Bronze
1964	Amaury Passos, Antonio Succar, Carlos Massoni - Mosquito, Carmo de Souza - Rosa Branca, Edson Bispo dos Santos, Friedrich Braun - Fritz, Jathyr Schall, José Edvar Simões, Sérgio Machado, Ubiratan Maciel, Victor Mirshawka e Wlamir Marques	Basquetebol masculino	Bronze
1968	Nelson Prudêncio	Atletismo – Salto triplo	Prata
	Servílio de Oliveira	Boxe – Peso mosca	Bronze
	Reinaldo Conrad e Burkhard Cordes	Iatismo – Flying Dutchman	Bronze
1972	Nelson Prudêncio	Atletismo – Salto triplo	Bronze
	Chiaki Ishii	Judô	Bronze
1976	João Carlos de Oliveira	Atletismo – Salto triplo	Bronze
	Reinaldo Conrad e Peter Ficker	Iatismo – Flying Dutchman	Bronze

137

Medalhistas olímpicos brasileiros: memórias, histórias e imaginário

1980	Alexandre Welter e Lars Björkström	Iatismo –Tornado	Ouro
	Eduardo Penido e Marcos Soares	Iatismo – 470	Ouro
	João Carlos de Oliveira	Atletismo – Salto triplo	Bronze
	Djan Madruga, Ciro Delgado, Marcus Mattioli e Jorge Fernandes	Natação – 4x200m	Bronze
	Joaquim Cruz	Atletismo – 800m	Ouro
1984	Ricardo Prado	Natação – 400 medley	Prata
	Amauri, Badalhoca, Bernard, Bernardinho, Domingos Maracanã, Fernandão, Marcus Vinicius, Montanaro, Renan, Ruy, Willian e Xandó	Voleibol masculino	Prata
	Ademir Rock, André Luis, Tonho, Dunga, Chicão, Gilmar Rinaldi, João, Jorge, Luis Carlos, Mauro Galvão, Milton Cruz, Paulo Santos, e Silvio Paiva	Futebol masculino	Prata
	Torben Grael, Daniel Adler e Ronaldo Senfft	Iatismo – Soling	Prata
	Douglas Vieira	Judô	Prata
	Luis Onmura	Judô	Bronze
	Walter Carmona	Judô	Bronze
1988	Joaquim Cruz	Atletismo – 800m	Prata
	Aurélio Miguel	Judô	Ouro
	Ademir Kaefer, Claudio Taffarel, Jorge Campos, João Paulo, Ricardo Gomes, Geovani Silva, Edmar dos Santos, Hamilton de Souza, Romário, André Cruz, Luiz Carlos Winck, Aloísio Pires, Milton de Souza, José Ferreira Neto, Valdo Candido, Jorge Luiz Careca, João Batista Viana, Nelson Kerchner, José Carlos Araújo e Bebeto	Futebol masculino	Prata
	Lars Grael e Clínio de Freitas	Iatismo –Tornado	Bronze
	Robson Caetano	Atletismo – 200m	Bronze
	Torben Grael e Nelson Falcão	Iatismo – Star	Bronze

138

1992	Amauri, Pampa, Tande, Carlão, Douglas, Giovane, Janelson, Jorge Edson, Marcelo Negrão, Maurício, Paulão e Talmo	Voleibol masculino	Ouro
	Rogério Sampaio	Judô	Ouro
	Gustavo Borges	Natação – 100m	Prata
	Robert Scheidt	Iatismo – Laser	Ouro
	Torben Grael e Marcelo Ferreira	Iatismo – Star	Ouro
	Jaqueline Silva e Sandra Pires	Vôlei de praia feminino	Ouro
	Gustavo Borges	Natação – 200m	Prata
	Adriana Samuel e Mônica Rodrigues	Vôlei de praia feminino	Prata
1996	Adriana Santos, Alessandra Oliveira, Cíntia Santos - Tuiú, Cláudia Pastor, Hortência Oliva, Janeth Arcain, Leila Sobral, Marta Sobral, Maria Angélica Silva - Branca, Paula Silva - Magic Paula, Roseli do Carmo Gustavo e Silvia Luz – Silvinha	Basquetebol feminino	Prata
	Ana Moser, Ida, Ana Paula, Leila, Hilma, Virna, Marcia Fu, Filó, Ana Flávia, Fernanda Venturini, Fofão e Sandra	Voleibol feminino	Prata
	Arnaldo Oliveira, Edison Luciano, Robson Caetano e André Domingos	Atletismo - 4x100m revezamento	Bronze
	Dida, Zé Maria, Aldair, Ronaldo, Roberto Carlos, Flavio Conceição, Zé Elias, Rivaldo, Juninho, Bebeto, Ronaldinho, Daniel, Narciso, André Luiz, Amaral, Marcelinho Paulista, Sávio e Luizão	Futebol masculino	Bronze
	Rodrigo Pessoa, Luis Felipe Azevedo, Alvaro Affonso de Miranda Neto e André Johannpeter	Hipismo – Salto por equipe	Bronze
	Lars Grael e Kiko Pellicano	Iatismo –Tornado	Bronze
	Aurélio Miguel	Judô	Bronze
	Henrique Guimarães	Judô	Bronze
	Gustavo Borges	Natação – 100m	Bronze
	Fernando Scherer	Natação – 50m	Bronze

	Vicente Lenilson, Edson Luciano, André Domingos e Claudinei Quirino	Atletismo – 4x100m revezamento	Prata
	Robert Scheidt	Iatismo – Laser	Prata
	Tiago Camilo	Judô	Prata
	Carlos Honorato	Judô	Prata
2000	Adriana Behar e Shelda	Vôlei de praia feminino	Prata
	Zé Marco e Ricardo	Vôlei de praia masculino	Prata
	Alessandra Oliveira, Cíntia Santos - Tuiú, Cláudia Neves, Helen Luz, Adriana Santos, Adriana Moisés Pinto - Adrianinha, Lilian Gonçalves, Janeth Arcain, Kelly Santos, Lisaine David - Zaine, Marta Sobral e Silvia Luz – Silvinha	Basquetebol feminino	Bronze
	Rodrigo Pessoa, Luis Felipe Azevedo, Alvaro Affonso de Miranda Neto e André Johannpeter	Hipismo – Salto por equipe	Bronze
	Torben Grael e Marcelo Ferreira	Iatismo – Star	Bronze
	Gustavo Borges, Fernando Scherer, Edevaldo Valério e Carlos Jayme	Natação – 4x100m revezamento	Bronze
	Leila, Virna, Érika, Janina, Kely, Ricarda, Kátia, Walewska, Elisangela, Karin, Raquel e Fofão	Voleibol feminino	Bronze
	Sandra Pires e Adriana Samuel	Vôlei de praia	Bronze

	Rodrigo Pessoa	Hipismo – Salto individual	Ouro
	Marcelo Ferreira e Torben Grael	Iatismo – Star	Ouro
	Robert Scheidt	Iatismo – Laser	Ouro
	Anderson de Oliveira Rodrigues, André Heller, André Nascimento, Dante Amaral, Gilberto Godoy Filho (Giba), Giovane Gavio, Gustavo Endres, Maurício Lima, Nalbert Bitencourt, Ricardo Garcia (Ricardinho), Rodrigo Santana (Rodrigão) e Sérgio Dutra dos Santos (Escadinha)	Voleibol masculino	Ouro
	Emanuel e Ricardo	Vôlei de praia masculino	Ouro
2004	Andreia Suntaque; Marlisa Wahlbrink (Maravilha); Aline Pellegrino, Juliana Cabral, Tânia Maranhão; Mônica de Paula; Rosana dos Santos; Grazielle Nascimento; Renata Costa; Daniela Alves; Miraildes Maciel Mota (Formiga), Elaine Estrela; Andréia dos Santos (Maycon); Marta Vieira, Delma Gonçalves (Pretinha), Kelly Cristina, Cristiane Rozeira; Roseli de Belo	Futebol feminino	Prata
	Adriana Behar e Shelda	Vôlei de praia feminino	Prata
	Vanderlei Cordeiro	Atetismo Maratona	Bronze
	Leandro Guilheiro	Judô	Bronze
	Flávio Canto	Judô	Bronze

O imaginário olímpico brasileiro

*A função da lembrança é conservar o passado do indivíduo
na forma que é mais apropriada a ele. O material indiferente
é descartado, o desagradável, alterado, o pouco claro ou
confuso simplifica-se por uma delimitação nítida, o trivial
é elevado à hierarquia do insólito; e no fim formou-se um quadro
total, novo sem o menor desejo consciente de falsificá-lo.*
W. Stern

Quando crianças e jovens optam por praticar uma modalidade esportiva, muitos são os motivos que os levam a isso. O desejo de ser campeão, a intenção de ser como alguém e nos tempos atuais de possuir os bens que um vencedor conseguiu somar.

Conforme estudo anterior (Rubio, 2001.a) o imaginário presente no esporte contemporâneo permanece atrelado a dois modelos imaginários heróicos: um que é mítico e está associado ao esporte desde a Antigüidade; e outro, mais efêmero pautado na cultura contemporâneo que privilegia o vencedor em qualquer âmbito da vida social.

Se nos primórdios o atleta tinha sua preparação física e atlética como um elemento da sua educação e da sua formação enquanto cidadão, cujos desdobramentos eram a preparação para a guerra e a proteção da pólis, associando os papéis de esportista e guardião, o atleta de alto rendimento contemporâneo tem sua imagem vinculada ao espetáculo e ao lazer. Seus feitos são capazes de levar multidões a estádios e ginásios, em momentos de espetáculo, ou causar dor e comoção coletiva em caso de acidente ou morte.

Essas situações são experimentadas e comprovadas periodicamente quando da realização de Jogos Olímpicos momento em que o esporte, então, ganha amplo espaço na mídia e leva amantes e não adeptos a participar desse universo, ainda que não de forma direta, mas por meio das marcas e produtos envolvidos com o espetáculo.

Isso faz com que os atletas medalhistas, ou aqueles que por algum outro motivo conquistaram algum destaque, a ter seus nomes impressos na memória social do país por onde competiu e também do espectador em geral, preservando sua condição de mito.

Essa condição permite que se afirme que os mitos representados no esporte são, sobretudo de natureza heróica, isso porque as realizações de atletas são consideradas quase sobre-humanas para grande parcela da população, o que contribui para que essa imagem seja reforçada.

O herói enquanto figura mítica vem representar o mortal que transcendendo essa condição aproxima-se dos deuses em razão de um grande feito. Essa proeza é quase sempre uma soma de elementos como força, coragem e astúcia, caracterizando-o não como alguém dotado apenas de força bruta, mas como um ser particular, capaz de realizações prodigiosas.

O caráter agonístico presente nas realizações atléticas imprime ainda maior dramaticidade e plasticidade ao espetáculo esportivo, embora no princípio a agonística fosse como um prolongamento das lutas dos heróis nos campos de batalha, uma vez que também no *agón* os que disputam fazem uso de vários artifícios bélicos, e dependendo da contenda, expõem-se à morte, ainda que, em tese, a agonística não tenha por objetivo eliminar fisicamente o adversário (Rubio, 2001.c.).

Transpondo para o mundo contemporâneo temos no atleta de alto rendimento uma espécie de herói onde quadras, campos, piscinas e pistas assemelham-se a campos de batalha em dias de grandes competições.

Vale ressaltar que não é apenas a disputa que faz o atleta identificar-se com o herói. A superação de questões individuais e sociais mostra-se inerente ao processo de revelação e formação desse personagem. O caminho para o desenvolvimento dessa identidade dentro do mundo do esporte envolve etapas comuns ao mito: há uma chamada para a prática esportiva, que em muitos casos significa deixar a casa dos pais e enfrentar um mundo desconhecido e, por vezes, cheio de perigos. Sua chegada ao clube representa a iniciação, propriamente dita, um caminho de provas que envolve persistência, determinação, paciência e um pouco de sorte. A coroação dessa etapa é a participação na seleção nacional, seja qual for a modalidade, lugar reservado aos verdadeiros heróis, onde há o desfrute dessa condição. E, finalmente, tem-se o retorno, muitas vezes negado, pois devolve o herói à sua condição mortal, e na tentativa de refutar o presente são tentadas fugas mágicas (como a desmotivação em retornar ao seu clube de origem), porém, por paradoxal que seja, é apenas nesse momento que ele encontra a liberdade para viver (Rubio, 2001.b: 99).

Penetrar no imaginário esportivo desse final de século é, de certa forma, buscar compreender por onde passa o parâmetro de projeção e de criação de identidade de uma parcela de adolescentes e jovens adultos na sociedade contemporânea. Isso porque os feitos esportivos não estão apenas relacionados à apresentação de comportamentos, mas também ao preenchimento de um vácuo de feitos de destaque. Para tanto é fundamental conhecer um pouco mais sobre o fenômeno esportivo atual e como o atleta se transformou no personagem que ele é hoje.

A seguir serão discutidas as trajetórias de medalhistas olímpicos brasileiros e os elementos constitutivos do imaginário esportivo contemporâneo, buscando contemplar os aspectos subjetivos e institucionais desse processo.

Os medalhistas olímpicos do atletismo

O atletismo congrega uma série de modalidades que sintetiza a essência do esporte desde a sua origem, confundindo história e mito.

Contam os eleenses que Héracles, criado no Monte Ida, na Ilha de Creta, propôs aos irmãos um concurso pedestre para se exercitarem na corrida, dando origem ao primeiro gênero de competição: o atletismo. Daí a afirmação de Boga (1964) de que na Antigüidade os Jogos Olímpicos foram creditados a Héracles, que para prestar uma homenagem ao rei Augias, morto em combate durante a conquista da cidade de Elis, instituiu em sua memória competições atléticas que vieram a se chamar Jogos Herácleos.

Medalhistas olímpicos brasileiros: memórias, histórias e imaginário

Homero (s.d.), na Odisséia, não deixa de associar a força e resistência de Odisseu (Ulisses em grego) à sua astúcia e perspicácia. Depois de vagar quase duas décadas para regressar a Ítaca, um dos heróis da Guerra de Tróia chega à terra dos feácios, a Esquéria, onde é recebido por Alcínoo, o rei desse povo que promete resgatá-lo à sua terra de origem, depois de um banquete e de provas atléticas, indicando que as disputas esportivas compunham aquilo que de melhor podia se oferecer a um estrangeiro. Para tanto, o rei Alcínoo proclama:

> *Atenção, caudilhos e conselheiros feácios!... Agora saiamos e vamos a uma exibição de todos os jogos atléticos, para que, ao regressar à pátria, o forasteiro conte à sua gente quanto superamos os outros povos no pugilato, na luta, no salto e na corrida* (p. 89).

A partir daí os melhores cidadãos feácios exibem-se em suas modalidades, diante do rei e de seu hóspede. Mesmo tendo sido vitorioso em Tróia e reconhecido como um dos mais senão o mais forte entre os aqueus, Odisseu chega à penúltima etapa de sua viagem, depois de passar por muitos reveses e infortúnios, com o aspecto físico de um homem forte, mas já não atlético. Diante dessas circunstâncias Laódamas, filho de Alcínoo, dirige-se a ele com as seguintes palavras:

> *Vem cá também tu, venerável forasteiro; exibe-te nalgum desporto, se aprendeste algum. Tu deves conhecer desportos, pois a maior glória dum homem são os feitos que realiza com os pés e as mãos. Vamos, faze uma prova* (p. 90).

Mais do que um convite ali se produzia um desafio. Consciente de sua força já testada e comprovada na guerra, Odisseu responde ao jovem incauto, com o respeito devido a um anfitrião, reconhecendo o papel de celebração implicado numa apresentação ou disputa esportiva:

> *Laódamas, por que mofas de mim com esse desafio? Há mais lugar para tristezas do que para desportos no âmago de quem, apenas saído de tantas tribulações e tantas fadigas, está hoje sentado em*

Katia Rubio

meio a vossa assembléia, ansioso pelo repatriamento e suplicando-o ao vosso rei e a todo o povo (p. 90).

E mais uma vez, o conhecimento do esporte é clamado como a garantia de uma educação pregressa do herói, expressa na fala de Euríalo, semelhante a Ares, o mais belo de todos os feácios:

Isso, forasteiro, é por não ver em ti um conhecedor de desportos, de tantos que se contam na Humanidade, mas um desses que vão e vêm num barco de muitos remos, capitaneando marujos traficantes, alguém preocupado com o frete, a vigiar a mercadoria, os lucros, as ganâncias; atleta é o que não pareces (p. 90).

A interpretação da recusa de participação na disputa como incapacidade física ou desconhecimento da prática leva Odisseu a um estado de cólera, que em algumas circunstâncias teria custado a vida ao oponente, mas neste caso o faz resgatar seu poder de orador e de atleta:

Senhor, não foram nobres as tuas palavras. Pareces um presunçoso, tão certo é que a nem todos os homens concedem os deuses os seus dons, seja o do bom físico, seja o da inteligência, seja o da palavra... Não sou alheio aos desportos, como tu proclamas; ao contrário, penso ter sido dos melhores quando podia confiar na juventude e em meus braços. Hoje, tolhem-me as desgraças e sofrimentos, pois muito penei atravessando guerras de povos e ondas cruéis. Apesar de tudo, a despeito das muitas desgraças sofridas, farei uma prova desportiva, porque tuas palavras pungiram meu coração e teu desafio me provoca (p. 91).

Em seguida Ulisses procura por um disco de pedra e arremessa-o a uma distância maior que a tentativa de todos os oponentes anteriores, causando espanto e admiração entre aqueles que assistiam à contenda. O gesto foi uma demonstração de força e habilidade. O que estava em jogo naquela situação eram os valores físicos e morais amealhados ao longo de uma existência e não o resultado em si.

A obra Odisséia é anterior aos Jogos Olímpicos da Antigüidade e é uma indicação do valor dado a prática esportiva de então. É importante também ressaltar o valor conferido ao praticante da prova de atletismo. A rapidez sempre foi valorizada como a essência em si mesma da plenitude da vida juvenil, tanto que a apoteose dos Jogos Olímpicos era dada pela corrida de velocidade. O vencedor da corrida no estádio emprestava seu nome à festa olímpica e a ele era concedida a honra de acender o fogo sagrado. Era lei em Olímpia que o nome do vencedor da prova da volta do estádio, algo próximo à prova dos 100 metros rasos, tivesse seu nome impresso na porta estádio olímpico, garantindo ao atleta a imortalidade, se não física, moral. Os nomes desses atletas encontram-se em Olímpia até os dias atuais, no estádio e no museu olímpico.

Considerado por muitos profissionais o esporte de base (Ricette, 2003) o atletismo é distribuído em provas de velocidade (100m, 200m, 400m, 110m com barreiras e 400m com barreiras), provas de meio fundo (800m, 1.500m e 3.000m com obstáculos), provas de fundo (3.000m, 5.000m, 10.000m, marcha atlética e maratona), provas de saltos (altura, distância, triplo e com vara) e provas de arremessos e lançamentos (disco, dado, peso e martelo).

Por ser uma modalidade básica e não exigir equipamentos sofisticados é praticada por pessoas em diversos contextos sociais, em lugares nem sempre destinados para esse fim, facilitando seu acesso, principalmente à população de baixa renda. E esse fato não ocorre apenas no Brasil.

O atletismo foi a modalidade esportiva que mais trouxe medalhas olímpicas ao Brasil em um total de 13, sendo 3 de ouro, 3 de prata e de 7 bronze até os Jogos de Atenas, 2004.

Quadro 5 – Medalhistas do atletismo

Ano	Atleta	Modalidade	Medalha
1952	Adhemar Ferreira da Silva	Salto triplo	Ouro
	José Telles da Conceição	Salto altura	Bronze
1956	Adhemar Ferreira da Silva	Salto triplo	Ouro
1968	Nelson Prudêncio	Salto triplo	Prata

1972	Nelson Prudêncio	Salto triplo	Bronze
1976	João Carlos de Oliveira	Salto triplo	Bronze
1980	João Carlos de Oliveira	Salto triplo	Bronze
1984	Joaquim Cruz	800 metros	Ouro
1988	Joaquim Cruz	800 metros	Prata
	Robson Caetano	200 metros	Bronze
1996	Arnaldo Oliveira, Edison Luciano, Robson Caetano e André Domingos	Revezamento 4 x 100m	Bronze
2000	Vicente Lenílson, Edson Luciano, André Domingos e Claudinei Quirino	Revezamento 4 x 100m	Prata
2004	Vanderlei Cordeiro	Maratona	Bronze

O único bi-campeão olímpico brasileiro Adhemar Ferreira da Silva, no salto triplo, é até hoje considerado um dos atletas mais respeitados no âmbito internacional. Filho de uma família de origem humilde estudou e soube muito bem o que significava ser dotado de físico privilegiado, mas gozar de poucas condições materiais para poder desenvolver seu potencial.

Quem fala sobre isso é sua filha Adiel, que somente após a morte do pai foi capaz de avaliar e sintetizar a condição de vida que tinham os avós e o que representaria as realizações de seu pai:

> *"... a coisa mais maravilhosa que eu aprendi depois que ele morreu foi de ter pensado no casal de pretos, pobres na década de 20 em São Paulo, Brasil... Eles nunca iriam poder imaginar que este pretinho iria viajar o mundo inteiro, iria ser recebido por reis, rainhas, ministros e presidentes".*

Que não difere das origens de Robson Caetano bronze em Seul nos 200m e bronze no revezamento 4 x 100m em Atlanta.

"Eu sou de uma comunidade carente... que é a Comunidade da Nova Holanda, próxima ao Aeroporto Internacional do Rio de Janeiro. Eu sou filho de Jardelino da Silva e Georgete Maria Teixeira... aos 2 anos de idade eu sai da comunidade e fui morar com a minha bisavó dentro da Fundação FioCruz, com o meu bisavô e bisavó, aos quais passei a chamar de pai e mãe..."

Nem tampouco de Vicente Lenílson, prata no revezamento 4 x 100m.

"Meus pais tiveram oito filhos e sou o mais novo... eu falo isso pra poder agradecer meu pai que fala que eu fui dos últimos filhos que nasci em berço de ouro... as vezes na minha casa de manhã não tinha o que comer, então imagina como é que era meus irmãos mais velhos. De família pobre, de família humilde, que tiveram dificuldade, tem dia que você tinha o que comer, tinha dia que não tinha, tinha época que você tinha um tênis pra pôr, tinha época que não tinha uma sandália, não tinha uma meia, e sempre foi muito difícil na minha vida, tanto que com isso eu aprendi a ser um, um pequeno grande homem."

E ainda de Joaquim Cruz, ouro e prata nos 800m em Los Angeles e Seul, respectivamente.

"Eu nasci num ambiente super pobre... eu queria coisa melhor então, eu fui atrás, eu tive que sair do meu ambiente pra poder alcançar os meus objetivos. Por exemplo, eu dividia a mesma cama com minha irmã até os 10 anos de idade. Depois meu irmão saiu de casa e eu ganhei a cama. Antes disso me colocaram no sofá da sala, aí eu tava brigando muito, porque, o pessoal gostava de assistir novela e eu não. Eu pedia minha cama e expulsava eles do sofá. Aí, depois minha irmã mudou e eu fui pra cama dela. Na minha casa eram 8 pessoas, a gente dividia 1 litro de leite entre 8, tá!"

Ou de João Carlos de Oliveira, que obteve duas medalhas de bronze no salto triplo e um dos recordes mundiais mais longevos da história do salto triplo que nasceu em Pindamonhangaba, no interior de São Paulo, filho de uma família numerosa e pobre e aos cinco anos foi acometido de tuberculose.

Muitas histórias com muitas semelhanças. Em sua fala sobre o pai, filho único de um ferroviário e de uma lavadeira e sabedor das dificuldades enfrentadas pelos pais para que ele pudesse realizar e ter aquilo que eles não tiveram, Adiel anuncia os elementos característicos da identidade de Adhemar, que estariam presentes nas doze medalhas do atletismo brasileiro: negros, ou descendentes de, e pobres. Aponta ainda para a possibilidade da prática esportiva bem sucedida ser uma forma de respeito e ascensão social para aqueles que ainda são mantidos reféns de uma condição marcada pela exclusão e pela falta de opção.

"Ele estava ali, na famosa esquina da São João com a Ipiranga com um amigo, a tarde, e de repente ele viu um outro negro passando todo empinado, todo retinho. Ele achou bonita a postura daquele rapaz que cumprimentou esse outro que estava com meu pai. Aí meu pai perguntou: "Quem é?" "É um atleta". Ele dizia que achou bonita a palavra atleta, mas ele não sabia nem o que era".

Ser atleta nesse caso representava entre outras coisas ser "empinado, todo retinho", desfazendo mais um estereótipo que associa o negro a um padrão de pessoa pobre-mulambenta-esfarrapada. Evidente que essa associação é feita quando o sujeito é portador de um físico que o associe a um Adonis. Mas, nem todos atletas têm esse perfil e gozam do respeito imposto por ele. Foi o caso de Vicente Lenílson.

"Quando eu cheguei no Rio eu tinha 52 kg, (1,62m), magro, feio, cabeçudo. O coordenador me comprou no escuro... Ele viu meu nome, um atleta Vicente de tal, correu tal e tal, se espantou com a marca e achou que eu era um gigante... um monstro e quando me viu ele falou assim: "Eu investi errado... Você é um atleta que eu achei que era de uma forma física, mas você não vai virar nada". Eu tava chegando para morar na casa do cara. Olha a humilhação".

José Telles da Conceição, medalha de bronze no salto em altura e tido pelos colegas de modalidade como o protótipo do atleta perfeito quase viu o seu caminho ser fechado ao deparar com sua antítese em uma situação de seleção. Quem narra é Luis Caetano Fernandes, o Perón, ex-atleta e contemporâneo de Telles.

> *"Só que para azar dele o oficial encarregado dos esportes era baixo e quando Telles entrou com aquele tamanho seu, um metro e noventa e dois de altura, o oficial olhou para ele e disse: "Olha, você não." "Você não por que?", disse o Telles. Ele ficou meio surpreso e disse: "Você é muito grande e todo cara grande demais é mole". Aí ele botou isso na cabeça e saiu, nem discutiu, nunca tinha feito mesmo atletismo."*

Como que um par inseparável pobreza e desrespeito parecem caminhar juntos, e a mesma determinação que molda o perfil de um atleta vencedor faz também o indivíduo aprender a superar a discriminação.

Esses aspectos chamam atenção, principalmente por haver um consenso velado sobre a condição multicultural e multiétnica do povo brasileiro.

A esse respeito Silva (2002) aponta para a ambigüidade que a discussão sobre multiculturalismo remete. Por um lado ele representa um movimento legítimo de reivindicação dos grupos culturais dominados no interior de países reconhecidamente discriminadores para terem suas formas culturais reconhecidas e representadas na cultura nacional. Pode ser visto também como uma solução para os "problemas" que a presença de grupos raciais e étnicos coloca, no interior daqueles países para a cultura nacional dominante. Sendo uma forma ou outra o multiculturalismo não pode ser separado das relações de poder que obrigaram essas diferentes culturas raciais, étnicas e nacionais a viverem no mesmo espaço. É no bojo dessa discussão que emerge o conceito de racismo e seu trato nos estudos culturais. Para o autor na análise cultural contemporânea, a questão do racismo não pode ser entendida sem o conceito de representação. Se nas análises tradicionais o que se contrapõe à discriminação é uma "imagem verdadeira" da identidade inferiorizada pelo racismo, na crítica cultural recente não se trata de uma questão de verdade ou falsidade, mas de uma questão de representação que não pode ser desligada de questões de poder. A representação é sempre inscrição, é sempre uma construção lingüística e discursiva dependente de relações de poder. A representação do negro na sociedade brasileira não é apenas de ordem racial ou étnica. A questão central desde a abolição é, sem dúvida, econômica.

Na frase de Robson Caetano, diante do início de uma nova carreira em uma nova profissão, como jornalista, há uma necessidade de demonstrar a superação da condição social anterior a carreira de atleta.

"Estou aprendendo muito e cada dia mais. E em cada oportunidade dessas fico satisfeito de ver que existe naquele negrinho que veio lá daquela comunidade carente todo um processo evolutivo."

Carril (2003) aponta as contradições vividas em uma nação que foi construída sob o marco ideológico do branqueamento e o esforço de uma grande parcela da população em superar não só a condição de ser negro, mas ter sempre atrelado a isso o fato de ser pobre.

Embora o esporte seja apresentado como um agente socializador e uma forma genuína de inclusão social, há que se ter alguns cuidados com a teoria e vários requisitos mínimos para uma efetivação da prática. Se pensado como atividade lúdica e componente curricular, é possível caminhar na direção da inclusão. Entretanto, a partir da perspectiva do alto rendimento não é possível afirmá-lo como uma atividade ampla, geral e irrestrita. Desde que possuidor de um nível de habilidades acima da média o postulante é submetido a um ritual que avalia seu potencial para então definir onde e com quem seu processo terá continuidade. Passada essa etapa a capacidade de sobreviver às mazelas pessoais e institucionais são o portal seguinte nesse processo iniciático. As pessoas e profissionais encontrados ao longo desse trajeto são figuras que assumem uma função quase divina e por isso são nomeadas. Vale ressaltar que, diferente de outras modalidades, a relação atleta-técnico é vista como fundamental no desenvolvimento e sucesso do atleta em competição.

Para Adhemar, a convivência com o técnico Gerner foi a garantia de um desenvolvimento técnico e pessoal que transcendeu o período da carreira competitiva.

"Porque é uma coisa que eu acho que o Gerner colocou muito na cabeça do meu pai: 'E depois do esporte?'"

No caso de Vicente Lenílson, depois da humilhação de treinar um ano sem receber tratamento digno, nem o salário prometido, qualquer relação humana era vista com desconfiança.

"Eu fui pra ganhar R$ 300,00. Eu morei um ano lá sem receber durante o ano inteiro... Ele falou assim: 'Você não vale os R$ 300,00 que eu tenho que te dar. Eu vou te mandar embora'. E eu falei: 'Então tá bom'. E à noite ele chegou em casa com a passagem de ônibus. E eu falei assim: 'Eu não vim de ônibus. Se você quer me mandar embora, me manda da mesma forma que você mandou me pegar'. Comprou a passagem de avião e eu fui embora...Acho que foi tanta crítica, tanta humilhação, tanto desprezo que eles me passaram que me empurrou... E aí o professor Figueiredo falou assim: 'Vicente, você quer ser um campeão de verdade? Eu acho que você é o único atleta do Brasil que pode correr abaixo dos 10. E isso é mérito teu porque você é forte, tem força, é rápido, é descontraído, você é metido... Se você quiser treinar comigo vem morar em Natal'... (fala para o técnico) 'Pra você me fazer campeão você precisa ter paciência... Você não pode ser grosso... Você me respeita e eu te respeito... Treinei quatro anos com ele. Nesses quatro anos ele me fez ser o atleta que eu sou hoje.'"

Robson Caetano também faz questão de destacar os vários profissionais que o ajudaram em seu desenvolvimento em uma composição que soma pessoal e profissional.

"Em 1986 em fui treinar com um técnico chamado Carlos Roberto Cavalheiro. Depois de ter passado pela Sônia Ricette, Nelson Rocha, Carlos Alberto Lanceta que foi a pessoa que mais insistiu para que eu treinasse os 200 metros, eu fui treinar com o Carlos Alberto Cavalheiro e foi um casamento que durou 15 anos."

A superação dos limites sociais e individuais leva o praticante do atletismo brasileiro a alternar dois papéis bastante vivos na literatura e no imaginário brasileiro: o herói romântico Peri e o herói sem nenhum caráter Macunaíma.

A literatura brasileira é um rico documento da cultura que se desenvolveu em um território descoberto e colonizado pelo europeu, mas que resistiu, a seu modo e com seus recursos, àquele modelo. Os personagens da literatura que em parte retratam, em parte criam a cultura brasileira, alimentam um imaginário sobre esse povo tanto para sua população como para o estrangeiro. Do índio forte e virtuoso ou a criança preguiçosa que balbucia as primeiras palavras já na segunda infância muitos são os tipos humanos que a seu modo apresentam um jeito de ser herói no Brasil, tanto quanto os atletas que participam de competições internacionais e alimentam esse imaginário desenvolvido em outros campos da cultura.

A semelhança entre personagens da literatura brasileira e atletas medalhistas olímpicos se deve, em grande parte, pelas especificidades da condição heróica vivida no Brasil. Nossos personagens nascem em uma terra descoberta e explorada, mais do que colonizada e desenvolvida, pelo europeu, conferindo um caráter de submissão ao colonizador etnocêntrico.

O primeiro personagem nativo reconhecidamente brasileiro, Peri, traz no corpo as marcas de sua condição. É um índio, a representação da gente do novo mundo. Adhemar, ainda que não fosse o primeiro medalhista de ouro, foi o mais proclamado, talvez pelo fato ainda inédito de haver repetido esse feito por duas vezes. Havia de ser do atletismo, modalidade que vive muito mais do talento do atleta do que de equipamentos sofisticados ou condições externas.

Peri, por José de Alencar, Adhemar, Prudêncio e Joaquim pelo atletismo, guardam semelhanças de sua condição de ser brasileiro por representarem, de uma forma simbólica, a defesa do orgulho nacional. Peri, fruto do nacionalismo romântico, sobrevive em um meio cultural distinto daquele de origem. Sua maior tarefa é defender Ceci, linda moça portuguesa, de Loredano, homem sem escrúpulos, e dos Aimorés, que querem sua morte para vingar a filha do cacique, morta por acidente. Nessas ocasiões tem a oportunidade de demonstrar seu vigor e sua bravura. Sobrevivem ambos aos ataques de mercenários e indígenas e, ao final, a uma grande tempestade para se tornarem símbolo da formação do povo brasileiro, miscigenado, herdeiro da força e da beleza que irão compor a base étnica do brasileiro e seu imaginário para o europeu.

Adhemar, Prudêncio e Joaquim são filhos de gente humilde e digna que enfrentaram a força da falta de recursos e da burocracia. Depois, no gozo de sua condição olímpica, tornaram-se uma espécie de representantes do orgulho que defenderam. Respeitados e reverenciados pela comunidade, não apenas esportiva, são reconhecidos verdadeiros heróis brasileiros.

A seu modo Adhemar, Joaquim Cruz e Nelson Prudêncio assemelham-se ao ideal romântico sugerido por Alencar que inspirado no modelo do bom selvagem rousseauniano apresentou um projeto brasileiro, pautado na natureza da terra, na beleza exótica de um ambiente selvagem, aliado ao nacionalismo e a força da terra inculta. Dessa mescla surgiu costumes lapidados interagindo com os costumes nativos, homem social e natural convivendo em um mesmo ambiente, misto de um imaginário medieval e de uma natureza bruta. A condição de ser brasileiro se expressa por meio da força, da coragem, da pureza, da beleza e da originalidade de ser nativo. No dizer de Chauí (2001) seriam como que semióforos do povo brasileiros, ou seja, *um signo trazido à frente ou empunhado para indicar algo que significa alguma outra coisa e cujo valor não é medido por sua materialidade e sim por sua força simbólica* (p. 12).

Katia Rubio

(Adhemar) *"Até que em 64 ainda Governo do João Goulart, o Ministério das Relações Exteriores convidou o meu pai para ser Adido Cultural na Nigéria... os países africanos estavam deixando de ser colônias neste período... foi um privilégio que o meu pai me deu e que conseguiu graças a vida esportiva dele. E não apenas pelo esporte, mas pelo que já percebiam dele. O meu pai foi um homem culto, um homem muito interessante."*

(Joaquim) *"No lado esportivo, eu tento passar para os meus atletas que o processo é mais importante que o resultado. Eles têm que desenvolver uma história, primeiro de treinamento, antes de começar a obter resultados, porque sem essa história, eles não terão parâmetro para comparar o hoje com o ontem, e disso tirar alguma coisa pra prepará-los para o amanhã. É o processo que te forma como um cidadão, como pessoa."*

(Prudêncio) *"Não, mas o importante disto é que foi bom... eu comecei a trabalhar dentro de um meio universitário e lecionando a matéria, o atletismo ou teoria do treinamento... agora estou fazendo parte dessa comissão de atleta da CBAt e do Ministério de Esportes... isso permite à gente estar em contato e tentar delinear alguma coisa para quem vem vindo, por exemplo, Bolsa para quem está iniciando num sentido que haja pelo menos um incentivo..."*

José Telles, João Carlos de Oliveira, Robson Caetano e Vicente Lenílson, por seu turno, aproximam-se de um outro imaginário heróico brasileiro identificado por Macunaíma, de Mario de Andrade. O herói sem nenhum caráter é uma espécie de barro vital, ainda amorfo, a que o prazer e o medo vão mostrando os caminhos a seguir, desde o nascimento em plena selva amazônica até a chegada a uma São Paulo modernista em busca do talismã que o gigante havia furtado.

Diante da diversidade de origens e de influências era de se esperar mais de um tipo de herói a constituir o imaginário brasileiro. Seguindo de perto as tendências da escola literária de origem, assim como do romantismo surgiu Peri, o modernismo não poderia produzir outro herói que não Macunaíma. Diante das transformações por que passou o esporte, haveria de surgir outros tipos de herói.

Bosi (1983) afirma que, simbolicamente, a figura de Macunaíma foi trabalhada como síntese de um presumido "modo de ser brasileiro" descrito como luxurioso, ávido, preguiçoso e sonhador. Macunaíma que nasceu no fundo do mato-virgem é considerado o *herói de nossa gente*. É o herói de um país que vive, juntamente com o mundo, as transformações avassaladoras do século XX, que trouxe o espanto da modernidade e da tecnologia, mas não superou as origens e tradições de um povo sincrético e miscigenado. Macunaíma comporta a irreverência de um Brasil que são muitos Brasis. José Telles, João do Pulo, Robson Caetano e Vicente Lenílson carregam um tanto da condição de ser atleta em um país com essas características.

Têm a irreverência, a teimosia e a mesma alegria que fizeram Macunaíma sair da Amazônia rumo a São Paulo em busca de sua razão de existir, a pedra muiraquitã, que foi tomada por Venceslau Pietro Pietra, o gigante Piaimã. Partir e retornar do Rio Grande do Norte tantas vezes quanto fosse necessário para sedimentar sua carreira, uma espécie de muiraquitã, faz Vicente enfrentar o gigante do preconceito, de forma não menos simbólica que Macunaíma. Venceu o estigma de seu tipo físico e se define de forma não menos modernista como um pequeno grande atleta. Nos momentos de competição olha para os Piaimãs ao seu lado com a irreverência zombeteira de quem não acreditou no vaticínio inicial da incapacidade.

> (Vicente Lenílson) *"Tenho o costume de pensar grande. Eu sou pequeno, mas eu penso grande... E isso daí. Se eu tiver no meu currículo (uma medalha) em 2000, 2008, boto a minha sapatilha nas costas, pego o meu jegue e vamos pra casa".*

> (Aladir Correa, ex-atleta e atual árbitra da CBAt, sobre José Telles) *"Ele não se aborrecia com ninguém, ele era incapaz de fazer uma grosseria por ter perdido... Ele não era um atleta dedicado ao treinamento...Ele era um atleta que fazia pelas próprias qualidades dele. Se fosse um atleta que treinasse como hoje, que tivesse as regras, ele seria um atleta do primeiro mundo... Ele treinava três vezes por semana, dava uma volta na pista, fazia uma retazinha, uma saidinha de bloco, de acordo com a prova que ele fosse competir".*

Katia Rubio

(Pedrão – técnico – sobre João do Pulo) *"O João era um vencedor... ele não competia para perder e não se contentava com o 2º lugar. Ele tinha uma coragem e uma perseverança muito grande, tudo isso caminhando paralelamente com uma malandragem extraordinária... eu acabei tendo que levá-lo para morar na minha casa na época de competições mais importantes para que eu pudesse tomar conta dele, porque ele era danado".*

Dos símbolos de identidade nacional à formação de caráter, personagens da literatura e atletas olímpicos transitam entre o ideal de ego – vitorioso, audacioso e persistente – e o ego ideal – a superação de uma condição dada como natural, o virtuosismo com irreverência e realização em vida daquilo que se acredita possível apenas em sonho.

No trânsito entre os dois ideais e absorvendo as condições dadas pelo momento histórico desenvolveu-se um modelo para sobreviver às mazelas do olimpismo amador e a disputa selvagem no modelo profissional. Questões muito mais estruturais do que conjunturais do olimpismo mundial, para os atletas brasileiros elas denunciavam o desprestígio pela condição de ser atleta.

(Adiel, sobre o pai, Adhemar) *"Ele pediu licença na prefeitura aonde ele trabalhava e foi para o Chile defender o Brasil. Quando ele voltou, o prefeito da cidade com a vassoura varreu o meu pai dizendo que a prefeitura não era lugar de vagabundo, de atleta vagabundo... ele foi demitido da prefeitura... Mas é aquela velha história que tem males que vem para o bem, e foi neste período também que juntou tudo, essa história de fazer Educação Física, essa história de perder o emprego na prefeitura. Ele acabou trabalhando a pedido do Samuel Wainer na Última Hora que era um super jornal na época e se mudando para o Rio para poder estudar Educação Física. Então acabou aprendendo uma outra profissão e que foi muito bom."*

(Adiel, sobre a doação de uma casa a Adhemar como presente de um jornal pela medalha de ouro em Helsinque) *"A minha avó estava toda feliz porque a população aderiu, houve muitas assinatu-*

Medalhistas olímpicos brasileiros: memórias, histórias e imaginário

ras, estavam já comprando a casa. Eu imagino como deve ter sido duro para o meu pai desfazer esse sonho da cabeça da minha avó... Então com o coração partido ele teve que chamar os pais e falar: "Olha, eu quero continuar e a condição é não aceitar essa casa, porque senão eu viro profissional. Primeiro eles virão aqui e vão tomar as minhas medalhas, os meus troféus e acabou. Eu não posso". Deve ter sido muito difícil para ele, mas não tinha jeito".

(Perón, ex-atleta, sobre José Telles) *"Até hoje não se sabe quanto o Flamengo gastou para levar ele para lá, mas eu sei que foi muito dinheiro porque ele tinha a vida dentro do Vasco... Aquela portuguesada lá fazia tudo que ele queria porque ele era realmente o homem equipe, ele era um homem equipe. Enquanto ele foi atleta sempre foi o maior pontuador de todas as equipes por onde ele passou... Ele competiu pelo Flamengo muito tempo. Era o homem equipe do Flamengo".*

(Nelson Prudêncio) *"Ele (Roberto Clóvis do Nascimento, seu técnico) conseguiu que eu ficasse treinando no Pacaembu com ele naquele ano dos Jogos Olímpicos... Houve a oportunidade da gente ter uma parte do dia, todos os dias, para poder treinar... Eu ficava lá treinando como se fosse empregado prestando um serviço para a Prefeitura de São Paulo".*

(Robson Caetano) *"É claro que seu eu tivesse tido mais coisas, mais... Vamos dizer assim, se o meu esporte que é o atletismo, ao invés de ter um auxílio tivesse um parceiro como hoje, hoje tem um parceiro forte que é a Caixa Econômica Federal, se eu não me engano. Tem outros patrocinadores que bancam alguma coisa dentro desse esporte, mas ainda não é o suficiente. Para se formar uma geração vencedora, você tem que realmente investir nessa geração."*

(Joaquim Cruz) *"Ah! logo depois da prova, o João do Pulo chegou pra mim e falou, 'Joaquim, tem um pessoal da Nike aí, que quer te dar material', falei, 'Beleza! vou ganhar um par de sapatilhas!'. As sapatilhas eram... o tênis pra ter também, no Atletismo, todo mundo queria ter. Aí, ele veio e falou um monte de coisa lá, que eu não entendi... me cumprimentou com um sorriso desse tamanho lá, na*

160

Katia Rubio

orelha, me deu o parabéns pelo resultado e me deu essa mala. Aí, olhei na mala, pô! não tinha um... uma sapatilha, eu perguntei, ele falou, 'não! vai ter um rapaz em Roma, ah! antes do Mundial que vai levar esse par de sapatilhas pra você, eu falei, beleza!'. Ah!... só que quando eu cheguei na Europa, as companhias de sapatos exploravam os atletas antes das competições. Pagavam 100 dólares aqui, 200 dólares ali, pro atleta usar o sapato da companhia. Então, isso era comum, todo atleta sabia disso... Aí, chegou o rapaz da Nike, com a sapatilha. Aí, eu peguei o João do Pulo, e falei 'João! pergunta pra ele, quanto que eu vou ganhar nessa brincadeira?'. O João traduziu, falava um pouquinho inglês, né! Aí, o João falou, 'olha Joaquim, ele falou que não tem dinheiro, mas que a Nike tem planos pra você no futuro, tá!', Aí, o João falou, 'olha! eu consigo um dinheiro com a Puma!', porque o João corria junto com a Puma. Eu falei, 'beleza! então vamos ver o que quê... que quê a gente faz!'. Aí, o rapaz foi embora, aí... a competição era no dia seguinte, ninguém apareceu..."

(Vicente Lenílson) *"Eu tinha acabado de ganhar uma medalha de prata na Olimpíada e ficou assim, sem receber o ano inteiro, passando dificuldade, tendo que vender meu carro, tendo que vender minha casa... Não fosse o presidente da CBAt, o professor Gesta, eu com certeza não estaria aqui hoje".*

Outra característica marcante do atletismo é a afirmação da permanência por meio das marcas obtidas. Seja para exemplificar o potencial latente no início da carreira ou o momento mágico da quebra de um recorde ou de superação dos demais adversários em uma prova olímpica, os números são a comprovação mais fidedigna de uma atuação rara. Seja em metros e centímetros, seja em segundos, não há titubeio quando a questão é resgatar a marca obtida nas provas históricas. Os livros específicos e as enciclopédias servem na atualidade como a porta do estádio na Antigüidade. Ainda que a marca obtida ou o recorde conquistado já tenham sido superados, deram a esses medalhistas a condição da imortalidade cada vez mais rara de ser obtida.

O recorde (do inglês *record*, registro), com a idéia de valorização social, através dos dados numéricos, nasceu com a sociedade e o esporte modernos, que têm entre suas características mensurar a maior parte de suas atividades, dominadas pela ciência e pela tecnologia. Para Cagigal (1996) *esta valorização do número salta da ciência em outras ordens da vida, da indústria, do comércio, da propaganda (...) À medida que o tempo invade a esfera esportiva, aí se impõe a marca, o recorde, como elemento essencial da apreciação do esporte, inclusive em níveis elementares* (p. 586).

Assim, a prática esportiva, com o objetivo de atingir os melhores resultados continua a firmar-se como um espaço de realização e de confirmação de competências pessoais e sociais, numa sociedade que valoriza o sucesso, a ascensão e a vitória. Além disso, a superação é tida como característica inerente do esporte, que se materializa na forma de recordes.

Hoje, a superação de marcas é um feito grandioso, merecedor de ampla divulgação pelos meios de comunicação de massa para todo o mundo. Muitos recordes que foram conquistados no início do século XX e considerados imbatíveis pelos próprios homens têm sido superados, ao longo do tempo, pelas mulheres. Uma das grandes motivações de qualquer atleta que participa hoje de importantes competições nacionais ou internacionais está não somente na vitória, mas justamente na luta pela conquista do recorde. Segundo Calderon (1999) a luta do atleta não é tanto contra o adversário, "mas contra o cronômetro". E continua: *o pior é que também os cronômetros estão melhorando (...) Há relativamente pouco tempo, os cronômetros mediam somente os décimos de segundo. Com a aparição dos cronômetros eletrônicos, se tem incorporado os centésimos e milésimos (...) e as marcas atuais são mais efêmeras que as de antes* (p. 61).

Partícipe desta empreitada, o treinamento exerce importante papel como meio para este fim. A cada treino, metas vão sendo estabelecidas e, se no futuro próximo forem alcançadas, passado o amanhã, já terão sido superadas. Assim, dia após dia, os atletas convivem e têm a possibilidade de descobrir um importante valor moral do esporte, o qual Coubertin referiu-se: o espírito de superação (Silva e Rubio, 2003).

Esta busca incessante pelo sucesso e pela superação dos recordes pressupõe, de maneira muito assertiva, uma evolução material da sociedade e física do atleta. Nos treinos diários o atleta busca a perfeição técnica, tendo em seu auxílio os estudos científicos sobre o movimento humano; já os fabricantes de materiais e equipamentos esportivos, por sua vez, lançam no mercado produtos sempre mais inovadores a intervalos cada vez menores. O mesmo se pode dizer sobre a evolução nas técnicas de construção de instalações esportivas. Isso leva à afirmação de que o recorde é o resultado de alguns fatores que se combinam num mesmo momento: o atleta atinge o melhor de sua técnica, reúne todas as suas virtudes físicas, aproveita-se dos recursos materiais que estão ao seu alcance, e excepcionalmente motivado, supera uma marca. Ou seja, o conjunto de fatores físicos e mentais, aliados à técnica e a tecnologia, contribuem indefinidamente para a construção de uma situação vitoriosa.

No esporte, as vitórias casuais são cada vez mais raras. Isso porque, afirma Cagigal (1996) elas são resultado de um árduo trabalho realizado por um atleta em meio a um progresso geral. *Para elevar um centímetro ou reduzir centésimos de segundos em qualquer recorde são necessários investigações científicas, aplicações técnicas e constantes esforços de adaptação pessoal a elas* (p. 863).

Observando esse processo dinâmico de descoberta das ciências aplicadas ao esporte para melhorar técnicas e tecnologias, faz-se necessário refletir sobre quais as razões que fazem homens e mulheres submeterem-se e prosseguir em treinos diários, norteados por conhecimentos científicos sem, porém, deixar de apresentar um alto grau de exigência e dedicação do praticante. Tendo notado tão claramente o desenvolvimento tecnológico, Cagigal (1996) questionou o quanto o progresso não visível, não tangível ao ser humano, evolui e afirmou: *o atleta de alguma maneira se tem conquistado a si mesmo, tem desafiado e vencido, em parte, suas próprias limitações. Uma performance esportiva não se conquista sem um complexo desenvolvimento humano* (p. 824).

É bem verdade que todo este esforço físico e mental do atleta para conquistar vitórias e recordes, quando alcançados, é premiado com um imenso prestígio e poder sociais, nacional e até, internacionalmente. Some-se a isso a retribuição financeira, em forma de bonificações dos clubes e patrocínios, aumentando a sua condição econômica, favorecendo a inserção e manutenção em espaços sociais desejados desde muito, o que para alguns atletas constitui como real sentido de vida (Marivoet, 1998; Brohm, 1993). Eis aí uma das representações do imaginário esportivo atual.

Muito além da exigência excessiva imposta implícita e explicitamente pela sociedade sobre o desempenho esportivo de atletas há nessa projeção inúmeros outros interesses e necessidades, seja na forma de público que deseja ver o espetáculo, de patrocinadores que querem o vínculo de suas logomarcas com vencedores, do Estado que visa fortalecer a imagem de sua política, ou pelo povo, que projeta, em um único indivíduo ou na equipe que se fazem seus representantes a realização de seus desejos latentes, materializando seus sonhos não realizados na vitória, na conquista e no recorde daquele que representa a superação de um limite individual e por vezes social. Raramente um homem ou uma mulher é capaz de superar marcas no esporte sem antes desenvolver em si este desejo desvinculado de fatores extrínsecos.

As mudanças produzidas no ambiente esportivo ocorrem paralelas e inter-relacionadas com aquelas processadas na estrutura social. Sendo possível afirmar que indivíduos e sociedade caminham juntos na busca de conhecimentos científicos para a melhoria da prática esportiva almejando a vitória. Resta então uma pergunta: este progresso na obtenção de marcas representaria a verdadeira evolução humana?

(Sobre Adhemar, em *Heróis Olímpicos Brasileiros* (Rubio, 2004))
"O local dos treinos era o São Paulo Futebol Clube, que ficava no bairro do Canindé. Lá conheceu o técnico Dietrich Gerner e seu assistente Paulo Resende que o submeteram a um teste em várias provas atléticas para ver em qual delas o aprendiz de

*atleta melhor se adequaria. Passou pelos 100, 200, 1.000 e 1.500
metros, saltou altura e distância, até que curioso viu Ewald Gomes da Silva fazendo um salto triplo. Quis saber detalhes sobre a
prova e em seguida executou um salto. Ficou surpreso quando ao
invés de receber um comentário sobre sua performance viu que o
então capitão da equipe do São Paulo havia ido embora deixando-o sem qualquer comentário. A explicação não tardou. Com
Gerner a tiracolo pediu para que o salto fosse repetido. Marcou
12m80, e imediatamente começou a ser preparado para essa prova. Três dias depois já estava participando de seu primeiro campeonato com uma marca de 13m05. No campeonato de estreantes, uma semana depois, registrava 13m56. Três meses depois, aos
20 anos, sagrava-se campeão paulista saltando 14m77. Era o
início de uma jornada que o levaria a quatro Jogos Olímpicos e
duas medalhas de ouro... Em 1951, pela primeira vez em uma
prova no Brasil um recorde mundial era quebrado. Adhemar saltou 16m01, chegando aos Jogos do ano seguinte ostentando a
melhor marca do mundo."*

(Peron, ex-atleta, sobre José Telles da Conceição) *"Messias falou
com o Alfredo Pontes, então técnico, e pouco depois viria também
o Professor Gonçalves, que foi um dos papas do atletismo brasileiro... Telles então foi se submeter a alguns testes, e por incrível
que pareça no primeiro dia, no primeiro contato dele com o sarrafo
do salto em altura, ele saltou 1,75m de frente, batendo, encolhen-
do as pernas e caindo do outro lado... Cerca de três ou quatro
meses depois ele fez a sua primeira apresentação nas pistas do
Rio de Janeiro fazendo 10s06 nos 100 metros, que foi o recorde, e
saltou 1,91m que também foi recorde dos atletas estreantes."*

(Nelson Prudêncio) *"Foi a primeira vez que eu sai do estado... Eu
venci o campeonato brasileiro, fiz 14m52 e uma semana depois
foi o sul-americano e eu fiz 14m96... Em 66 foi a primeira oportunidade que eu tive de sair do país. Havia os jogos luso-brasileiros
e na época em saltei 16m05... pra mim era uma coisa estupen-
da... em dois anos de treinamento... Eu nem previa isso. 17 metros
pra mim já era uma coisa fantástica. Pra mim era só para os
grandes atletas. Imagine se eu pudesse fazer 17 metros. Eu não
posso nem sonhar com isso... Quando eu saltei 17 metros e 27 a
única coisa que eu lembro é que o estádio (Olímpico do México—*

Medalhistas olímpicos brasileiros: memórias, histórias e imaginário

1968) *fez HUH, aquela ovação, aí o cara anunciou: "Novo recorde mundial e olímpico...O circuito desligou quase totalmente. Eu não esperava uma coisa dessas, recorde mundial e olímpico... Naquele instante eu comecei a chorar... Ainda faltava mais dois saltos... Pra mim já tava bonito, já não queria mais nada... Você fica assim, extasiado".*

(Joaquim Cruz) *"Em 79 eu fui para o Troféu Brasil. Corri 1"44"03, bati o recorde de adulto e juvenil. Eu estava super sereno, tranqüilo e descansado. Estava em paz. Minha mente parou por algumas horas. Quando entrei na pista para aquele tiro, estava tão envolvido emocionalmente que eu não tinha controle nenhum sobre meu corpo. Estava sedado. Os primeiros 200 metros eu corri sem sentir nada."*

(Robson Caetano) *"Sou recordista sul-americano dos 100 metros. Recordista Mundial da prova dos 300 metros em pista coberta, com 32 segundos e dezenove centésimos. Meu recorde dos 100 metros é de dez segundos cravados. Há controversas. Umas pessoas dizem que é 9"99. Outras dizem que é de dez segundos cravados. Eu prefiro 9"99, claro. E nos 200 metros também existem algumas controversas por ocasião de uma competição que aconteceu no México em 88, na qual eu corri dezenove segundos e setenta e cinco centésimos. Então arredondaram o resultado e colocaram para 20"00. O que não me deixou muito satisfeito, não me deixou muito contente, porém, foi uma decisão técnica, uma decisão de dirigentes e a gente não contesta. Eu acho que o atleta tem que treinar e fazer só isso."*

(Vicente Lenílson) *"E aquele meu treinador me ligou perguntando se não tinha acontecido algum erro porque 10 e 49 era muito tempo... Olha a cabeça do cara! Eu falei: "Não houve erro não. Houve árbitro oficial". Ele falou assim: "Ah, eu vou trazer você de volta". E eu falei: Não é assim que a coisa funciona. Não é assim. Daí ele percebeu que eu tava muito triste com ele, desligou o telefone".*

(Pedrão, técnico, sobre João Carlos de Oliveira) *"Além de fazer o recorde do mundo ele acabou também se transformando no melhor corredor de 100 metros do Brasil na época com 10 segundos*

166

Katia Rubio

e um décimo, e paralelamente o melhor saltador da América do Sul e um dos melhores do mundo no salto em distância com 8,36m".

(Nelson Prudêncio, sobre João Carlos de Oliveira) *"Ele entrou descompromissado para a prova e fez aquele absurdo de 17m89. É um absurdo mesmo! Eu lembro de um atleta americano, excelente saltador, quando o João terminou o salto ele estava com um repórter dos Estados Unidos no estádio, e quando o João terminou ele só falava assim:* unbelievable. *Absurdo! Eu falei: "Você não sabe o que você fez". Estava programado a 17m44, o recorde do mundo e até 17m60 dava pra fazer. Aí ele veio como um fanton, o aviãozinho a 500 km por hora e..."*

Fortes, altos e velozes ou baixos, valentes, e ainda assim velozes os atletas medalhistas olímpicos brasileiros do atletismo são um retrato fiel de uma parcela do esporte brasileiro. A falta de recurso e incentivo é um dado, mas não um obstáculo. Embora essas condições sejam responsáveis pela eliminação prematura de muitos jovens talentosos, no caso específico dos medalhistas foi uma entre tantas outras dificuldades a serem superadas na busca do objetivo maior.

Os medalhistas olímpicos do basquetebol

Há indicações de que o basquetebol, assim como outras modalidades contemporâneas, representasse uma síntese de vários jogos da Antigüidade, como o Pok-ta-pok, na península de Yucatán e outros jogos que se utilizavam bola e arco na América Latina e em alguns países da Europa.

Apesar dessas menções Daiuto (1991) é categórico em afirmar que o basquetebol é uma criação recente. Essa modalidade nasceu atendendo a uma necessidade de atividade esportiva em recinto fechado para ser praticada durante os rigorosos invernos no hemisfério norte. Seu inventor foi James Naismith da International Young Men"s Christian Association (YMCA, no Brasil conhecida como ACM), em Springfield, Massachusetts, Estados Unidos, no ano de 1891.

O Brasil foi o primeiro país da América do Sul e o quinto do mundo a conhecer o basquetebol. O responsável por essa realização foi August Shaw que trouxe dos Estados Unidos uma bola iniciando sua prática no Mackenzie College de São Paulo, em 1896. Conforme Daiuto (1991), o basquetebol foi praticado pelas alunas internas do Colégio Mackenzie e em seguida pelas alunas do Colégio Caetano de Campos. Algum tempo depois passou a fazer parte dos programas de atividades físicas da ACM São Paulo, praticado após as aulas de ginástica.

Por meio da ACM, o basquetebol chegou ao Rio de Janeiro e a outras cidades brasileiras. O primeiro torneio disputado no Brasil e na América do Sul foi organizado pela ACM do Rio de Janeiro, em 1915, e participaram dele a ACM-RJ, o América FC, o Clube Internacional de Regatas, o Colégio Sylvio Leite, o Clube Ginástico Português e o Corpo de Marinheiros Nacionais de Villegaignon.

Na década de 1930 o basquetebol se destacou como modalidade coletiva em âmbito internacional, sendo incluído pela primeira vez na programação dos Jogos Olímpicos de Berlim, em 1936.

A constituição da Federação Internacional de Basquetebol em 1932 permitiu a uniformização das regras para todos os filiados, contribuindo para uma maior divulgação e expansão da modalidade. Medalha (1989) destaca como elementos fundamentais para o desenvolvimento do basquetebol no Brasil a criação da Escola Nacional de Educação Física e Desportos, no Rio de Janeiro, de cuja grade curricular constavam cursos específicos de preparação profissional para técnicos desportivos, e o outro a realização de um torneio para cidades do interior de São Paulo, na cidade de Monte Alto, em 1936, precursor do que viria a se tornar um dos eventos esportivos mais importantes do país, os chamados Jogos Abertos do Interior. Na década de 1940 com a instituição do Campeonato Colegial de Esportes no estado de São Paulo e outras competições estudantis o basquetebol viveu uma grande expansão, firmando-se como uma das modalidades mais praticadas no país, reunindo um grande número de equipes dos vários estabelecimentos de ensino do estado.

Os Jogos de Londres, em 1948, representaram para o Brasil mais do que o restabelecimento do calendário olímpico interrompido pela Segunda Guerra Mundial. Era o fim de vinte e oito anos de espera após as medalhas de Antuérpia, obtidas pelos atletas do tiro e o início de um período em que as modalidades coletivas começaram a representar esperanças efetivas de boas atuações. Tudo começou com o basquetebol masculino.

Quadro 6 – Medalhistas do Basquetebol

Ano	Atletas	Categoria	Medalha
1948	Milton Pacheco de Oliveira,	Masculino	Bronze
	Alfredo Rodrigues da Motta,		
	Zenny de Azevedo (Algodão),		
	Massenet Sorcinelli,		
	Alberto Marson,		
	Marcus Vinicius Dias,		
	Ruy de Freitas,		
	Afonso Azevedo Évora,		
	Alexandre Gemignani,		
	João Francisco Brás		
1960	Amaury Passos,	Masculino	Bronze
	Edson Bispo dos Santos,		
	Wlamir Marques, Fernando Freitas,		
	Moisés Blás,		
	Waldemar Blathavskai,		
	Antonio Succar,		
	Carlos Massoni - Mosquito,		
	Carmo de Souza - Rosa Branca,		
	Jathyr Schall		

1964	Amaury Passos, Antonio Succar, Carlos Massoni - Mosquito, Carmo de Souza - Rosa Branca, Edson Bispo dos Santos, Friedrich Braun - Fritz, Jathyr Schall, José Edvar Simões, Sérgio Machado, Ubiratan Maciel, Victor Mirshawka e Wlamir Marques	Masculino	Bronze
1996	Adriana Santos, Alessandra Oliveira, Cíntia Santos - Tuiú, Cláudia Pastor, Hortência Oliva, Janeth Arcain, Leila Sobral, Marta Sobral, Maria Angélica Silva - Branca, Paula Silva - Magic Paula, Roseli do Carmo Gustavo e Silvia Luz – Silvinha	Feminino	Prata
2000	Alessandra Oliveira, Cíntia Santos - Tuiú, Cláudia Neves, Helen Luz, Adriana Santos, Adriana Moisés Pinto - Adrianinha, Lilian Gonçalves, Janeth Arcain, Kelly Santos, Llisaine David - Zaine, Marta Sobral e Silvia Luz – Silvinha	Feminino	Bronze

A preparação para os Jogos Olímpicos de Londres teve início em 1947. Apesar do pouco envolvimento do Brasil no conflito era possível sentir os efeitos da Segunda Guerra também no continente americano. Era uma época de escassez de muitos produtos considerados essenciais e o esporte com suas necessidades específicas estava incluído no âmbito do supérfluo. Porém, dificuldade nunca tinha sido motivo para fazer a equipe de basquete comandada pelo professor Moacyr Daiuto trabalhar menos ou pior.

O processo de preparação seguia um modelo militar, na ideologia e na prática. Confinados na Escola de Educação Física do Exército, no Rio de Janeiro, atletas e técnico levavam uma vida de caserna, dormindo e comendo como os militares. Os horários seguidos pela equipe eram semelhantes aos demais moradores do local, imprimindo um sentimento de disciplina e solidariedade ao trabalho e aos membros da equipe. Não bastasse isso a exigüidade de recursos fazia com que o grupo escalado para o período de preparação tivesse o número exato de titulares e reservas, perfazendo um total de 10 atletas.

É curioso observar que o estilo de trabalho daquela época visava basicamente à preparação da equipe titular. Os reservas eram acionados apenas em caso de extrema necessidade e a estratégia de jogo não contemplava alterações de atletas ou posições. A única forma de conseguir um lugar na equipe titular era sobre a desgraça de alguém.

Alberto Marson, atleta que defendeu a equipe brasileira de 1948 lembra com exatidão qual o procedimento a ser adotado quando da necessidade de utilização dos reservas:

> *"Não tinha esse negócio de reserva. Reserva tinha lugar de destaque no banco. Por exemplo, o Algodão se transformou em um grande jogador... O titular era o Évora... que se machucou e colocaram o Algodão como poderiam ter colocado o Vinícius ou outros elementos. O escolhido foi o Algodão. E o Algodão ficou".*

Na atualidade essa concepção de formação de equipe leva a supor que a competição para a disputa da vaga de titular poderia desestabilizar a necessária coesão para um bom desempenho da equipe. Entretanto, o espírito que ainda prevalecia naquele momento era o olímpico, pautado na superação dos próprios limites, no jogo limpo e em uma forma de praticar a modalidade visando apenas e tão somente à participação em uma edição dos Jogos Olímpicos.

Dentro dessa perspectiva os atletas estudavam e se formavam, exerciam suas atividades profissionais e praticavam o esporte no tempo que lhes restava ao longo do dia. Sendo assim, não só a dedicação à modalidade tinha como valor agregado o prazer pela prática, mas também como ganho secundário a formação de um grupo absolutamente vinculado com a tarefa proposta (Rubio, 2003.c.)

> *"O Bacene era engenheiro do estado, DER, e eu era professor do Instituto de Educação... A Confederação nos convocou e fomos para treinamento... Pedimos dispensa, mas a dispensa só seria concedida depois de oficializada no Diário Oficial... Quando nós voltamos quase que fomos exonerados do serviço público... Um sonho... Um amor exagerado pela modalidade que você consegue ter. É a única explicação que se tem... porque é só bordoada que o cara recebe a todo instante".*

A chegada a Londres foi marcada por muita surpresa. Ainda que se soubesse que a cidade havia sido destruída pela guerra e que a escassez ditava o modo de vida local, inclusive para comer, a confirmação da realidade foi dura.

> *"Londres estava toda arrebentada na ocasião. Tanto era assim que nós ficamos em uma base* (militar)*, eu acho que era uns 80 quilômetros... A arena onde eram realizados os jogos não tinha sequer uma quadra... Nós fazíamos preparo físico pulando cela... Havia escassez de comida... Tava sem nada e a comida que tinha era meio doce. Mas o que fazer. Tinha que aceitar aquilo".*

Apesar disso, certo tipo de abundância chamava a atenção.

Já despontando como potência esportiva, especialmente no basquete, os Estados Unidos se destacavam dos demais países por vários motivos. Inovavam nos gestos técnicos, superavam os adversários com certa facilidade e faziam questão de mostrar ao público e às outras equipes que o excesso, para eles, era uma necessidade. Enquanto outros times levavam duas bolas para todos, na equipe americana havia uma para cada atleta, fato nunca antes visto. Os Jogos

Olímpicos já sintetizavam em seus quinze dias de duração as metáforas do mundo contemporâneo. O *american way of life* era apenas mais uma delas. Marson se recorda do sentimento que aquela situação suscitava.

> *"Havia a deficiência talvez, digamos assim, não do Brasil, mas de uma forma geral, de todas as equipes... A delegação do Brasil, e de outros países, ia lá no máximo com duas bolas de basquete... Nós tivemos oportunidade de ver a equipe dos Estados Unidos no aquecimento cada um com uma bola... A gente até ficava assustado com aquilo... Foi a primeira vez que se viu qualquer coisa desse gênero".*

Passada uma década e o basquete brasileiro ainda se manteria na condição de uma das principais potências mundiais da modalidade e o ano de 1959 confirmaria essa condição. Começou com a vitória no campeonato sul-americano, em Santiago do Chile, título perdido anos antes. Em seguida, sob direção do técnico Renan Togo Kanela, disputou o campeonato mundial, conquistando a condição de melhor do mundo. Para isso, o sistema de trabalho pouco diferia da seleção de 1948, embora a concepção do que era ser atleta e como deveria ser a relação técnico atleta parecia começar a apresentar sintomas de transformação.

Kanela vinha de uma tradição militar e adotava como fundamento de seu trabalho a disciplina e a rotina da caserna. Como sumo comandante, lidava com os atletas como se fossem seus soldados e tinha as competições como uma guerra onde cada jogo era uma batalha a ser vencida.

Carmo de Souza, conhecido como Rosa Branca, fez parte desse grupo e conta como era a rotina de jogos e treinos.

> *"O Kanela era muito radical... Era uma linha dura. Nós não gostávamos muito disso, mas a gente tinha que aceitar. Houve um treinamento muito longo no mundial e nós ficamos aproximadamente 6 meses treinando. Você já ouviu falar na Ilha das Enxadas? Nós ficamos concentrados lá... Ali ficavam os marinhei-*

ros... A gente dormia naquelas camas, o beliche, maca, onde soldado dormia... O treinamento era muito puxado, manhã, tarde, noite. O prazer de estar ali trabalhando para a Seleção Brasileira era tanto que nós nem pensávamos. Quando você caía naquela maca só ia acordar no dia seguinte".

Nos Jogos Olímpicos de Roma, em 1960, a seleção brasileira chegava com a condição de campeã mundial, mas poucos arriscavam antecipadamente a medalha de ouro. A modalidade já se firmara em grande parte de mudo aumentando o nível técnico das equipes e despertando maior interesse do público. No Brasil, representava o segundo esporte nacional, perdendo apenas para o futebol, o que fazia aumentar a expectativa de medalha.

"O time estava tinindo. Era uma briga entre os três máximos que existiam na época: Estados Unidos, Rússia e Brasil. Eram os três que iam se matar. Na fase de classificação nós ganhamos da Rússia. Aí na semifinal complicou e perdemos por uma cesta. Aí fomos para terceiro. Da Itália ganhamos estourando".

A continuidade da tradição iniciada nos Jogos Olímpicos de 1948 estava mantida e a próxima grande conquista aconteceria em 1963, no mundial realizado no Rio de Janeiro, no Maracanãzinho. Naquela oportunidade a comissão técnica contava com um novo membro, o professor Moacyr Daiuto, que vinha oferecer um contraponto ao comando de Kanela.

"Ele era um psicólogo, era o professor, era o pai. Ele ouvia todos os atletas. O Kanela era muito duro. Tinha hora que a gente ia conversar com ele, ele dava cada resposta para a gente pensando que ele estava lidando com militar".

Diante de um grupo mais maduro o estilo centralizador de trabalho parecia já não ser o mais indicado, apesar de mais um título mundial. Essa condição reforça a tese de que o estilo autoritário de liderança se adequa a um perfil de equipe nova e/ou imatura, enquanto que um perfil democrático é o mais adequado às equipes compostas por atletas maduros e experientes (Rubio, 2003.c). O indicador da insatisfação vivida pela equipe foi a comemoração realizada pelo time após a vitória.

> *"Nós nem levantamos o Kanela quando nós ganhamos o título mundial. Nós fizemos a festa com o professor Moacyr Daiuto. Mas naquela euforia, o Maracanãzinho estava lotado, ele nem percebeu".*

Para os Jogos Olímpicos de Tóquio, foi inevitável a troca no comando da seleção. Sob os cuidados de Renato Brito Cunha, a base brasileira era quase a mesma dos Jogos de Roma, com mais maturidade e mais um título mundial. A hegemonia na modalidade se mantinha a mesma.

Por outro lado, as seleções americana e soviética já haviam iniciado um processo de renovação e chegavam dispostas a não perder as medalhas conquistadas anteriormente. O time americano era o *Dream Team* da década de 60 e a rivalidade política com a União Soviética trazia para a quadra faíscas da Guerra Fria. E mais uma vez a seleção brasileira conquistaria a terceira colocação.

Apesar de separados por três Olimpíadas, Marson e Rosa Branca vivenciaram a fase de conflito do Movimento Olímpico. Fosse imediatamente posterior à Segunda Guerra, fosse no auge da guerra fria, o esporte e os Jogos Olímpicos davam mostras de sua transformação. A influência que ele já exercia sobre a vida de seus praticantes passou a ditar as escolhas profissionais e uma relação diferenciada com a atividade esportiva.

> (Marson) *"Tem elementos que acham que uma medalha é o final da coisa... Eu acho que águas passadas não movem moinhos... Aqui no interior ela não abre muitas perspectivas não... Tive muita insistência do Kanela para ir para o Rio jogar no Botafogo... Eu voltei e vim para minhas funçõezinhas aqui no interior, de caipira e pronto... Não deixa de ser uma coisa boa que a gente acaba tendo na vida".*

(Rosa Branca) *"Naquela época tinha o Mundial do Uruguai. Eles precisavam de mim naquele momento... Kanela era o técnico dessa seleção... E ele falou: 'Não vai'... (para os EUA, jogar com os Harley Globetroters). Na época era dinheiro que não acabava mais. 40 mil dólares... Eu teria que me profissionalizar e perderia todos os meus títulos também... Apesar de já ter feito o serviço militar aqui eu teria que ir para os Estados Unidos e fazer o serviço militar lá também... Aí eu pensei bem e falei: 'Eu vou deixar esses 40 mil dólares pra lá, não vou fazer esse serviço militar. Mas esses títulos* (olímpicos e mundiais) *ficariam todos no Brasil. Não seria justo'"*.

Vale registrar que tanto Marson como Rosa Branca fizeram faculdade de Educação Física e foram professores e técnicos de basquetebol.

A história dos times femininos e o imaginário da categoria são um pouco distintos. Suas origens, pouco documentadas, encontram-se dispersas entre clubes, associações e na memória de quem participou daquele momento. Algumas evidências apontam para Casa Branca, cidade do interior de São Paulo, onde haveria surgido o primeiro time feminino de basquetebol em clubes, iniciado sob as mesmas observações do criador do basquete Senhor Naismith, que considerava um ótimo jogo, perfeitamente adequado ao sexo feminino. Diante da falta de adversárias para jogar esse time jogava contra times masculinos de outras cidades e estados (Guedes, 2003).

Apesar de nascido feminino o basquetebol brasileiro viveu um predomínio masculino por muitos anos para voltar a ser identificado como uma prática feminina em times organizados principalmente no interior do estado de São Paulo.

Em 1971 o Brasil sediaria o VI Campeonato Mundial de Basquetebol Feminino incentivando o desenvolvimento e afirmação dos times já existentes.

Segunda modalidade coletiva mais apreciada pelo público brasileiro, até o advento do voleibol na década de 1980, o basquete brasileiro assistiu a uma decadência do time masculino no início dos anos 90, chegando inclusive à desclassificação para Jogos Olímpicos de

Katia Rubio

Sydney e Atenas, e à ascensão do time feminino com a conquista do Mundial da Austrália, em 1995, e da medalha de prata nos Jogos Olímpicos de Atlanta e de bronze em Sydney. A partir daí o sucesso do basquete brasileiro deixaria de estar associado apenas ao desempenho dos homens e passaria a ser relacionado com a habilidade de jogadoras brilhantes. Apesar de vários títulos sul-americanos e panamericanos, a satisfação com o basquetebol feminino não seria completa enquanto um título mundial e olímpico não fosse conquistado. Janeth e Paula fizeram parte dessa geração.

(Janeth) *"Com 16 anos eu tive um convite da Maria Helena, que era técnica da Seleção Brasileira, pra ir pra Piracicaba... E aí ela falou assim, 'olha, eu quero que você venha, que você tem talento, essas coisas todas e nós queremos te ajudar nisso daí!'. E fui, e logo depois ela me levou pra uma Seleção Brasileira e ela falou assim, 'você vai pra ver como é... mais pra você sentir o clima de como é uma Seleção Brasileira'. Aí eu fui, treinei, sabia que não ia ficar, mas continuei treinando forte, firme. E no ano seguinte, com 17 anos, eu fui realmente fixa pra Seleção Brasileira".*

(Paula) *"Fui para lá com 14 anos e foi a primeira vez que fui convocada para a Seleção Brasileira. Eu era a mais novinha. Foi feita uma renovação, tiraram as jogadoras antigas e foi aí que entraram as meninas da minha geração".*

Jovens atletas que tinham a intenção e a capacidade de marcar a história da modalidade, construindo a identidade de uma geração profissionalizada e vitoriosa. Muito cedo essas atletas aprenderam a rotina de treinos diários, contratos e muita responsabilidade, transferindo para seu ambiente de trabalho, a quadra, os rigores da vida de adulto.

(Paula) *"Fui para Piracicaba, foi aí que já me deram um carro, pagavam o aluguel da casa em que eu morava com a minha família... Quando fomos para Piracicaba foi a família inteira e eles estão lá até hoje... Aí a coisa começou a ficar mais profissional.*

Aí eu comecei a perceber que o basquete poderia ser alguma coisa mais profissional".

Mais do que uma característica da modalidade esses eram tempos de profissionalização do esporte e de uma mudança na mentalidade dos protagonistas do espetáculo esportivo, de dirigentes e de empresários, dando a indicação de que essa transformação se operava também dentro da quadra. Então começaram os resultados internacionais que indicavam os rumos que essa nova geração seguia. Foram vários títulos sul-americanos, pan-americanos, mas a satisfação não seria completa enquanto não viesse um título mundial e olímpico.

No campeonato mundial de 1994, na Austrália, essa situação começaria a se transformar. Desacreditada e sem tradição a seleção brasileira reafirmaria a condição de um time menor ao perder, durante os amistosos com as seleções americana e australiana, por uma diferença de mais de 30 pontos de cada uma delas.

Quando o campeonato se iniciou, a história se mostrou distinta. A competência com responsabilidade das mais experientes, associada com o desejo de permanecer entre as mais destacadas das mais novas formava a química ideal de uma equipe vitoriosa. A atribuição de novos significados a antigas situações permitiu a superação de antigos estigmas – a incompetência – e a formação de uma nova identidade, afirmativa, com potencial técnico à semelhança das melhores do mundo.

(Paula) *"Ser líder não é fácil, porque, às vezes, as pessoas esperam muito de você e tem dias que você não está correspondendo ao que esperam... É uma responsabilidade enorme porque você não tem o direito de estar mal... Eu nunca fiz treinamento diferente, mesmo agora com 37 anos, eu fazia a mesma coisa que uma de 18 ou 20 anos faziam. Nunca quis ter regalias de treinar menos ou mais, ou de forma diferenciada".*

(Janeth) *"Nós começamos o mundial ganhando o primeiro jogo e aí perdemos o segundo... Aí começamos a ganhar a ganhar e fomos para outra cidade... E quando caímos em si já estávamos na final contra a China. Antes da China nós jogamos contra os Estados Unidos e foi difícil porque nós estávamos perdendo de 10, 15 pontos e pensamos que seria igual ao outro jogo... E nós conseguimos virar o jogo, ganhar e fazer a final contra a China".*

Parte do sucesso daquele grupo residia na seriedade com que mais novas e mais velhas encaravam a responsabilidade que tinham para cumprir. A final contra a China representaria a coroação de um grupo que teve como característica mesclar a experiência de uma geração madura e de novos talentos que transformariam a história do basquetebol feminino. O time brasileiro entraria para um grupo restrito de seleções e aquelas atletas, cada uma delas, incorporaria à sua vida uma experiência singular.

(Janeth) *"Estava quase terminando o jogo a Paula e a Hortência, algumas meninas já estavam chorando... Eu não acreditava... Eu virava pra elas e falava: "Calma que o jogo não terminou ainda" e faltava coisa assim de 5 segundos pra terminar e nós estávamos 4, 5 pontos e não tinha bola de três pontos...".*

A seleção brasileira chegaria a Atlanta como uma das favoritas à medalha de ouro, condição pouco conhecida desse time que estava acostumado a conviver com o descrédito e a desorganização do esporte nacional.

Para Janeth particularmente era um momento de incerteza, uma vez que seu clube estava sem patrocínio havia 6 meses e as poucas empresas que se dispunham a ocupar esse espaço diziam esperar pelo desempenho durante os Jogos Olímpicos para investir. Depois dessa explicação era possível compreender o por quê de tantas lágrimas na partida final.

Fazendo uma campanha memorável vencendo russas, chinesas, canadenses, cubanas e ucranianas as meninas brasileiras foram disputar a medalha de ouro com as americanas, donas da casa, da torcida e de uma hegemonia inquestionável na modalidade.

"Eu não sei se eu chorava de alegria pela medalha ou se chorava de tristeza por não saber ainda se ia conseguir o patrocínio, porque nós não tínhamos vencido. Nós perdemos a medalha de ouro. E foi a felicidade quando eu cheguei no Brasil e consegui o patrocinador. Essas duas medalhas (a do mundial e dos Jogos de Atlanta) marcaram muito para mim... Eu diria que elas foram as mais importantes que eu vivenciei".

Sydney (2000) também reservaria muitas surpresas. A medalha de prata marcou o fim da geração de Paula e Hortência no basquete e o início da renovação do basquete feminino. Em momentos difíceis como esses as jogadoras mais antigas, quando dispostas, assumem um papel de liderança carregando consigo a experiência passada e a responsabilidade de transmissão desse conhecimento para as atletas mais novas. Janeth desempenhou esse papel sem vacilar.

Ela seria a primeira atleta brasileira a jogar na WNBA (liga norte-americana de basquetebol feminino) compromisso que a manteria um pouco mais distante da equipe que se formava, mas consciente de que a força do grupo residia na sua capacidade de coesão. Integrada ao grupo 10 dias antes da competição sabia que sua função no grupo não se restringiria apenas a marcar cestas.

"Eu sempre enfatizei que eu não jogo basquetebol sozinha. É claro que na hora decisiva, por eu ser uma jogadora experiente, por ter passado pelas duas gerações... é claro que eu vou chamar essa responsabilidade para mim. Mas eu não faço 60, 70 pontos sozinha... Se todo mundo joga, com certeza, para o adversário fica mais difícil porque não sabe quem marcar".

Americanas, australianas, russas e chinesas eram consideradas as favoritas às medalhas sobrando às brasileiras, que não perdiam a esperança de roubar a cena, a disputa das colocações intermediárias. Após uma campanha surpreendente chegaram à semifinal, sendo superadas pelas russas, indo para disputa de terceiro lugar com as coreanas. Nesse último jogo, Janeth pôde perceber que tudo o que aquele grupo havia construído ao longo do processo de preparação para os Jogos Olímpicos tinha sido posto em prática. Nos momentos finais da partida ela se deparou com um grupo autônomo e realizador, capaz de tomar decisões e dividir a responsabilidade sobre as decisões a tomar. As conversas e trocas de experiência permitiram que o basquete feminino chegasse à sua segunda medalha olímpica. Dessa vez, a de bronze.

O medalhista olímpico do boxe

Afirma Diem (1966) que a origem ritual do esporte como jogo pode ser associada às festividades da primavera, em várias localidades onde se calcula o novo ano a partir dessa estação. Até os dias atuais, na festa de Ano Novo entre os *kagura*, realizam-se competições de luta nos templos japoneses, bem como danças com espadas entre os *bery-tadchik* no Tajikistão. Entre os exercícios de força cabe mencionar em primeiro lugar as variadas formas de luta, desde a luta livre dos gregos à luta asiática dos nômades, chineses, japoneses, hindus, persas, turcos e negros australianos; ao boxe entre negros, malaios e indonesos; as lutas a empurrões de Borneo, as lutas com escudos dos índios warau.

Para os gregos o pugilato era uma das modalidades nobres na formação do jovem grego e constava da programação dos Jogos Olímpicos, assim como o atletismo. Homero, na Odisséia, faz uma referência ao pugilato como modalidade praticada pelos cidadãos educados na perspectiva da paidéia. Em um dos momentos de seu diálogo com os desafiantes diante do rei Alcínoo, Odisseu proclama:

> *Alcançai agora essa marca, moços; talvez logo mais eu lance um outro disco, a essa distância, suponho, ou ainda além. Venha aqui quem quer de vós outros a quem o coração e a alma assim mandem, pois que me irritastes ao extremo, e meça forças comigo no pugilato ou na luta, ou mesmo na corrida; para mim tanto faz; pode ser qualquer dos feácios, menos o próprio Laódamas; ele é meu hospedeiro e quem lutaria com quem o acolheu? Homem insensato e mesquinho é quem desafia para disputas atléticas seu hospedeiro em país estranho; arruína*

todos os seus próprios interesses. Dos outros não recuso nem desdenho ninguém; quero vê-los e pô-los à prova frente a frente. Não sou bisonho em nenhum dos desportos que os homens praticam...(p. 91-92).

O pugilato, uma espécie de luta, foi de início o menos brutal dos exercícios de força (Boga, 1964). Não era permitido agarrar ou segurar o adversário pela garganta, confiando a vitória apenas aos golpes de ataque. Do pugilato derivou o pancracio (*pan* – toda; *cratos* – força), espécie de combate onde todos os recursos da força eram permitidos para a derrota do adversário. Desconhecido nas idades heróicas, o pancracio começou a ser cultivado quando o gosto dos gregos pelos exercícios do corpo recebeu uma espécie de consagração oficial nas festas olímpicas, que tiravam destas ocasiões a parte essencial de seus interesses. Para essa luta requeria-se o vigor físico aliado à astúcia, habilidade e rapidez nos movimentos, e a vitória era conquistada freqüentemente pelo mais ágil. Pancratistas e pugilista demonstravam na sua maioria pouca habilidade em outras modalidades.

Platão, na *República*, reforça que diante da diversidade da vida há homens que não conhecem mais do que o esporte, enquanto há outros que se dedicam àquilo que lhes é próprio, ou seja, aspiram à perfeição, como exigia o filósofo. Os primeiros, diante de tanta especialização, perdem a conexão com a vida e a dimensão da existência, apesar dos músculos vigorosos, e a longo prazo, perdem também toda a capacidade corporal.

Atleta dessa estirpe era considerado um profissional, passava a maior parte do dia no ginásio preparando-se para a luta, sujeito a um regime especial que consistia em pão pouco fermentado e mal cozido, carne de porco e vinho em grande quantidade. Avaliava o médico Galeno (in Boga, 1964: 43) que

Este regime, unido ao excesso de fadiga e à vida irregular dos ginásios originava no atleta graves perturbações fisiológicas, impossibilitando-o de suportar longas viagens, as fadigas da guerra, reunindo a um espírito pesado com tendência à preguiça, uma estatura disforme e uma inclinação pronunciada à violência.

O atleta que optava por esse tipo de prática geralmente não gozava de vida longa nem saudável. A exuberância de musculatura era uma sobrecarga para o sistema vascular, e mesmo adquirindo força sobre-humana era fraquíssimo de resistência.

O boxe, como conhecido na atualidade, é originário da Inglaterra, tendo suas regras (a divisão em *rounds* e o descanso de um minuto entre eles) sido determinadas por Jack Brougthon, em 1743 (Zumbano, 1951).

O pugilismo foi introduzido no Brasil de maneira um pouco insólita. Conta Matteucci (1988) que esteve em São Paulo, em 1913, uma companhia de ópera do mestre italiano Tita Ruffo, que contava em seu elenco com um francês ex-peso-pena. De passagem pelo então Campo da Floresta, junto à Ponte Grande (hoje Ponte das Bandeiras, ao lado Clube de Regatas Tietê), a companhia se deparou com um jovem chamado Luis Araripe Sucupira, vulgo "Apolo Brasileiro", por seu físico privilegiado.

Desafiado para uma luta com luvas pelo francês, Sucupira nada conhecia sobre o boxe e sua forma de lutar. Após traçarem no chão as linhas que sugeriam um ringue, seguiu-se a luta com golpes pouco eficazes do brasileiro e um balé com esquivas e jogos de pernas do desafiante. Apesar do desnível físico entre ambos, no quinto *round* o ator-pugilista desferiu um violento soco no nariz de Sucupira, que indignado arrancou as luvas e desejou terminar a luta de outra maneira. Mas, os tempos eram ainda de pleno *fair-play* e, desculpando-se com o adversário pela atitude excessiva pediu informações sobre a técnica empregada. E assim, conforme Zumbano (1951) e Matteucci (1988) teve início o boxe no Brasil. Embora denominado "nobre arte", o boxe é uma modalidade esportiva associada à marginalidade e à violência, corroborando para esse imaginário obras como as de Bertold Brecht, que compunha um quadro social com depressão e lei seca nos Estados Unidos da década de 1930.

A primeira Federação de Boxe Amador Brasileira foi fundada no Rio de Janeiro no ano de 1933, seguida pela Federação Paulista de Boxe em 1936. A cargo das Federações de Boxe ficava a congregação de todos os esportes de luta, inclusive o jiu-jitsu, a luta livre, o judô e outras práticas que foram sendo desenvolvidas.

Quadro 7 - Medalhista do boxe

Ano	Atleta	Categoria	Medalha
1968	Servílio de Oliveira	Peso Mosca	Bronze

Embora o pugilismo, juntamente com o atletismo, façam parte dos Jogos Olímpicos desde a Antiguidade, no Brasil, a tradição dessa modalidade está associada a um espetáculo profissionalizado, exceto pela realização de um atleta, que consegue até hoje, depois da virada do século, manter a condição de único medalhista olímpico do boxe brasileiro.

Servílio de Oliveira nasceu no bairro do Ipiranga, em São Paulo, sétimo filho de uma prole de 13 irmãos. O pai, um pedreiro que depois passou a ser motorneiro de bonde, tinha como objetivo criar os filhos e fazer com que todos fossem pessoas dignas, indicando a condição humilde da família.

"O meu pai conseguiu criar 13 filhos. Nenhum deles descambou... com a humildade dele ele conseguiu dar educação pra gente... Eu sou bastante orgulhoso da minha família".

Desde as décadas de 1930 e 1940 as lutas de boxe atraíam grande público, chegando a lotar estádios como do Pacaembu, durante os anos 40, e posteriormente o do Ibirapuera. Dentre os vários nomes do pugilismo nacional estão Ralph Zumbano, Milton Rosa, Paulo de Jesus, mas foram os títulos e a fama de Éder Jofre durante a década de 1960, por causa do título mundial, que fizeram Servílio sonhar com uma carreira esportiva.

As condições econômicas, uma vez mais, favoreceram a escolha da modalidade e seu desenvolvimento. Aproveitando que o equipamento necessário não era muito dispendioso, os irmãos de Servílio compraram luvas e junto com os amigos de bairro promoviam lutas e torneios. Durante a semana, enquanto os mais velhos saíam para trabalhar, aproveitava para simular treinos e lutas com as outras crianças que ainda não tinham que vender sua mão de obra para sobreviver.

Apesar da paixão pelo futebol e do desejo de se tornar um jogador, acabou se identificando com o pugilismo e procurando formas de se desenvolver na modalidade. Aos 12 anos, quando começou a freqüentar uma academia para treinar com acompanhamento técnico já possuía alguns conhecimentos do esporte sendo reconhecido como um garoto de futuro, apesar da baixa estatura e do pouco peso.

"Eu sempre fui baixo, corpo pequeno. O pessoal que não conhece esporte acha que somente vai vingar aquele que é fortão, que mede 1,80m e não é por aí. Eu tinha um amigo, o Jaú, que era muito forte e todo mundo dizia que ele seria campeão. No fim, eu pequenininho, mais frágil, consegui deslanchar".

A primeira academia foi a Caracu Box Clube, na rua Aurora, no andar acima do Cine Scala. Não demorou muito e essa academia encerrou suas atividades obrigando Servílio, em 1966, a se transferir para a Academia Flamingo.

Já naquela época era realizado o torneio "Forja dos Campeões" responsável por revelar grandes valores do pugilismo brasileiro. Vencer esse campeonato era certeza de futuro no esporte e de uma carreira como profissional. Esse era o caminho natural de quase todos os lutadores brasileiros que além do boxe tinham também que trabalhar para viver. Após sagrar-se campeão na categoria peso mosca Servílio conseguiu um emprego na indústria Pirelli, que além de fabricar pneus esteve diretamente associada à produção de grandes talentos esportivos até o final da década de 1980. A rotina cotidiana previa no período da manhã as máquinas, no da tarde as luvas.

Medalhistas olímpicos brasileiros: memórias, histórias e imaginário

"A Pirelli sempre teve no pugilismo uma das melhores equipes. O técnico de lá era o Antonio Ângelo Carolo, uma pessoa muito respeitada, que participou de cinco Jogos Pan-americanos, um cara de um conhecimento de se tirar o chapéu".

No ano de estréia no torneio "Forja de Campeões" também estreou no Campeonato Paulista, estágio para chegar ao tão desejado Campeonato Brasileiro. A carreira de pugilista avançava rapidamente, mas a estrutura dos campeonatos impunha o ritmo desejado pela instituição. Embora técnicos e empresários estivessem atentos e desejosos pela descoberta de talentos, e também dos dividendos dessa revelação, havia regras instituídas que precisavam ser seguidas.

"Eu queria muito ir disputar o Campeonato Brasileiro, na Bahia, em Salvador, mas lamentavelmente eu não ganhei o título e não pude defender São Paulo".

Apesar da frustração inicial, continuou a lutar vencendo o Torneio dos Campeões e no ano seguinte o Campeonato Brasileiro, o que o levou a participar das eliminatórias dos Jogos Pan-americanos.

O atleta lembra com satisfação da participação nos Jogos de Winnipeg, em 1967. Pela primeira vez fazia uma viagem internacional, entrava em um avião e tinha contato com outra cultura. Ele se lembra da boa impressão que a Vila Olímpica canadense lhe causou, contrastando com as condições conhecidas até então.

"Eu nunca mais esqueci e nunca mais deixei de sentir o cheiro de limpeza que tinha na Vila Olímpica".

Apesar de todo o encanto que a situação sugeria o objetivo daquela viagem não era esquecido. Na platéia uma pessoa não o deixaria esquecer disso: o major Sylvio de Magalhães Padilha, presidente do COB, reconhecido pelo apoio que dava aos atletas e nesse caso, especialmente, por observar aqueles que iriam representar o Brasil nos Jogos Olímpicos do México no ano seguinte.

Após a primeira luta a vitória sobre um colombiano, mas no segundo combate não foi possível vencer o norte-americano, e Servílio voltou para casa apenas com a medalha de participação. Ali havia sido iniciada a preparação para os Jogos Olímpicos do México. Naquele mesmo ano ainda ocorreriam os Jogos Latino-americanos, no Chile, e a continuidade de seus treinamentos. O ganhador da medalha de ouro nos Jogos Pan-americanos foi derrotado por Servílio nessa ocasião, indicando a possibilidade de uma boa atuação no ano seguinte. Mas, apesar da oportunidade desses confrontos, as condições de preparação e treinos no Brasil eram muito difíceis. Sem apoio, nem reconhecimento, a modalidade sobrevivia com o esforço de alguns abnegados que se dispunham a abrir mão de outras atividades para se dedicar ao pugilismo.

Servílio se lembra que havia um trato com o Comitê Olímpico Brasileiro de que se classificariam para os Jogos Olímpicos do México aqueles atletas cujos resultados nos Jogos Latino-americanos, no Chile, fossem relevantes. Em quase todas as competições esportivas o primeiro lugar é a prova maior de qualidade. Os pugilistas brasileiros voltaram do Chile com quatro medalhas de ouro: Expedito Alencar, no peso meio médio, Luis Carlos Fábio, nos médios, Maximiliano Campos, no peso pesado e Servílio de Oliveira, nos Moscas.

Apenas Expedito e Servílio foram convocados para o México.

"O Expedito conseguiu um lugar para gente treinar lá em São Bernardo do Campo. Era uma chácara muito bonita no clube de campo. Lá a gente fazia o treino matinal, fazia uma refeição bem regrada, e à tarde subia pro Clube da Pirelli para fazer luvas, fazer a parte técnica. A gente foi lá com a cara e a coragem, e fez o que fez".

Servílio tinha 20 anos e nem sabia o que se passava no mundo naquele momento. Lembra-se do carinho com que o povo mexicano acolheu os atletas de todo o mundo e também dos atletas negros norte-americanos que aproveitaram a ocasião para protestar. A primavera de Praga, os estudantes na França, o AI-5 no Brasil e os *black power* norte-americanos marcaram indelevelmente aquele momento. Se nas provas de atletismo o movimento esteve representado e aproveitou a ocasião para mostrar ao mundo seu protesto, no boxe o mesmo não se deu. Não era possível acreditar que esporte e política não se misturavam. Essa situação não passaria despercebida pelo pugilista brasileiro.

> *"Eu cheguei a ver os caras levantando o punho, e depois tive uma grande surpresa ao ver o George Foreman ganhar a medalha de ouro, pegar a bandeirinha americana e cumprimentar todo mundo... eu penso que a atitude dele foi aquela porque ele também era politicamente ignorante, não tinha noção do que estava fazendo. Ele tinha apenas 19 anos e, assim como eu, não tinha uma visão política da coisa".*

Apesar da importância desses fatos e da projeção que eles ganharam Servílio tinha clareza de seu objetivo e das dificuldades que teria que superar para alcançá-lo. Logo de início venceu um pugilista turco, depois um ganês e no terceiro combate enfrentou o mexicano Ricardo Delgado. Se o imaginário esportivo para o público é estruturado sobre atitudes e gestos heróicos o imaginário competitivo para o atleta é pautado em trabalho, esforço e no temor das injustiças, quase sempre materializadas nas arbitragens. O pugilista brasileiro não é o único a reclamar e a denunciar esse procedimento.

> *"É muito difícil você vencer o dono da casa se não for por nocaute. Houve um certo protecionismo em cima do mexicano".*

Reforçou essa impressão o resultado da outra semifinal, feita por um atleta de Uganda, Leo Rwabwogo, e o polonês Artur Olech, campeão olímpico em Tóquio, classificado para o confronto com o mexicano. Ainda que a performance do ugandense indicasse a vitória o escolhido para a luta final foi o polonês.

Nessas condições Servílio de Oliveira ganhava a primeira medalha do pugilismo, de bronze, atuação nunca mais repetida por outro atleta brasileiro.

Katia Rubio

"Eu nunca pensei que um dia fosse medalhista olímpico e muito menos que minha medalha fosse perdurar sozinha tanto tempo. São 34 anos... eu fico triste, mas por outro lado, me sinto lisonjeado em ver meu nome passar para a história. Sempre que falarem de boxe e de Jogos Olímpicos o meu nome será lembrado".

A medalha olímpica representava, indiscutivelmente, uma distinção e uma grande motivação para continuar a carreira esportiva. Isso significava, entre outras coisas, abandonar a carreira amadora, enfrentar a profissional e todos os descaminhos que isso pudesse representar.

Não se pode falar no boxe profissional sem citar a figura do empresário, dos agenciadores de lutas, dos contratos celebrados para a realização de cada confronto e dos interesses que caminham par e passo com cada uma dessas situações. Ser profissional representa fazer parte dessa trama e assumir os riscos que dela podem originar.

Depois de muita conversa com seu técnico Carolo, de avaliar as condições que o boxe amador oferecia e acreditando no seu potencial decidiu investir na carreira profissional. Já na quinta luta, nessa nova condição, tornou-se campeão brasileiro. Na nona, realizada no Coliseu Serrado em Guaiaquil, no Equador, sagrava-se campeão sul-americano ao vencer por nocaute Petiço Sanches, entrando para o ranking mundial. E assim quebrou dois recordes. Chegou ao título brasileiro com cinco lutas e ao sul-americano com apenas oito combates, o menor número para chegar aos títulos nacional e continental.

Entretanto, a 3 de dezembro de 1971, já ocupando o terceiro lugar no ranking mundial, em uma luta contra o mexicano Tony Moreno o pugilista brasileiro sofreu um deslocamento de retina sendo obrigado a abandonar os ringues.

Ainda assim, após permanecer afastado por mais de quatro anos e meio voltou a lutar fazendo mais cinco lutas e vencendo todas elas por nocaute. Aqueles resultados credenciavam-no a desafiar o Campeão Sul-americano, o chileno Martin Vargas. Preparado para a luta foi ao Chile tentar reconquistar um título que já havia sido seu e viu seus planos se desfazerem ao ser cancelada a luta pelos médicos chilenos com a alegação de que eles eram obrigados a zelar por sua integridade física.

> *"No fundo eles estavam protegendo a integridade física do outro, porque eu tenho certeza que eu conquistaria o que tinha sido meu".*

Depois disso Servílio de Oliveira foi auxiliar técnico e técnico de boxe. Distante dos ringes como atleta, hoje Servílio de Oliveira se mantém próximo do boxe como agenciador de atletas como Valdemir Pereira, o Sertão, que já participou dos Jogos Olímpicos de Sydney, em 2000, e Juliano Ramos, oito lutas, oito nocautes. E mantém um sonho.

> *"O título mundial que eu não conquistei eu acho que ainda vou conquistar com um desses meninos".*

A protagonização de novos papéis sociais, todos eles envolvidos com a carreira que o consagrou, reforça o desenvolvimento de uma identidade que embora em transformação gravita no universo da modalidade e de sua dinâmica.

É nessa perspectiva que Hall (2000) entende identidade como

> *O ponto de sutura entre, por um lado, os discursos e as práticas que tentam nos "interpelar", nos falar ou nos convocar para que assumamos nossos lugares como os sujeitos sociais de discursos particulares e, por outro lado, os processos que produzem subjetividades, que nos constroem como sujeitos aos quais se pode "falar".*

Corrobora para isso a necessidade da vivência e da afirmação do imaginário heróico vivido na situação da vitória, senão de si próprio, de um pupilo.

A rede de significados construída a partir dessa experiência e da expectativa social projetada sobre o atleta, e depois técnico, dirigente ou empresário, conforme Valle (2003) institui modos de viver,

Os medalhistas olímpicos do futebol

Dentre todas as modalidades de origem inglesa, nenhuma outra se adequou tanto à cultura brasileira como o futebol a ponto de muitos, em distintos lugares, chegarem a pensar que o esporte bretão foi de fato inventado no Brasil (DaMatta, 1994).

Embora estudos antropológicos atestem a presença de jogos com bolas, entre diversos povos ao redor do planeta Terra, fossem elas feitas de couro e látex ou simplesmente a cabeça de um adversário morto em combate cujo objetivo era um gol, a forma como o futebol é jogado na atualidade é originado na Inglaterra.

Durante o século XIX era basicamente praticado pelas massas com um caráter de expressão de identidade do operariado e, talvez por isso tenha desenvolvido um caráter diferenciado das outras modalidades esportivas, dominadas pelas elites tidas como "cultas". Dessa forma os trabalhadores acabaram por desenvolver *uma "cultura futebolística" original – um conjunto específico de procedimentos sobre uma nova base social*. (Hobsbawn & Ranger, 1997: 297).

No Brasil a modalidade chegou por intermédio dos funcionários das companhias inglesas e dos jovens brasileiros de famílias abastadas que iam à Europa para estudar e traziam consigo o conhecimento adquirido nas escolas e universidades e os hábitos culturais desenvolvidos no velho continente.

Afirmam Rosenfeld (1993) e Rufino dos Santos (1981) que Charles Miller, um brasileiro de origem inglesa, que não gostava de críquete, ao voltar de um período de estudos na Inglaterra trouxe em sua bagagem o material necessário para a prática do futebol: bola, uniforme e um manual de regras. Passou a freqüentar o São Paulo Athletic Club, um clube inglês dedicado ao críquete freqüentado basicamente pelos funcionários da Companhia de Gás, do Banco de Londres e da São Paulo Railway, em 1895.

Esse é apenas um fragmento da difusão do esporte no Brasil, mas não explica toda a história da modalidade em seus primórdios. Pereira (2000) considera que histórias como de Charles Miller têm como finalidade atestar o caráter elitista dos primeiros tempos do esporte no Brasil.

> *Embora tenham tido participação decisiva na sua consolidação em terras brasileiras, eles (Charles Miller e Oscar Cox) atuavam dentro de um contexto mais amplo, que permitiu que um simples passatempo se transformasse em um verdadeiro fenômeno (p. 23).*

Nesse sentido o autor sugere superar a legenda criada em torno desses personagens e seus colegas letrados, para adentrar na lógica que moveu a consolidação dos sentidos que têm sido atribuídos ao surgimento do futebol no Brasil.

E assim, ainda no final do século XIX o futebol começou a ser praticado em clubes já existentes e outros passaram a surgir em sua função. É o caso do Club Atlético Paulistano e do Club Germânia, em São Paulo, do Fluminense e do Bangu Athetic Club, no Rio de Janeiro, do Fuss-Ball-Club e do Grêmio Foot-Ball Porto Alegrense, no Rio Grande do Sul, e do Sport Club de Belo Horizonte, quase que como uma reação em cadeia.

Embora o surgimento de todas essas agremiações pudesse sugerir uma massificação da prática da modalidade o que se via era a comunidade inglesa, acompanhada da burguesia local, compondo os times e a platéia. Os operários, de uma forma geral, já apreciavam o espetáculo esportivo, mas não tinham dinheiro suficiente para comprar bola, uniformes e ingresso, e assistiam a tudo em cima do muro.

Rufino dos Santos (1981) descreve um pouco o que ocorria.

> *Mesmo os que conseguiam pagar o preço da geral, sentiam-se intrusos no espetáculo: os craques, ao saldarem a torcida, nunca se dirigiam a eles, mas à seleta assistência da arquibancada, bouquet de moças e rapazes de boa família. Era o tempo em que*

os intelectuais ainda gostavam de futebol e comparavam, em artigos derramados e versos eloqüentes, os jogadores a deuses gregos, os estádios ao Olimpo. (p. 15)

Apesar da grande resistência das elites, aos poucos os jovens de origem humilde foram se aproximando e sendo incorporados aos times. Apesar de toda diferença social, gradativamente times e clubes foram se tornando mais sensíveis ao nível de habilidade de alguns negros e mestiços.

Na década de 1910 o futebol já era o esporte mais popular do Brasil. De acordo com Martinez (2000) a participação de jogadores advindos das camadas populares encontrou grande resistência entre dirigentes do futebol, desembocando em uma espécie de conciliação entre as elites e as camadas populares, que levou ao reconhecimento e à aceitação nos campeonatos das Ligas Organizadas de clubes como o Corinthians, em São Paulo, e o Bangu, e posteriormente o Vasco da Gama, no Rio de Janeiro.

Dessa forma não apenas os "pobres" de uma forma geral tinham acesso aos times de futebol, mas também os negros e mestiços que, embora gozassem da condição legal de libertos viviam escravizados a uma condição de exclusão social, não resolvida com a abolição da escravidão.

A Primeira Guerra representaria um marco na formação da identidade nacional brasileira. Após espelhar-se por alguns séculos na Europa como modelo de cultura e de forma de vida, os horrores da guerra promoveram uma transformação nessa forma de pensar. Era chegado o momento, conforme Toledo (2002) de romper os laços que amarravam a auto-estima brasileira à cultura européia e o futebol poderia suprir como nenhuma outra atividade essa condição. Os senhores do poder público já eram capazes de perceber que o futebol podia desempenhar com primor a finalidade de ocupar os jovens em seus aspectos físicos (desenvolvimento da raça) e a mente (aprendizagem de atributos morais nacionalistas).

E assim, entre as muitas histórias e personagens que o futebol pôde dar ao povo brasileiro estão a participação em todos os campeonatos mundiais da modalidade, sagrando-se campeão em cinco dessas oportunidades, e a conquista de três medalhas olímpicas, duas de prata e uma de bronze, mas nenhuma de ouro. Esse retrospecto produz no imaginário do torcedor e do atleta a busca de um tesouro ainda não conquistado, embora almejado, em função das conquistas já realizadas. Curiosamente, esse trabalho está sendo escrito na semana em que a seleção olímpica não conseguiu a classificação para participar dos Jogos de Atenas-2004, prorrogando por mais quatro anos a satisfação de um desejo latente.

Por sua vez o futebol feminino foi ao longo de todo esse tempo discriminado por ser considerado uma modalidade essencialmente masculina. Chegou mesmo a ser proibido como atividade em aulas de educação física escolar, impedindo que meninas habilidosas pudessem vir a praticar um esporte que marca a identidade dos brasileiros retardando em muitos anos a conquista de uma medalha como ocorreu em Atenas.

Por causa disso, amargou descrédito e falta de apoio, mesmo quando a seleção brasileira chegou muito próxima de títulos olímpicos e a masculina encerrava sua participação precocemente ou nem chegava a ir aos Jogos como foi o caso em 2004.

Quadro 8 – Medalhistas do Futebol

Ano	Atletas	Categoria	Medalha
1984	Ademir Rock, André Luis, Tonho, Dunga, Chicão, Gilmar Rinaldi, João, Jorge, Luis Carlos, Mauro Galvão, Milton Cruz, Paulo Santos, e Silvio Paiva	Masculino	Prata

1988	Ademir Kaefer, Claudio Taffarel, Jorge Campos, João Paulo, Ricardo Gomes, Geovani Silva, Edmar dos Santos, Hamilton de Souza, Romário, André Cruz, Luiz Carlos Winck, Aloísio Pires, Milton de Souza, José Ferreira Neto, Valdo Candido, Jorge Luiz Careca, João Batista Viana, Nelson Kerchner, José Carlos Araújo e Bebeto	Masculino	Prata
1996	Dida, Zé Maria, Aldair, Ronaldo, Roberto Carlos, Flavio Conceição, Zé Elias, Rivaldo, Juninho, Bebeto, Ronaldinho, Daniel, Narciso, André Luiz, Amaral, Marcelinho Paulista, Sávio e Luizão	Masculino	Bronze
2004	Andreia Suntaque; Marlisa Wahlbrink (Maravilha); Aline Pellegrino, Juliana Cabral, Tânia Maranhão; Mônica de Paula; Rosana dos Santos; Grazielle Nascimento; Renata Costa; Daniela Alves; Miraildes Maciel Mota (Formiga), Elaine Estrela; Andréia dos Santos (Maycon); Marta Vieira, Delma Gonçalves (Pretinha), Kelly Cristina, Cristiane Rozeira; Roseli de Belo	Feminino	Prata

Campeão mundial pela primeira vez em 1958, o time brasileiro passou a carregar, a cada quatro anos, a esperança de medalha olímpica, e a cada edição dos Jogos em que essa intenção não se materializava, aumentava a frustração e a expectativa de realização desse desejo. Nos Jogos Olímpicos de Los Angeles, em 1984 veio enfim uma medalha e a primeira demonstração de que o futebol brasileiro também era possível no ambiente olímpico.

Marcados pelo boicote dos países do leste europeu, os Jogos Olímpicos de Los Angeles representaram também uma grande transformação nos ideais olímpicos com a queda do amadorismo e a ascensão do profissionalismo. O futebol foi naquele momento o bode expiatório desse movimento.

Para o bloco capitalista não era difícil identificar amadores e profissionais. Amador era aquele que exercia seu papel social de atleta sem receber qualquer bem ou valor em troca de sua atuação. O atleta profissional, por sua vez, era identificado pela venda de sua mão de obra, o desempenho esportivo, a clubes que negociassem seu passe e salários ou empresas que se interessassem em atrelar sua imagem a produtos. Embora naquele momento dirigentes e atletas não tivessem muita clareza de como se davam essas relações, em função do período de transição vivido (a fase de conflito e a fase do profissionalismo), os dirigentes buscavam preservar o princípio do amadorismo, definido nos primórdios do Movimento Olímpico.

Diante da alegação da socialização dos meios de produção vivida com a revolução, os países do bloco socialista negavam a existência de profissionais do esporte e afirmavam a condição amadora de todos os seus atletas, que estavam a serviço do Estado. Com isso, a mesma seleção de futebol que participava das Copas do Mundo, evento tão prestigiado e rentável quanto os Jogos Olímpicos – chegando a provocar, entre os dirigentes do futebol, um movimento de exclusão dos Jogos como forma de não comprometer o sucesso das Copas – participava da celebração olímpica, levando uma grande vantagem sobre os times compostos de atletas não profissionais, tanto do ponto de vista da capacidade física como da experiência acumulada pelos anos de prática. Para superar esse impasse, o Comitê Olímpico Internacional instituiu para os Jogos Olímpicos de Los Angeles uma norma específica direcionada para o futebol que permitia a participação na competição apenas de atletas que não tivessem atuado em campeonatos mundiais, independente da idade.

A alteração da regra ocorreu alguns poucos meses antes do início dos Jogos levando, entre outras coisas, à dissolução da seleção brasileira classificada e à necessidade de formação de uma nova que contemplasse as exigências dos dirigentes. A solução encontrada foi convidar uma equipe profissional que estivesse atuando regularmente e não precisasse enfrentar a falta de entrosamento necessário para um bom desempenho. Fluminense do Rio de Janeiro e Internacional de Porto Alegre eram as opções.

Inicialmente o convite foi dirigido ao Fluminense, que diante de compromissos já assumidos não pôde aceitar a incumbência. Entretanto, a equipe do Internacional, sem nenhum impedimento, aceitou e assim foi constituída a seleção brasileira para os Jogos Olímpicos de 1984.

A comissão técnica foi composta pelo preparador físico do Internacional e pelo técnico Jair Picerne, embora o técnico Otacílio do Internacional também tivesse sido convidado, mas não para ocupar o lugar de técnico principal. À equipe escolhida foram ainda agregados os jogadores Ronaldo, do Corinthians, Luis Henrique e Chicão, da Ponte Preta, Davi, dos Santos e Gilmar Pipoca, do Flamengo.

Com tão pouco tempo para se preparar, de fato, era preciso que a maioria do grupo já se conhecesse e atuasse junto para poder desempenhar a árdua tarefa de trazer para o país a tão desejava medalha olímpica. E assim partiram rumo a Los Angeles, à Vila Olímpica, à cerimônia de abertura. Os atletas do futebol compunham mais uma entre várias equipes de modalidades coletivas. Nem mais, nem menos. Quem fala sobre isso é Mauro Galvão.

"Fomos para a Vila Olímpica e foi muito bacana. Não tivemos esse tratamento de ficar isolado, onde talvez você não viva o espírito de uma Olimpíada".

Passados os preparativos e o impacto da chegada a esse ambiente tão diferenciado era hora de se preocupar para a razão de ser de tudo aquilo: ganhar uma medalha. Ainda que o espírito olímpico fosse invocado no início da edição dos Jogos e devesse prevalecer para todas as modalidades participantes, no futebol não parecia ser possível desfazer rivalidades vividas nos campeonatos mundiais e outras competições internacionais, levando à prática de um *fair play* singular.

Para cumprir seu intento a seleção brasileira venceu a Alemanha, o Marrocos, a Arábia Saudita, empatou com o Canadá e venceu nos pênaltis e, finalmente, enfrentaria a Itália na semifinal. Era momento de relembrar um evento alocado em um passado recente. Era difícil esquecer o que se passara na Copa de 82 quando uma das seleções brasileiras mais talentosas viu seu caminho para o tetra campeonato ser interditado pelos gols de Paolo Rossi, até então um jogador pouco conhecido dos brasileiros e do mundo.

Apesar de nenhum dos jogadores presentes naquele episódio estar em campo a camisa a ser defendida era a mesma. Sem culpa, nem receio, a equipe foi para o jogo e venceu por 2 a 1, vingou o time de 82 e garantiu a tão desejada medalha.

O adversário final seria a França, um time desconhecido e pouco temido, resultando em uma medalha de prata para o Brasil. Chegava ao fim o jejum olímpico do futebol brasileiro.

> *"Era uma boa seleção, mas nós não tínhamos muitas informações sobre eles... Não me lembro de ter visto um jogo da França. A França acabou fazendo um gol... Na tentativa de buscar o empate a gente se desarrumou um pouco e depois acabou tomando 2 a 0".*

Apesar da expectativa da medalha por parte da torcida brasileira, alguns atletas que compunha a equipe olímpica não tinha consciência do significado daquela competição. Isso talvez se justificasse pela importância conferida às Copas do Mundo e pelo destaque dado pela mídia. Como nos Jogos Olímpicos o futebol é mais uma entre várias modalidades a tensão gerada pela conquista fica diluída.

Antonio José Gil, o Tonho, atleta do Internacional na época, participou do processo de formação dessa seleção e sintetiza o sentimento da equipe em relação à competição.

"O jeito que a gente saiu do Brasil para participar das Olimpíadas (descaso) e nós tínhamos chegado a uma final. Até então nós jogadores, nós os atletas, nós não sabíamos a dimensão da coisa. Nós não imaginávamos que era tão importante ganhar uma medalha de ouro".

Não importava o resultado. O jejum olímpico do futebol chegava ao fim. Enfim, a medalha do futebol brasileiro.

Do ponto de vista do desenvolvimento do esporte olímpico brasileiro essa medalha representaria um ponto a mais em um quadro que não se caracteriza pela abundância. Entretanto, por se tratar o futebol de um elemento de identificação esse foi, sem dúvida, um marco dentro da história olímpica brasileira. Nas palavras de Martinez (2000) por meio de futebol é possível identificar uma relação do brasileiro com ele mesmo, o que envolve a superação de determinados conflitos e a superação de uma forma de perversão.

Em Seul (1988) o sonho com o ouro olímpico era ainda maior. A primeira medalha já era uma realidade. Faltava agora o lugar mais alto do pódio.

O time de Seul era quase a mesma base da seleção de juniores que havia sido campeã mundial. A qualidade técnica do time e as posteriores vitórias alcançadas por ele alimentaram versões e mitos conspiratórios sobre a seleção.

O jogador Bebeto fez parte desse grupo e apresenta sua versão sobre essa campanha.

"O time de Seul era muito bom. Era quase a mesma base da Seleção de Juniores que tinha sido campeão... Aquela base era fantástica. E foi essa mesma base que levou o Brasil a ser tetracampeão mundial".

Afirmando que o Brasil tinha tudo para ser o campeão, mas que elementos mais poderosos que os técnicos e morais fazem parte do

Medalhistas olímpicos brasileiros: memórias, histórias e imaginário

universo do futebol e acabam por serem mais relevantes do que bom chute a gol e *fair-play*, a campanha de Seul é avaliada por Bebeto como primorosa, embora no jogo final, contra a União Soviética, com a partida empatada, o juiz apitou um pênalti que não havia ocorrido. A hipótese de um complô para impedir o Brasil de chegar à medalha de ouro olímpica não é descartada, pelo contrário, é lembrada como factível diante dos resultados alcançados não apenas em Seul e Atlanta, mas ao longo de outras várias edições. Qual o motivo dessa distinção?

> *"O Brasil não precisa provar mais nada pra ninguém... A gente tinha tudo para conseguir a medalha de ouro. Mas, futebol tem dessas coisas. O juiz inventou um pênalti que não existiu. É todo mundo contra o Brasil, para não deixar o Brasil conquistar essa medalha de ouro".*

A questão que os atletas e profissionais ligados ao esporte se fazem é por que há tanta necessidade em se conquistar campeonatos e tanta responsabilidade por parte do atleta em defender as cores da bandeira. Essa resposta pode ser dada a partir do argumento de que não há modalidade que apresente maior manifestação de identidade nacional para o Brasil do que o futebol.

Os adversários, sabedores dessa condição, esperam pelo confronto com a seleção brasileira como um fato de destaque em suas carreiras. Não importa se o jogo é amistoso ou competitivo, se a seleção é a principal ou um combinado para um torneio menor, se é sub-17 ou profissional. Quando o time que entra em campo veste camisa amarela, calção azul e o hino executado começa com a frase "Ouviram do Ipiranga às margens plácidas..." ele deve ser derrotado para honra e glória do oponente. Há jogadores que destacam em seus currículos, ainda que a carreira tenha sido medíocre, a ocasião em que por mérito ou acidente, esteve relacionado entre um grupo de atletas que não perdeu (e isso pode significar empate ou vitória) para a seleção brasileira de futebol. Ainda que o lugar ocupado durante a partida tenha sido o banco de reservas. Nos Jogos Olímpicos não haveria de ser diferente.

200

Atlanta reservava um outro desafio. Adversários que começavam a despontar no cenário do futebol tornaram-se os grandes vilões daqueles Jogos. Era a vez do futebol africano brilhar.

O sonho do ouro brasileiro estava mais vivo do que nunca. O Brasil era agora tetracampeão mundial de futebol, aliás, título conquistado no mesmo país onde agora se realizavam os Jogos Olímpicos. Esse feito nunca havia sido executado por qualquer outra seleção e alguns jogadores que participaram daquele momento histórico estavam em Atlanta para auxiliar em mais uma conquista. Era o caso de Bebeto. Passados oito anos Bebeto foi aos Jogos de Atlanta, em 1996, ocupando a função de capitão. Era o reconhecimento de uma carreira vitoriosa e a ocasião para oferecer aos mais novos a experiência acumulada em campeonatos mundiais e olímpicos bem-sucedidos. Mas o tempo havia transformado o *modus operandi* da seleção de Seul. O local de concentração e de hospedagem já não era a Vila Olímpica como na Coréia, e o clima vivido em 1988 já não podia ser reproduzido em 1996. A seleção olímpica seguia de perto os passos da seleção profissional.

Tudo parecia ir muito bem até que na semifinal surgiu diante do Brasil a Nigéria, um adversário de pouca tradição, mas com muita resistência e a irreverência que a falta de responsabilidade permite. O placar era de 3 x 1 a favor do Brasil quando sem muita explicação outros dois tentos foram marcados levando o placar a registrar 3 x 3.

"Tínhamos tudo para levar. Vínhamos ganhando de 3 x 1 da Nigéria. Deram uma sorte e fizeram 2 gols, mas antes disso a gente já tinha perdido várias oportunidades de fazer gol e não fizemos, e futebol tem dessas coisas, quem não faz leva...".

Na disputa pelo terceiro lugar contra Portugal não houve surpresas e a seleção olímpica realizou o que atletas, dirigentes e os torcedores brasileiros esperavam que ocorresse: a conquista da medalha de bronze. Artilheiro da competição Bebeto tem por essa medalha a mesma satisfação que aquela obtida em Seul, e ainda traz na memória a lembrança dos momentos que antecederam as grandes competições pela seleção brasileira.

"O peso que a gente levou foi muito grande... Quando o Brasil não ganha é terrível. Nós temos sempre que entrar e ser campeão. Se não for campeão...".

Mauro Galvão e Bebeto tornaram-se atletas de destaque no cenário profissional, com destacada atuação, inclusive em times fora do Brasil. A visão que apresentam dos Jogos Olímpicos e campeonatos profissionais parece revelar o chamado "espírito olímpico" mesmo em plena transição da fase de conflito para a fase profissional dos Jogos.

(Tonho) *"Quando nós fomos nos perceber, a hora que acabou, eu lembro perfeitamente quando terminamos o jogo com a França que nós perdemos, tinha um grande número de brasileiros no Estádio, em Los Angeles, e nós tínhamos feito uma campanha extraordinária... Enquanto, nós estávamos recebendo a medalha de prata eles cantavam o Hino Nacional como se nós tivéssemos vencido. Isso foi uma coisa que marcou e pensei: 'Puxa! Vida'."*

(Mauro Galvão) *"A Olimpíada dá para você o sentido de fair play, fazer o máximo para ganhar. Aquela pessoa que está jogando do outro lado não é tua inimiga, é tua adversária. A qualquer momento, como eu mesmo aprendi na minha carreira, você pode estar jogando com ele. As coisas mudam. Vários jogadores que eu estive jogando contra depois nós estivemos jogando no mesmo time".*

(Bebeto) *"Eu ia jogando, eu ia disputando. Conquistou ótimo, não conquistou também. Isso nunca me afetou não".*

Se para os adversários ganhar da seleção brasileira, seja ela qual for, é uma questão de honra e o ponto a ser destacado em seu currículo, para o Brasil participar de competições, sejam elas em quais níveis forem, é também o que confere dignidade e brilho à carreira de um atleta. Nos casos vistos acima a discussão girou em torno da qualidade das medalhas e as razões que levaram à frustração da não realização do objetivo desejado.

Ainda que frustrado o desejo da medalha de ouro, satisfizeram a afirmação da identidade nacional duas medalhas de prata e uma de bronze, reforçando uma prática no público de envolvimento com a competição, compensação de horas de trabalho não realizado e a necessária comemoração após cada vitória. E quando mais se esperava que esse ritual se repetisse, após a conquista do penta campeonato mundial, reforçando ainda mais uma prática devotada, a seleção olímpica de 2004 foi desclassificada no torneio pré-olímpico, adiando por mais uma Olimpíada o sonho da medalha de ouro.

Os medalhistas olímpicos do hipismo

A história do hipismo tem início quando o ser humano passou a fazer uso do cavalo como meio de locomoção, sendo utilizado posteriormente no trabalho na lavoura e no transporte de carga.

Um dos primeiros tratados que se tem conhecimento sobre esse tema refere a Xenoforte (430 – 354 a.C.) que afirmava que os cavalos deviam ser manejados com bom tratamento e não com força ou crueldade, fazendo parte da condição de bom cavaleiro a sensibilidade de conhecer a moral de seu animal.

Há poucos registros históricos sobre a equitação, embora a literatura e as artes manifestem a presença constante do cavalo, tanto no cotidiano, como na guerra e nos Jogos Olímpicos da Antiguidade.

Roma conheceu corridas de cavalos selados e foi Nero quem criou o primeiro hipódromo que se tem notícia. Eram também populares outros esportes eqüestres como os exercícios de equilíbrio com o cavaleiro sobre o cavalo, o volteio e as corridas de bigas.

Durante a Idade Média o hipismo como esporte e arte militar ganhou grande destaque. Foi a época de justas, torneios e caçadas a cavalo o que contribuiu para o desenvolvimento de estribos, arreios, selas e modificação na forma de cavalgar.

Em Nápoles, durante o século XVI surgiu uma escola de equitação freqüentada pelas mais ilustres famílias européias da época, tornando o método italiano uma referência para o continente europeu. O cavalo foi introduzido no Brasil pelos colonizadores portugueses e utilizado basicamente na lavoura, no pastoreio e de muita utilidade para os bandeirantes no desbravamento do oeste brasileiro. Os pampas do sul do país constituíam-se local ideal para seu desenvolvimento, mas foi no nordeste durante a gestão de Maurício de Nassau que aconteceu a primeira competição hípica, em 1641; o Torneio de Cavalaria, que levaria holandeses, franceses e ingleses de um lado e portugueses e brasileiros de outro a se enfrentarem competitivamente. Vale ressaltar que a cavalaria foi de grande importância na batalha de Guararapes, quando portugueses e brasileiros expulsaram os holandeses do litoral do nordeste brasileiro.

Nos séculos XVIII e XIX eram comuns as cavalgadas e os torneios esportivos não-oficiais como corridas e simulações de combates.

Com a mudança da família real portuguesa para o Brasil foi solicitada a vinda de mestres da Europa para servirem de instrutores aos fidalgos da corte, iniciativa que foi encerrada com a independência.

Diante da importância que o cavalo assumia para as situações de guerra, o governo brasileiro, a pedido do Duque de Caxias, mandou importar garanhões puro sangue inglês, melhorando a criação nacional. O fato estimulou ainda mais a realização de corridas e motivou a criação do Jockey Club Fluminense, em 1854. Em São Paulo, incentivada pela Marquesa de Santos, uma adepta da montaria, a equitação ganharia seu espaço no Campo da Luz, em 1875, dando origem ao Clube de Corridas Paulistano, que mais tarde passou a se chamar Jockey Club da Mooca, o precursor do Jockey Club de São Paulo.

Um novo desenvolvimento da equitação foi experimentado quando da chegada da missão militar francesa, após a Primeira Guerra, já no século XX, que organizou um curso de instrução especializada em equitação, mais tarde denominado curso especial de equitação.

Fora dos quartéis o hipismo era praticado por fazendeiros, e seus familiares, bem como por militares nas Sociedades Hípicas. No Rio de Janeiro existiam o Clube Esportivo de Equitação e o Centro Hípico Brasileiro, que se fundiram em 1948 formando a Sociedade Hípica Brasileira. Ainda que os cursos de equitação tenham sido fechados durante a Segunda Guerra, em 1942 pela primeira vez uma equipe brasileira disputou torneios no exterior, mais precisamente no Chile.

Quadro 10 – Atletas Brasileiros Medalhistas no Hipismo

Ano	Atletas	Modalidade	Medalha
1996	Rodrigo Pessoa, Luis Felipe Azevedo, Alvaro Affonso de Miranda Neto e André Johannpeter	Salto por equipe	Bronze
2000	Rodrigo Pessoa, Luis Felipe Azevedo, Alvaro Affonso de Miranda Neto e André Johannpeter	Salto por equipe	Bronze
2004	Rodrigo Pessoa	Salto individual	Ouro

Se em algumas modalidades esportivas o nível de habilidade do atleta e um pouco de condições materiais pode levar a grandes resultados, como no caso do atletismo, em outras a qualidade do equipamento é determinante para a manifestação da técnica. No hipismo o conjunto cavalo-cavaleiro é julgado pela performance de ambos, o que leva a pressupor quais condições são necessárias para um bom desenvolvimento da modalidade: um ótimo cavalo, descendente de grandes campeões, nascido, criado e adestrado para esse fim. A um alto custo. Isso leva a caracterizar a modalidade como de elite.

Apesar do hipismo brasileiro participar dos Jogos Olímpicos há muitos anos foi apenas em Atlanta (1996) que pela primeira vez uma medalha foi conquistada.

A equipe brasileira, em ambas as situações era composta por Álvaro Affonso de Miranda, Rodrigo Pessoa, Luis Felipe Azevedo e André Johannpeter. Todos eles passam longos períodos fora do Brasil treinando e competindo. O porta voz do grupo para contar a história das medalhas olímpicas foi Álvaro Affonso de Miranda, o Doda, um pouco mais presente em São Paulo.

Muitos atletas olímpicos apresentam como marco de sua trajetória uma necessidade física ou social para o início de sua carreira esportiva. Doda apresenta, desde o princípio, a superação de um temor. Quando era ainda muito menino tinha uma grande afeição por animais, entretanto havia um em particular que freqüentava seus sonhos noturnos, lhe causando grande espanto e medo: um cavalo negro.

"Desde muito pequenininho eu sempre tive uns sonhos estranhos, com um cavalo preto que me seguia nas ruas, que me seguia para eu ir pro colégio, que ficava sempre atrás de mim. Eu tinha alguma coisa de diferente com cavalo, mas não tinha medo de bicho nenhum, mas do cavalo eu tinha um pouco mais de respeito porque aquilo muitas vezes me assustava à noite."

A atração que esse cavalo exerceu sobre a vida de Doda não é passível de ser mensurada, entretanto o temor sentido por esse animal não era forte o suficiente para afastá-lo de um dos prazeres de toda a família que era montar, atividade praticada nos finais de semana em Caxambu, no sul de Minas.

"Ao invés de descansar e acordar tarde eu tinha um prazer muito grande em acordar cedinho com meu pai, tomava café e passava a manhã inteira montando a cavalo... Eu comecei a me identificar mais com os cavalos."

Satisfeito com a capacidade de superação do filho, o pai de Doda resolveu apostar nessa disposição e foi procurar orientação no Clube Hípico de Santo Amaro, em São Paulo. A partir daquele momento montar poderia se transformar em uma atividade cotidiana, entretanto os cavalos da Hípica Paulista eram absolutamente diferentes daqueles utilizados em Caxambu, e isso o reaproximava da figura do animal dos sonhos de criança.

> *"A gente marcou uma avaliação pra outra semana. Só que quando eu vi aqueles cavalos da Hípica, comparando com os cavalos de aluguel, eu levei um susto muito grande... O cavalo de Caxambu devia ter 350 quilos, de repente eu tava me vendo em cima de um cavalo de 600 quilos, quase o dobro, e aí voltou o medo."*

Nesse momento a sensibilidade dos pais de Doda representou a continuidade de uma prática que o acompanha até os dias atuais.

Como forma de ajudar o filho a superar o medo, sua mãe montava a primeira metade da aula e Doda, sentindo-se um pouco mais tranqüilo e seguro, montava na segunda metade, durante a semana. Aos sábados e domingos o pai também o acompanhava, mas fazia uso de um outro método.

> *"O meu pai muitas vezes se jogava de cima do cavalo pra mostrar que não doía."*

São muitos os motivos que levam os pais a procurarem o esporte para os filhos: recomendação médica com finalidade profilática ou curativa, ocupação do tempo livre, desejo de satisfação da própria frustração por não ter se realizado como atleta ou busca de retorno financeiro diante de uma inquestionável habilidade física do filho (Rubio, 2003.d). Diante de tantas possibilidades é possível dizer que a escolha de uma modalidade esportiva e o sucesso no seu desempenho pode ter sido motivada por mais de uma das razões apontadas e que a adesão à prática e o bom desenvolvimento nela, resultando em profissionalização, é um processo que envolve muitos fatores.

O choque da primeira avaliação ajudou a ser superado pelo professor Matias Rodrigues da Silva, considerado um grande mestre, tanto pela paciência como pela capacidade pedagógica de ensinar uma criança a montar. Ter começado a treinar regularmente quando ainda estava na categoria mirim proporcionou a Doda a convivência com outros cavaleiros da mesma idade e mais velhos de reconhecida competência. Despercebido, no princípio, acabou por se destacar no grupo inicial, e depois em nível nacional por causa de um traço que considera indispensável àqueles que buscam a superação.

"... foi a geração mais forte que já existiu (no hipismo) e eu consegui ganhar naquela vez... Desde pequenininho eu sempre fui perfeccionista. Depois dessa prova (em que experimentou a derrota) eu não queria brincar com meus amigos, ficava quieto, às vezes me trancava no quarto, não queria falar com ninguém e sempre queria que chegasse a próxima competição para eu poder corrigir meus erros. Quando eu tenho algum resultado que não seja muito bom eu gosto de me isolar."

A passagem para a categoria júnior representaria a afirmação da condição de destaque de Doda entre os atletas brasileiros. Foi tetracampeão paulista e bicampeão brasileiro concretizando os planos de uma carreira profissional no esporte.

A dedicação aos treinos e competições e a disposição em estar e permanecer entre os melhores cavaleiros do Brasil fez Doda escolher pela carreira de cavaleiro, abandonando outras escolhas profissionais e acadêmicas.

O ano de 1995 foi marcado pela materialização desse projeto. O melhor cavaleiro do Brasil partia rumo a Bruxelas para treinar com Nelson e Rodrigo Pessoa, nomes reconhecidos no hipismo mundial. Doda, então com 18 anos, buscava a experiência internacional necessária para se firmar.

"Minha primeira participação de maior expressão foi na Copa do Mundo de 96, em Genéve, que é indoor... e logo depois a Olimpíada de Atlanta."

O mais jovem atleta da equipe de hipismo brasileira debutava em Jogos Olímpicos em uma modalidade que nunca ganhara uma medalha. A esperança de bons resultados parecia ser uma expectativa apenas dos atletas da equipe e Doda vivia intensamente o sonho da conquista da medalha.

"Eu fui pra Atlanta, eu era o mais novo, estava feliz por estar participando, mas eu não ficava satisfeito com o simples fato de participar da Olimpíada. Eu queria acreditar que a gente pudesse ganhar uma medalha, e isso dentro da nossa equipe era um problema porque o Rodrigo era muito realista e a nossa chance mesmo, pela história, era ficar em oitavo, nono, décimo, mas aquilo me incomodava demais... O Felipe era o que mais acreditava. Ele sempre teve essa cabeça mesmo de acreditar, mas o Rodrigo e o André diziam que não tinha jeito."

Talvez pela pouca experiência, talvez pela arrogância inerente aos muito jovens não era possível saber o que representava, de fato, uma disputa olímpica. Lá a diferença não estava entre os melhores e os piores, mas quem entre os melhores era capaz de errar menos.

"Eu tive o melhor resultado individual, que foi o oitavo, e a medalha de bronze por equipe, sendo que eu perdi minha medalha de ouro individual ali em Atlanta por uma falta... Eu fiquei muito triste, independentemente de ter conquistado a medalha por equipe, porque passou tão perto aquela medalha, mas eu vi que serviu de motivação e estímulo para que eu continuasse."

Doda reconhece que a competição individual é muito menos desgastante do que a prova por equipe e justifica essa diferença.

"Na prova por equipe a pressão é muito maior, porque quando você está no resultado individual qualquer coisa que você fizer errado vai prejudicar você... Na prova por equipe... quando você atrapalha o resultado você é motivo de um resultado negativo. É muito duro... Mas, ninguém reclama".

No período que separou os Jogos Olímpicos de Atlanta e Sydney Doda pôde amadurecer e pensar em tudo o que aconteceu. Hoje acredita que se aquela falta que o separou da medalha de ouro não tivesse ocorrido tudo teria sido muito diferente e tem dúvidas sobre os rumos que sua vida e carreira teriam tomado.

> *"Talvez se eu tivesse conquistado essa medalha em 96, eu não sei... eu acho que ia dar uma quebrada até no ritmo porque é um susto, na primeira Olimpíada já conquistar uma medalha de ouro e outra de bronze. Então, acho que tudo tem uma explicação, tem um motivo".*

A caminho de Sydney Doda passaria pelo Campeonato Mundial em 1998, no qual obtive um resultado muito ruim, e pelos Jogos Pan-Americanos de Winnipeg, no qual conquistou a medalha de ouro, também por equipe.

Nesse momento havia uma dúvida instalada no próprio grupo e no público se aquela medalha de Atlanta havia sido ganha por mérito ou por descuido dos adversários. Essa dúvida começou a ser dirimida no Campeonato Mundial em Roma, quando a equipe brasileira conquistou a vaga para Sydney ao ficar com a quinta colocação. A certeza de fazer parte daquele time e poder participar de seus segundos Jogos Olímpicos afirmava a certeza de Doda quanto às realizações do passado e às conquistas do futuro.

> *"Eu tinha uma vontade muito grande de pegar essa equipe pra poder tentar buscar mais uma medalha e mostrar pro mundo que não foi um acaso aquela medalha em Atlanta".*

Se nos Jogos de Atlanta a equipe brasileira era uma desconhecida inofensiva, em Sydney era vista como uma adversária perigosa, favorita a uma das medalhas. A manutenção entre os melhores do mundo era quase tão difícil quanto a primeira conquista em si. Países com maior tradição na modalidade não poupavam esforços na conquista pela posição que parecia natural lhe pertencer.

Diante da pressão exercida pelos adversários restava aos atletas brasileiros superar também esse obstáculo em seu percurso.

"O Brasil perdeu 4 pontos por um erro do juiz e a gente teve que acabar indo para um desempate no qual a gente ganhou da França... Pra você ter uma idéia, na Olimpíada de Atlanta o pódio foi Alemanha, Estados Unidos, Brasil e França. Em Sydney foi Alemanha, Suíça, Brasil e França. A gente conseguiu ficar duas vezes na frente da França que é uma potência no hipismo. Ficamos atrás, nos 2 anos, só da Alemanha, que é a maior potência do mundo em hipismo".

Embora os praticantes do hipismo no Brasil sejam considerados de um grupo social denominado elite na relação com atletas de outras nacionalidades sua condição social em seu país de origem tem pouco ou nenhuma força diante do poder cultural do colonizador. Mesmo tendo boas colocações em torneios internacionais, possuindo os melhores animais do mundo e treinando com técnicos respeitados, o imaginário do colonizado é acionado por forças que não participam apenas do universo esportivo, mas que durante alguns séculos foram empregadas como mecanismo de dominação, gerando aquilo que poderia ser designado como crise de auto-estima. Ganhar uma medalha, nesse caso, é mais do que conquistar a condição da permanência. É superar uma profecia auto-realizadora de superioridade imposta pelo eurocentrismo.

Os medalhistas olímpicos do iatismo

O iatismo é um esporte náutico praticado com barcos a vela. De origem holandesa teve sua organização como atividade esportiva realizada pela Inglaterra durante o século XVIII. O primeiro clube destinado exclusivamente ao iatismo surgiu em Cork, na Irlanda, em 1720 (Nascimento, 1976). O iatismo desenvolveu-se na Europa, atingindo a América ainda no século XVIII com a fundação do New York Knicker Bocker Club, em 1711.

Medalhistas olímpicos brasileiros: memórias, histórias e imaginário

No Brasil o iatismo foi introduzido pelos europeus no final do século XIX.

Em 1906 foi fundado o Yatch Club Brasileiro, tendo como primeiro comodoro o então Ministro da Marinha, almirante Alexandrino de Alencar. Inicialmente o clube funcionou no bairro de Botafogo no Rio de Janeiro, mudando-se em 1910 para o outro lado da baía de Guanabara, na praia de Gragoatá, em Niterói.

Os barcos à vela eram utilizados para fins competitivos pelos sócios estrangeiros. Eram ingleses, dinamarqueses, suecos, alemães, austríacos e suíços que optavam por passar os finais de semana velejando, enquanto que os brasileiros preferiam as atividades sociais em terra. Em 1913 os velejadores ativos, nada satisfeitos com os rumos que o clube estava tomando, resolveram fundar o seu próprio clube, o Rio Sailing Club, num terreno situado no Saco de São Francisco, em Niterói, local onde se encontra até hoje.

Diante da falta de estaleiros e carpinteiros navais familiarizados com a construção de barcos para esporte, era preciso importá-los da Europa, tarefa que ficou grandemente prejudicada em função da I Guerra Mundial. Esse episódio levou os sócios do Clube a se reunirem para decidir sobre a criação de um tipo de barco nacional que não fosse muito grande nem oneroso e suficientemente seguro para velejar pela Baía de Guanabara. Além disso, era preciso que fosse de fácil execução para que qualquer carpinteiro ou mesmo sócio habilidoso pudesse construir no quintal de sua casa.

O desenho ficou a cargo de Harry Hagen, um dos sócios, razão pela qual passou a ser conhecido com "Hagen Sharpie". O casco foi uma novidade para aquela época, pois tinha o fundo em "V", o que facilitava a construção amadora. Em 1936, com a colaboração do então Comodoro Preben Schmidt, um dinamarquês radicado no Brasil, o desenho do "Hagen Sharpie" foi aprimorado (Grael, 2001). Preben Schmidt foi o patriarca de mais duas gerações de velejadores: Axel e Eric, tricampeões mundiais da Classe Snipe e Torben e Lars Schmidt Grael (netos de Preben) igualmente tricampeões mundiais de Snipe e medalhistas olímpicos.

212

Enquanto isto o Yatch Club Brasileiro entrou em franca decadência com a perda dos sócios velejadores. O clube foi praticamente re-fundado em 1916 quando um grupo de antigos sócios resolveu retomar a frente do clube. Com as dívidas saneadas o Yatch Club Brasileiro mudou-se para o Saco de São Francisco, ao lado do Rio Sailing Club, favorecendo o crescimento e fortalecimento da vela amplamente praticada pelos europeus e seus descendentes. A II Guerra Mundial provocou uma nova crise na modalidade por causa da expulsão de todos os sócios alemães do clube, levando muitos sócios brasileiros a também se desligarem do quadro social. Eram tempos de conflito e a comunidade européia vivia em solo brasileiro os desdobramentos do embate mundial. Passada a guerra o clube foi rebatizado com o nome de Iate Clube Brasileiro.

Em São Paulo e Porto Alegre também foram fundados clubes que favoreceram a prática da vela, tornando-a a principal modalidade responsável pelas medalhas olímpicas brasileiras.

Quadro 9 – Medalhista Brasileiros do Iatismo

Ano	Atletas	Modalidade	Medalha
1968	Reinaldo Conrad e Burkhard Cordes	Flying Dutchamnn	Bronze
1976	Reinaldo Conrad e Peter Ficker	Flying Dutchamnn	Bronze
1980	Alexandre Welter e Lars Björkström Eduardo Penido e Marcos Soares	Tornado 470	Ouro Ouro
1984	Torben Grael, Daniel Adler e Ronaldo Senfft	Soling	Prata

1988	Lars Grael e	Tornado	Bronze
	Clínio de Freitas		
	Torben Grael e	Star	Bronze
	Nelson Falcão		
1996	Torben Grael e	Star	Ouro
	Marcelo Ferreira		
	Robert Scheidt	Laser	Ouro
	Lars Grael e Kiko Pellicano	Tornado	Bronze
2000	Robert Scheidt	Laser	Prata
	Torben Grael e	Star	Bronze
	Marcelo Ferreira		
2004	Robert Scheidt	Laser	Ouro
	Torben Grael e	Star	Ouro
	Marcelo Ferreira		

Algumas modalidades olímpicas brasileiras foram edificadas sobre sobrenomes estrangeiros. Essa constância não é de se estranhar em se tratando o Brasil de um país multicultural e multiétnico. Em modalidades esportivas cuja tradição remonta países de outros continentes é bem compreensível que nomes de família, principalmente de origem germânica e nórdica, sejam grafados nos anais do esporte brasileiro. Esse é o caso do iatismo que juntamente com o atletismo é a modalidade olímpica que mais trouxe medalhas para o Brasil.

As medalhas olímpicas começaram a fazer parte da história do iatismo brasileiro a partir dos Jogos do México, em 1968, com Reinaldo Conrad e Burkhard Cordes. Mesmo possuindo aproximadamente 8 mil km de litoral e 200 mil milhas de mar territorial a primeira medalha olímpica do iatismo brasileiro tem sua história registrada a partir de uma represa, a Guarapiranga, em São Paulo.

Reinaldo Conrad marca a história do esporte brasileiro por vários motivos. Por ter participado pela primeira vez com 17 anos de uma edição dos Jogos Olímpicos; por ter trazido as duas primeiras medalhas olímpicas do iatismo para o Brasil (1968 – México; 1976 – Montreal); por ter participado de 5 edições dos Jogos Olímpicos, mas sobretudo por ter introduzido uma maneira diferente de velejar: com muita emoção, mas com planejamento detalhado e muita criatividade para minimizar a diferença que as equipes de países com maior desenvolvimento tecnológico tinham.

Para Reinaldo, a intimidade com o equipamento e com os sinais da natureza sempre foram condições fundamentais para uma boa performance e não podiam ser apenas aprendidas por via cognitiva. Natureza e cultura tramam-se de maneira indissociável tornando o barco uma extensão do atleta que pulsa no mesmo ritmo e intensidade que o coração de quem o comanda.

"É fundamental que o barco seja visto como uma extensão do nosso corpo. Quando entro em um barco não sinto que estou entrando em um veículo que irá me transportar. É como se eu estivesse vestindo uma camisa, uma extensão do meu corpo."

Diante de tal discurso é de se presumir um atleta movido a intuição e sensação. Entretanto o currículo de Reinaldo desmente de imediato essa suspeita. Aos 17 anos, um ano antes de sua primeira participação olímpica, Reinaldo ingressou no ITA – Instituto Tecnológico da Aeronáutica, uma das instituições de ensino superior de mais difícil ingresso... e saída. Sua opção pelo curso de engenharia aeronáutica tinha um objetivo claro:

"Eu queria aproveitar o saber prático, que vinha da vivência com a vela, com algo teórico, os princípios da aerodinâmica. Isso ainda me ajuda nessa procura de tirar o máximo de potência do vento."

A primeira experiência olímpica (Roma-1960) aos 17 anos deu a Reinaldo a dimensão do que era, de fato, o esporte mundial. Naquele momento de vida sua existência estava marcada pela vivência em um ambiente restrito e pela falta de infra-estrutura, considerada quase que natural na organização do esporte brasileiro.

A emoção vivida na chegada a Nápoles, onde as competições de vela ocorreriam e no contato com os adversários, era muito forte e hoje pode ser descrita como medo. Seu porte físico (1,80m, 80 quilos) o colocava em desvantagem frente a outros velejadores maiores que faziam uso do físico privilegiado para tirar velocidade do barco. A alternativa era utilizar a criatividade para superar a adversidade. E assim, ao receber a embarcação para a competição, Reinaldo utilizou um sistema de correias que o projetaria para fora do barco, compensando seu peso e estatura, dando balanceamento ao equipamento. Ainda que na atualidade esse sistema tenha sido introduzido em todos os barcos de competição tornando-se equipamento indispensável, no momento dos Jogos, em Nápoles, foi considerado irregular, e a vantagem possível foi perdida. Ainda assim foi o melhor resultado obtido pelo iatismo brasileiro até então: quinto lugar na contagem final e vitória em uma regata, fato também inédito.

> "No regulamento dos Jogos dizia que você podia fazer os ajustes que achasse adequados... Fiz uso de um sistema de correias que havia desenvolvido em torno de 1958... eu com 80 quilos simulava alguém de 90 e isso me tornava muito mais competitivo... Um dia antes da primeira regata os italianos tinham retirado do meu barco essas correias... No final das contas ele (o chefe da delegação) não me deixou fazer o protesto e eu acabei indo para as regatas sem utilizar o potencial total que eu tinha, que me prejudicou muito no vento forte."

Apesar das dificuldades e das adversidades que o retiraram dos Jogos de Tóquio, a preparação para o México começou com dois anos de antecedência, com treinamentos regulares nos finais de semana e, somando a isso, oito anos de experiência sobre aquela primeira participação.

Um rompimento nos ligamentos dos joelhos levou Reinaldo a mudar de categoria, indo para a Flying Dutchman, e passar a velejar com Burkhard Cordes. Para que a dupla brasileira conquistasse o bronze possível, uma vez que o ouro era da Inglaterra, a prata da Alemanha, era preciso vencer a última regata, superando os ingleses que até aquele instante não haviam perdido nada. Não bastasse isso, os australianos que vinham em terceiro teriam que ter um resultado pior que quarto. Contam os colegas que na noite anterior à competição Reinaldo confeccionou cartazes simulando o resultado do dia seguinte, colando em todas as portas do alojamento com o Brasil em primeiro, Inglaterra em segundo, Alemanha em terceiro, Austrália em quarto. Dia de competição. Barcos na raia, vento soprando e um objetivo a cumprir: buscar o resultado dos cartazes do alojamento. E assim, superando todas as expectativas, a dupla brasileira venceu os ingleses, invictos até então, e os temidos australianos ficaram em quarto lugar garantindo a primeira de várias medalhas olímpicas do iatismo brasileiro.

Ao decidir se preparar para os Jogos de Munique, Reinaldo Conrad e Burkhard Cordes retomaram o barco com que tinham competido no México e foram para um campeonato na Alemanha. Lá a dupla se deu conta de que naqueles três anos inúmeras evoluções haviam ocorrido, desde equipamentos de uso pessoal até velas e mastros para o barco imprimindo muito mais velocidade e condições de navegação do que há três anos. Decididos a competir constituíram um caixa, compraram um barco de última geração e foram a Munique para competir em condições de igualdade com americanos e europeus. Apesar de possuírem o barco mais veloz dos Jogos de 1972, a falta de intimidade com o equipamento talvez tenha contribuído para que em uma das regatas o barco capotasse comprometendo os demais resultados. Esse fato levou ao quarto lugar, na classificação geral e a certeza de que era necessário manter contato freqüente com o mundo da vela para acompanhar a evolução de equipes e equipamentos. O amadorismo começava a perder espaço para aqueles que se dedicavam exclusivamente da atividade esportiva.

"Nós éramos absolutamente amadores... Éramos velejadores de final de semana que gostava do que fazia, e por gostar, acabava fazendo de uma maneira competitiva e, portanto, quando ia para

Medalhistas olímpicos brasileiros: memórias, histórias e imaginário

a competição poderia chegar em primeiro. Agora, entre isso e ter toda uma infra-estrutura de apoio há uma longa distância."

E foi com esse mesmo espírito que começaram os preparativos para os Jogos de Montreal, em 1976. Acreditando na necessidade de aprimoramento do equipamento e da proximidade com aqueles que estavam obtendo bons resultados, Reinaldo desenvolveu um novo barco sem prescindir do antigo para o caso de alguma necessidade, se equipou com roupas, velas, cabos o que o fazia pensar que depois disso as diferenças estivessem equiparadas. Acreditava que com todas essas condições seria possível competir de igual para igual quando avistou um trailer totalmente branco bem ao lado da raia. Ao perguntar o que era aquilo, recebeu como resposta: "Aquele trailer é muito especial. É o equipamento da NASA que fornecerá a previsão do tempo para a equipe americana". Vale lembrar que naquele momento da história uma medalha a mais no cômputo geral podia representar vários pontos no campo da guerra fria. Equipes e Estado eram uma só unidade em busca da vitória, ainda que isso pudesse interferir no rendimento daqueles que não participassem dessa forma de disputa.

Com o objetivo de manter a competitividade equiparada a organização dos Jogos, por meio da Força Aérea Canadense, ofereceu um serviço semelhante a todas as equipes participantes da competição divulgando a previsão do tempo e do vento todos os dias. Sendo um bom engenheiro com formação cartesiana, acompanhado por um proeiro, Peter Ficker, não menos racional, não havia dúvidas de que aquelas informações eram precisas e confiáveis o suficiente para nortear todo o planejamento da competição. E assim obtiveram nas três primeiras regatas resultados nunca antes alcançados... as três últimas colocações.

> *"Eu falei para o Peter "não rasgou nada, não quebrou nada"... E aí partimos para um esquema bem brasileiro. Eu disse: "Daqui em diante tá aqui a minha previsão". E daí para a frente a gente ganhou um bocado de regatas".*

Apesar de carregar um último lugar e desprezando a previsão meteorológica canadense a dupla Reinaldo Conrad e Peter Ficker, fazendo uso dos recursos aprendidos e desenvolvidos em anos de vela nas águas da represa Guarapiranga, conquistou mais uma medalha de bronze, a segunda medalha brasileira na modalidade, e a certeza de que a evolução é possível e necessária para as vitórias e conquistas, e que os adversários também pensam assim, exigindo uma constante renovação e contato com as informações desse universo.

Esses fatos também o ajudaram a se certificar de que a racionalidade, quando equacionada com a criatividade, pode oferecer importantes soluções para diversas situações esportivas, profissionais, da vida como um todo.

Em Moscou, Reinaldo participaria dos quintos Jogos Olímpicos de sua vida com um novo parceiro, Manfred Kauffman, com quem não teria um bom desempenho, mas assistiria à ampliação do quadro de medalhistas do iatismo com a vitória de duas duplas brasileiras, ou quase.

Alexandre Welter, nascido brasileiro, filho de pai alemão e de mãe austríaca, e Lars Björkström, nascido sueco e naturalizado brasileiro, formaram uma dupla quando Alex desejoso de velejar em um barco multicasco, raro no Brasil, cuja velocidade era maior e exigia um domínio técnico mais elevado, foi surpreendido por um exemplar da classe Tornado no clube ao lado do seu em Santo Amaro que havia sido trazido da Europa por um sueco de nome Lars Björkström, que depois de se formar em engenharia civil em Estocolmo, resolveu acompanhar um grande amigo em uma aventura pelo continente americano. Era o ano de 1971. Fariam uma viagem de motocicleta da Califórnia até a América do Sul. E assim foi. Um ano depois chegaram a São Paulo onde decidiram procurar trabalho e refazer as economias para continuar a aventura. Nesse *intermezzo,* um tio na Suécia comprou um barco usado e resolveu enviá-lo de presente ao sobrinho por meio de um empresário que estava de mudança para o Brasil. E assim o primeiro barco Tornado da dupla Alex Welter e Lars Björkström começava sua jornada rumo a muitas competições e aventuras.

Imediatamente após ver o barco na represa, Alex anunciou a realização de um campeonato brasileiro de Tornado, no Rio de Janeiro que daria aos dois primeiros colocados o direito de uma viagem patrocinada pela Confederação Brasileira de Vela para disputar o Campeonato Mundial em Sydney. Chegaram em segundo e foram para a Austrália.

A partir desse momento foi possível ter contato e entrar para uma espécie de confraria que pairava sobre o mundo da vela. Apesar de adversários os diversos competidores nem de longe eram inimigos, e no mais nobre espírito olímpico se auxiliavam, emprestavam equipamento e esperavam pela presença do outro nas várias competições que seriam realizadas no futuro. O exemplo disso aconteceu no Rio de Janeiro quando a pessoa que havia importado os demais barcos participantes da regata, sensibilizado com o estado das velas de Alex e Lars, emprestou algumas outras usadas que tinha, e por pouco não viu seu próprio barco ficar em segundo lugar.

Em Sydney, começaram a despontar como esperança de bons resultados. Competindo com um barco alugado logo de início os papéis ficaram estabelecidos.

> (Lars) *"Depois de algumas voltinhas o Alex ficou no timão e eu no proeiro... O Alex era um timoneiro de primeira... Foi secretário da federação lá na Suécia. Era filiado da Sociedade Britânica de Pesquisas de Barcos Avançados, estudava um monte de coisas".*

O apoio familiar, mais uma vez, fazia toda a diferença. Contando com uma irmã na Suécia que oferecia um aporte logístico fundamental, Lars, em companhia de Alex, conseguia correr o circuito europeu e acumular experiência e títulos para enfrentar o grande desafio que eram os Jogos de 1980.

> *"Minha irmã (Lars) teve que fazer uma mudança pra ficar mais barato. Comprou um microônibus velho. A gente fazia camping com aquilo, botava o barco em cima e viajava pra Alemanha, pra Finlândia. Dormia dentro...".*

Nessa época Alex estava estabelecido na Alemanha por causa dos estudos e Lars já havia voltado para o Brasil. As competições européias eram o momento do encontro possível e da troca de informações e notícias sobre os últimos acontecimentos.

(Lars) *"A gente se encontrava nas regatas pra aquecer um pouco e depois o pré-olímpico. Duas regatas por ano..."*.

Em 1977 foram a Tallin, local onde as provas olímpicas de vela seriam realizadas, participar do primeiro pré-olímpico objetivando Moscou. Como sempre, a precariedade de instalações e de condições de treino e competições marcava mais uma passagem na história da dupla. O reconhecimento do lugar da competição ainda é condição imprescindível para uma competição de vela. Situação dos ventos, exploração das peculiaridades geográficas e apropriação do lugar e da cultura local são fatores que podem determinar a vantagem sobre as equipes adversárias. No caso da dupla brasileira foi um importante diferencial, pois quando retornaram em 1980 conseguiram manter a mesma base de apoio que haviam montado anos antes, inclusive os mesmos intérpretes e uma torcida inesperada.

(Lars) *"Ainda não tinha Vila Olímpica. Tudo estava em obras. A gente morava num hotel, espelunca. O barco ficava em Estocolmo, tomava uma balsa na Finlândia e depois tinha um transporte lá pra Tallin de umas quatro horas"*.

Os anos de 1978 e 1979 mostraram que a dupla brasileira estava no rumo certo. Depois de participar de várias regatas na Europa conseguiram um acerto para o barco que os fazia estar entre os primeiros colocados. A maior preocupação era o barco soviético. Além de ser um excelente equipamento a tripulação se sentia muito motivada (e também obrigada) a trazer a medalha. Estavam fortes também os alemães e começavam a despontar os americanos e os neozelandeses. Devido ao boicote esses últimos três ficaram de fora da disputa, tornando os soviéticos os maiores adversários e os brasileiros fortes concorrentes.

(Alex) *"Nós sabíamos que o russo era campeão mundial no ano da Olimpíada. Ele havia ganhado todos os pré-olímpicos anteriores e nós, acho que nunca tínhamos ganho uma regata dele. Ele era imbatível... vamos tentar fazer o melhor possível e talvez beliscar uma medalha de bronze".*

Diante dos maus resultados obtidos durante a regata de aquecimento resolveram, alterar todo o acerto do barco.

(Lars) *"A noite a gente desmontou tudo e voltou para o mastro da Itália...* (Alex) *pra nossa regulagem antiga, do europeu...* (Lars) *Tava tudo anotado no caderninho...* (Alex) A *gente era organizado, tinha tudo escrito".*

Começada a competição era hora de ver se as mudanças estavam no caminho certo. Nas quatro primeiras regatas ótimas colocações entre os três primeiros lugares e dois dias para descanso. O principal adversário havia sucumbido à pressão da torcida e da mídia e ostentava a quinta colocação. Alex e Lars enfatizam que os atletas soviéticos eram russos de Moscou, e lembram que a prova de vela acontecia na Estônia, região anexada após a Revolução Soviética, logo não é possível afirmar que havia uma grande torcida a favor do time da casa...

Apesar das expectativas de reação a segunda metade da competição seguiu a lógica da primeira levando a dupla brasileira a conquistar a primeira colocação a uma regata da final, conquistando a medalha de ouro por antecipação.

"(Lars) Na sexta regata, eram sete, a gente nem conversava. Acho que faltava alguns metros pra cruzar a linha, eu fiz um comentário e o Alex falou 'cala a boca'... imagina poderia cair o mastro. (Alex) A *gente só ganha quando cruza a linha. Tem muita superstição. Fator sorte e azar".*

Era a quarta medalha de ouro olímpica brasileira. Primeira de outras várias que o iatismo ainda conquistaria, e apesar do título antecipado a dupla de velejadores apresentaria uma verdadeira manifestação de *fair-play*.

"(Lars) *A gente ainda velejou no último dia. Não seria legal contra o russo que precisava ganhar da gente e nós precisamos ficar na frente dos suecos. Seria chato dizer que a gente não ia participar.* (Alex) *A última regata o russo ganhou.* (Lars) *Mas não foi suficiente para o russo ganhar a medalha. O sueco levou o bronze"*.

Um detalhe pitoresco. O nome do barco da dupla brasileira era Jacaré e o nome da única revista de crítica admitida na União Soviética era Crocodilo. Depois de explicarem que jacaré é um crocodilo brasileiro passaram a contar com a simpatia da imprensa e da comunidade local.

"*Todo dia eles perguntavam "hoje o jacaré pota pof hum..." E eu respondia 'Claro!' Eles ficavam tão felizes quando a gente ganhava do russo"*.

Apesar de conseguir a nacionalidade brasileira no ano anterior a condição de cidadão brasileiro de Lars não era muito bem vista em sua terra natal. Conforme lembra, no dia posterior ao título a manchete de um jornal sueco estampava: "Sueco ganhou uma medalha. Subiu bandeira brasileira."

Na volta ao Brasil, Alex chegou antes de Lars, que foi até a Suécia. Ao chegar, recebeu as honras devidas aos grandes realizadores: desfile em carro de corpo de bombeiros, família, amigos, homenagens e um grande mistério: quem eram aqueles dois brasileiros de nomes esquisitos que tinham conquistado a medalha de ouro. A família de Alex não estava no Brasil, e a irmã de Lars tinha uma foto dos dois velejando em um lago na Suécia. Aquelas imagens seriam suficientes para identificar os atletas e atestar que de fato eram brasileiros?

Depois da festa, das homenagens e dos primeiros sinais de profissionalização do esporte um lembrete ao pé do ouvido de Lars feito pelo então presidente do Comitê Olímpico Brasileiro, major Sylvio Magalhães Padilha...

"Lembro que eu voltei de ponte aérea um dia com ele que falou "toma cuidado senão você perde a medalha". Não podia receber um tostão, não podia fazer propaganda, nada disso".

O planejamento para participar dos Jogos de Los Angeles foi alterado pelas circunstâncias da vida. As demandas da família, dos filhos e do trabalho eram muitas, mas ainda assim foi possível montar o Jacaré II. Foram ao pré-olímpico de Los Angeles, ao europeu do ano seguinte na Itália e ao mundial de Melbourne, na Austrália onde decidiram terminar a carreira competitiva.

Desfeita a dupla, Alex Welter ainda tentou encontrar um outro parceiro para continuar competindo na Classe Tornado, mas diante da dificuldade de iniciar um "novo casamento", optou por mudar de Classe e até os dias atuais compete na Star.

Na mesma baía de Tallin, outra dupla brasileira também brilharia em 1980: Marco Soares e Eduardo Penido, os meninos do Rio, como eram chamados, surpreenderam os brasileiros e a comunidade internacional ao vencerem na classe 470.

Marco conta que seu sonho olímpico começou a ser construído em função dos feitos de um outro brasileiro.

"Eu velejei só um ano de Pingüim, foi em 76, ano de Olimpíada... foi o ano em que o Reinaldo Conrad ganhou uma medalha olímpica. Eu lembro disso, achei fantástico...".

Depois de encerrado o campeonato da Classe Pingüim daquele ano, transferiu-se para a 470, uma classe olímpica, considerada muito difícil para os iniciantes, mas que lhe daria a oportunidade de chegar aos próximos Jogos Olímpicos.

Nessa época o esporte vivia os momentos derradeiros do amadorismo. Muitos atletas e equipes já contavam com apoio financeiro em forma de contratos de trabalho ou patrocínios, mas para a realidade brasileira isso ainda era uma realização distante. No caso do iatismo o amadorismo dos atletas, e da estrutura que os cercava, era total. A ajuda da família era fundamental para que as primeiras barreiras pudessem ser transpostas, mas não era suficiente para manter um ritmo de treinamentos e competições, principalmente no exterior, que proporcionam a experiência necessária para enfrentar os adversários mais fortes de igual para igual.

> "O esquema na época era muito amador. Nós tínhamos bastante tempo para nos dedicar, quer dizer, a vontade era velejar o dia inteiro, mas tinha o problema do colégio. Por outro lado era muito difícil ter um apoio. Meu pai me ajudou no primeiro barco, mas depois ele podia me dar suporte para correr fora, disputar..."

Diante da impossibilidade de ir para o exterior, a saída era ficar no país e explorar ao máximo o que as condições brasileiras tinham para oferecer. Entende-se por condições a premiação dos melhores colocados em campeonatos brasileiros com viagens para provas internacionais, respeitando as limitações financeiras que a entidade via, ou seja, assegurada a passagem e uma pequena ajuda de custo, a sobrevivência no exterior ficava por conta dos destemidos atletas que se aventuravam a enfrentar as competições.

> "O que eu comia de hambúrguer, cachorro quente... até namorar filha de dono de pizzaria pra comer um pouquinho melhor a gente fez".

Mas as dificuldades não se restringiam às questões básicas de sobrevivência. Havia a quase impossibilidade de transportar os barcos utilizados no Brasil para as provas européias e norte-americanas. Para as provas mais importantes, aquilo que parecia ser a resolução

Medalhistas olímpicos brasileiros: memórias, histórias e imaginário

de um problema configurava-se como um transtorno ainda maior, como foi a preparação para os Jogos Olímpicos. Enviado de navio para a Europa, o barco demorou quase quatro meses para chegar a seu destino, comprometendo todo um período de treinamento, fazendo com que os iatistas permanecessem em terra.

> *"A gente não tinha dois barcos, como acontece hoje, um na Europa e outro no Brasil... Ou a gente corria com barco emprestado ou com barco alugado, quando tinha verba para isso. Foi difícil. A gente competia com países que tinham suporte".*

Sem a possibilidade de contar com o apoio familiar por muito mais tempo a alternativa era começar a trabalhar para financiar sua escolha. Dessa forma, Marco começou a se envolver com a construção e comercialização de equipamentos para barcos, negócio que mantém até hoje.

Mas o objetivo era chegar aos Jogos de Moscou. Apesar da preparação realizada antes dessa competição, os representantes brasileiros da Classe 470 chegaram para a disputa distante na lista dos preferidos ao título e desprezados pela imprensa. Contribuíram para isso o fato de serem atletas muito novos (Marco tinha apenas 19 anos) e conseqüentemente, com pouca experiência, e, além disso, tinham raras participações em eventos internacionais e, portanto, escassos resultados reconhecidos pelos adversários. Era a condição ideal para começar uma prova tão importante sem a responsabilidade de vencer a qualquer custo.

Logo nas primeiras regatas a dupla brasileira venceu sem qualquer problema, deixando os demais adversários muito atrás, gerando uma imensa curiosidade naqueles que acompanhavam as provas. Após alguns dias, a soma dos resultados dava a eles a vantagem de disputar a final precisando apenas de um sexto lugar.

> *"A gente sabia que tinha chances. Nós tínhamos velocidade e podíamos ganhar... Fomos bem concentrados, sem peso nenhum, sem responsabilidade nenhuma... Para a última regata, para*

226

perder da Alemanha Oriental nós tínhamos que ficar depois de sexto, mas era pouco provável".

E mais uma vez a probabilidade mostrou ser do âmbito da matemática. Tentando uma tática arrojada em que buscaram acossar o barco alemão logo na saída os iatistas brasileiros viram seus planos se desorganizarem e cruzaram a primeira bóia tendo os alemães em primeiro e eles próprios para além do décimo lugar. Apesar da surpresa inicial foram em busca das posições perdidas e pouco a pouco conseguiram chegar no sexto lugar desejado. Correndo sozinho pelo lado oposto da raia vinha o barco finlandês, que só conquistaria a medalha se chegasse na primeira colocação. Parecia improvável que um barco saindo das últimas colocações pudesse brigar pelos primeiros lugares, mas para ele nenhum outro resultado valeria. Diante da impossibilidade de controle daquela prova, Marco e Eduardo viram sua chance de conquistar a medalha se perder nas águas da baía de Tallin.

"A gente fez uma regata de recuperação e conseguimos passar todo mundo. Só que ele chegou e conseguiu passar o da Alemanha Oriental na linha de chegada, e o alemão não ganhou. Quando a gente cruzou não sabia se eles tinham passado ou não e a gente achou que tinha perdido... Foi uma regata muito interessante... coisa que você lembra e guarda pra vida toda".

Medalha de ouro, pódio com hino e bandeira brasileira e a sensação de um sonho realizado.

Marco, assim como outros atletas de sua época, faz questão de lembrar de uma pessoa que contribuiu muito para o esporte naquele momento, que resultou em um trabalho de base para a geração futura. Antonio de Almeida Braga e a Atlântica Boavista por algum tempo patrocinaram uma equipe de vela, mas diante das dificuldades de se formalizar um contrato e de utilizar a imagem dos atletas associados à empresa o projeto não teve continuidade.

Esse foi um dos fatores que levou Marco a não acreditar na profissionalização e a investir em sua carreira profissional ainda com barcos, mas agora em terra, em seu escritório. Mas, nenhum iatista brasileiro teve mais medalhas olímpicas do que Torben Grael. Neto e sobrinho de velejadores de nível internacional, Torben iniciou no iatismo ainda muito jovem e tornou a modalidade sua opção de vida, sendo um dos primeiros atletas a se profissionalizar.

Aos sete anos, ao perceber o interesse do neto pela arte de velejar, o avô ofereceu como presente de Natal o primeiro barco. Independentemente do local de residência, Niterói seria a referência definitiva para a opção de vida de Torben. Quando chegou o momento de se preparar para o vestibular escolheu Universidade Federal Fluminense, em Niterói, e começou a velejar como tripulante com os tios Axel e Erik Schmidt, campeões panamericanos e mundiais.

"Eles ainda estava bastante ativos e depois foram parando, mas corri campeonatos mundiais com um e com outro e aprendi muito com eles. Pouquinho depois comecei a ir bem nas regatas".

Da companhia dos tios para a do irmão. Durante um tempo os irmãos Torben e Lars Grael chegaram a competir juntos.

"Acho que o primeiro brasileiro que nós corremos ele tinha 14 anos".

No Rio de Janeiro encontrou o ambiente propício para se desenvolver na modalidade. Diante do grande número de competições e competidores era possível ampliar os conhecimentos e estar próximo dos melhores atletas. Começou a velejar em várias classes. Passou pela Laser, pela Snipe, foi tripulante do tio Axel na Soling, e do também do tio Erik na Star, e quando alguém convidava para uma regata de oceano também era presença confirmada.

Apesar de correr na classe Soling com o tio Axel no leme até 1979, Torben se viu sem o companheiro no ano 1980 quando então resolveu se dedicar mais aos negócios e à família. Depois disso partiu em busca de novos parceiros. E assim, refeito, o time venceu o campeonato brasileiro de 1981 e o campeonato norte-americano. Em 82 participou do pré-olímpico e juntamente com Daniel Adler e Ronaldo Senfft conquistaram o título nos Jogos Pan-americanos de 1983 assegurando a classificação para os Jogos Olímpicos de Los Angeles no ano seguinte.

Logo na primeira experiência olímpica uma medalha de prata e a certeza de que uma carreira promissora estava se consolidando. Em 1985 o trio mostrou que a medalha não havia sido ganha por acaso ao conquistar o vice-campeonato mundial, fato que não se repetiu no ano seguinte, em 1986. Em 1987, motivado pelas dificuldades de manter o nível de treinamento e a equipe de três tripulantes do Soling, ouviu a sugestão de Daniel Adler, que permaneceria na Soling, e aceitou os conselhos e o barco para começar a competir na classe Star.

Fazendo dupla com Nelson Falcão foi obrigado, por causa de mudanças repentinas, a fazer uma campanha relâmpago devido ao pouco tempo que tinham para preparar o equipamento e conseguir os recursos necessários para isso.

"A gente foi medalha de bronze em Seul e não ganhamos o ouro porque demos muito azar. A gente teve uma quebra na sexta regata que acabou custando o ouro".

Na volta de Seul uma nova mudança. Tendo que se dedicar mais aos negócios Nelson Falcão saiu da dupla cedendo o lugar a Marcelo Ferreira, parceria que dura até os dias atuais.

"Fizemos uma parceria que foi uma das mais duradouras da vela. Estamos juntos até hoje. Marcelo é um proeiro excepcional, uma garra fantástica e um companheiro muito bom... com bom astral, está sempre rindo, muito alegre. Começamos a velejar em 89 e estamos juntos até hoje".

Torben faz questão de frisar a importância que o apoio dos pais e de alguns colaboradores teve sobre sua carreira. Começa pelos pais, que numa atitude visionária souberam equacionar atividade esportiva e escolar, mesmo sabendo da dificuldade que é para um grande atleta ser um bom aluno. Souberam lidar com isso o acreditar no talento esportivo do filho. Destaca também o apoio do pai de Daniel Adler durante a campanha de Los Angeles, que cobriu quase todos os custos do barco e finalmente, já no final da preparação para os Jogos de 1984 o patrocínio em forma de ajuda, que devia se chamar doação, da Xerox, que permaneceu depois ao longo da campanha de Seul, na classe Star. Eram tempos de amadorismo e qualquer dinheiro recebido e não explicado poderia ser interpretado como profissionalismo. Torben faz questão de explicar que conseguir recursos naquela época não era tarefa muito fácil e assim permanece até os dias de hoje, principalmente para quem está no início da carreira.

"Hoje você consegue patrocínio, mas também quando você está começando não é fácil ter o patrocínio. É uma coisa muito fácil depois que você tem muito resultado, mas também para você conseguir resultado sem patrocínio é difícil. São coisas dependentes".

Os tempos dos Jogos de Barcelona já eram outros. A vela de uma forma geral já contava com vários patrocinadores, e a do Brasil, especificamente, conseguiu apoio do Banco do Brasil, mas já nos meses finais da preparação. Para poder bancar o sonho olímpico na classe Star, Torben começou a competir na Vela de Oceano na Europa. Compromisso assumido essa decisão representava dedicação a um calendário extenso que o ocupava não por vários meses, mas por alguns anos. Isso significava menos tempo para se preparar para os Jogos Olímpicos. Resultado: chegou a Barcelona três dias antes de começarem os Jogos.

Para participar de uma prova de iatismo é preciso conhecimento e familiaridade com as condições do local da prova e com o equipamento que será utilizado para poder ser percebido em suas nuances no momento da competição. Bastou um primeiro contato para ver que havia muitos problemas com o barco, sérios problemas.

Katia Rubio

"A gente chegou lá e tava muito lento, tava com o equipamento errado... Velejamos bem no comecinho, mesmo sem ter velocidade, mas quando o negócio começou a apertar não deu pra segurar e a gente acabou ficando em décimo primeiro".

Aprendida a lição e incorporada a experiência a próxima campanha seria preparada de maneira diferente. Contando com novo patrocínio foi possível planejar a participação em Atlanta com o cuidado que a competição merecia. Equipamentos e atletas aprumados foram vice-campeões mundiais em 1985 e se dedicaram a repetir de maneira melhorada essa performance. A dupla chegou a Atlanta como favorita e não desapontou aqueles que apostaram nesse resultado. Conquistaram a medalha de ouro, superando suecos, austríacos e outras vinte e duas duplas que participaram da competição.

Torben inscrevia seu nome entre os grandes atletas olímpicos do mundo e um dos maiores do Brasil.

Apesar desse currículo as influências da dinâmica da política e da economia, que não se descolam do esporte, se fizeram sentir sobre a atuação da dupla de iatistas. Dois episódios quebraram o ritmo de trabalho de ambos. O primeiro deles foi a promulgação de uma lei que proibia fabricantes de bebidas alcoólica de se envolverem ou patrocinarem manifestações olímpicas. Sem entrar no mérito da proibição, a falta de uma política clara de gestão esportiva levava patrocinadores e atletas a viverem uma eterna insegurança com relação ao futuro. Não bastasse isso, por razões que os próximos promotores dos Jogos Olímpicos (os australianos) conheciam bem, o que não significava que os demais participantes concordassem, a classe Star, na qual a medalha de ouro havia sido conquistada, foi abolida dos Jogos. Diante do choque, a paralisia.

"Foi uma briga política grande. Acabou voltando, mas voltou dois anos depois, em 98. Nesse período a gente parou, porque ficou sem patrocínio. A classe olímpica que a gente competia não existia mais. Eu não tinha vontade de voltar pro Soling, então nós ficamos assim".

Em 1997, Torben recebeu o convite para correr a Copa América, a competição esportiva mais antiga em disputa no mundo e o troféu de maior prestígio da vela internacional, que seria realizada no ano de 2000 na Nova Zelândia. Como a equipe de Torben era italiana, isso demandava três anos de treinamento na Itália. E mais uma vez, diante das exigências dessa competição a preparação para os Jogos de Sydney ficou em segundo plano.

> *"Nós acabamos a Copa América em março de 2000 e aí sobrou seis meses para chegar a Sydney... A eliminatória olímpica foi uma semana depois da última regata da Copa América... Foi uma experiência excelente para mim, ganhar o Louis Vuitton, disputar a Copa América... Mas para a nossa campanha de Sydney nós perdemos o ritmo completamente".*

Ainda assim a competição correu muito favorável para a dupla brasileira até o último dia de prova. A baía de Sydney era um lugar de ventos fracos o que permitia ter um bom controle dos equipamentos e dos adversários.

> *"Saímos escapado no último dia e acabamos ficando em terceiro. Acho que se a gente tivesse um pouquinho mais de tempo para treinar a gente poderia ter ido muito bem em Sydney. As condições eram boas pra gente, só faltava treino, faltava ritmo. A gente não estava à vontade no barco".*

Torben continua sua campanha e volta a disputar mais uma edição dos Jogos Olímpicos. Além disso, participa de um projeto social que busca envolver a comunidade de Niterói com a vela, seja como atleta ou como profissional das muitas atividades que se relacionam com a modalidade. Demonstra que olhar para o horizonte e ver muitas possibilidades não é prerrogativa apenas de velejadores. O esporte, a família, o social ou os companheiros, ninguém foi esquecido na construção daquilo que Torben é no presente. E diante da indignação daqueles que duvidavam da possibilidade dele vir a ser um profissional da vela afirma.

> *"Eu acabei vivendo de vento".*

Outro membro da família Grael participaria da história do iatismo no Brasil. Lars foi também durante a infância envolvido pelo incentivo do avô e dos tios, todos velejadores. E assim aprendeu os primeiros segredos de cabos, velas, ventos e marés, juntamente com os irmãos Axel e Torben. A referência dos tios maternos exercia grande influência e encantamento sobre aqueles meninos. Campeões olímpicos, mundiais e de regatas de oceano, os tios gêmeos Axel e Erik Schmidt após torneios, campeonatos e aventuras chegavam em casa, dependendo da façanha, em carro do corpo de bombeiros e contavam às crianças da família e interessados as inúmeras aventuras vividas. Distante das páginas dos livros de aventuras e próximo do dia a dia de seus sobrinhos foi possível aprender muito cedo que a diferença entre aventura e sonho residia no planejamento e na seriedade com que esse projeto era conduzido.

"A prática da vela já tava um pouco na veia... Desde pequeno eu já entrava no barco como passageiro, mais tarde como tripulante e quando eu fui morar em Niterói vindo de Brasília ali eu tive a determinação que eu queria viver um sonho olímpico".

O início da carreira foi ao lado do irmão mais velho Torben, campeão na época da classe Snipe, e já reconhecido como um grande velejador. Problemas de saúde com um tripulante fizeram-no sair a procura de um substituto. Comandante exigente era visto pelo irmão mais novo como o ideal de atleta e nutria um grande desejo de ser seu tripulante, o que era refutado com certa veemência.

"Ele testava e tava numa fase com maus resultados. Cheguei pra ele e falei: 'Você não quer dar uma chance de eu ser seu tripulante?' Como a gente brigava em casa e eu não tinha a experiência de velejar... 'Nem pensar. Você é muito novo, você é muito leve'. Então descartou a possibilidade".

Uma das heranças paternas de Lars era a paixão pelo esporte e pela política. E já nesse momento começou a fazer um exercício que mais tarde seria uma de suas vocações.

Medalhistas olímpicos brasileiros: memórias, histórias e imaginário

"Aí eu fiz um lobby *com meu pai. Eu disse: "Fala com o Torben pra ver se ele me dá uma chance". Até o dia que faltou um tripulante e ele falou: "Vamos velejar". A gente ganhou aquela regata e ele viu que dava certo a dupla. Ali foi um divisor de águas, porque se ele não tivesse me dado a oportunidade eu teria tomado um outro caminho".*

Com o irmão, Lars chegou a ser campeão brasileiro em 1980 e 1981, terceiro colocado no mundial de 1981 e campeão mundial em 1983. A participação nos Jogos Olímpicos de Los Angeles como dupla estava condicionada a outros fatores. Apesar da insistência em competir na mesma classe, os tipos físicos de Lars e Torben eram diferentes, o que prejudicava o bom desempenho do barco. Certa vez, Lars teve que engordar três quilos para poder estar no peso ideal para uma competição.

Outro fator determinante era a falta de recursos financeiros para chegar a uma preparação adequada. Era preciso buscar uma associação com quem dispusesse de recursos para aquisição do equipamento necessário. Desfeita a dupla, cada um foi em busca de um novo parceiro que pudesse ocupar aquela lacuna vazia.

Lars foi para a classe Tornado, composta por barcos de muita velocidade, com dois cascos, que tinha como campeões olímpicos nada menos que uma dupla brasileira. Torben foi para a classe Soling e depois para a Star.

"Surpreendi porque parecia que meu sonho olímpico era muito distante, porque na minha classe, a Tornado, eu tinha ninguém menos que os atuais campeões olímpicos a dupla Alex Welter e Lars Björkstön. Parecia quase impossível vencer... Conseguimos vencer a eliminatória para Los Angeles, no critério desempate".

Se para as outras modalidades esportivas conseguir apoio financeiro não era fácil, na vela isso parecia ainda mais difícil. Apesar da tradição familiar e da paixão pela vela a família Grael não tinha um dos quesitos que a classificava como naturalmente da modalidade: ser da elite. Essa condição as vezes colocava em risco a realização de alguns sonhos como Los Angeles e mais a tarde Seul.

Katia Rubio

"A vela era um esporte de elite... dos empresários europeus que investiam naquilo e eu, como filho de funcionário público, tinha dificuldades de conviver, porque não tinha dinheiro pra comprar vela, pra comprar barco, tinha que compor com tripulantes que tinham dinheiro... A gente foi a primeira geração que lutou por patrocínio".

Em companhia de Glenn Haims, Lars Grael conseguiu a façanha de enviar o barco para os Estados Unidos e participar daquela edição dos Jogos Olímpicos sem qualquer patrocinador.

"Com apenas 20 anos de idade cheguei a uma Olimpíada, sem patrocínio, sem apoio, sem o material adequado, mais ainda assim o sétimo lugar teve gosto de vitória".

Aquela experiência seria a primeira de várias outras que estavam por vir. Disputar a classificação e buscar apoio financeiro seria uma constante na vida de Lars. E talvez mais difícil do que conseguir estar entre os melhores do mundo fosse chegar a disputar essa condição. Assim foi em Seul. Depois de muitas tentativas frustradas de patrocínio, Lars anunciou sua desistência da competição. Não seria possível novamente ir aos Jogos Olímpicos sem uma infra-estrutura mínima. Seu parceiro nessa oportunidade seria Clínio de Freitas.

"Seul nós vivemos a falta absoluta de apoio até a reta final quando um sonhador, que viu a realização de seu sonho na gente, Nicolas Macai, um industrial da Peróxidos do Brasil... lendo no jornal a minha desistência em participar da Olimpíada entrou com um patrocínio quase milagroso pra gente, que permitiu um sprint final na campanha".

As regatas dos Jogos de Seul foram realizadas em Pusan, raia de ventos fortes, condições antecipadas pela dupla brasileira que preparada para isso chegou a um resultado surpreendente diante da campanha realizada.

"Apesar de algumas dificuldades durante os Jogos Olímpicos, a medalha de bronze foi a consagração de anos difíceis".

235

A medalha parecia assegurar um futuro mais tranqüilo, mas ela serviu mesmo foi como um grande presente ao senhor Dickison Grael, pai de Lars e Torben, que pôde assistir ainda em vida a consagração olímpica de seus dois filhos em uma mesma edição dos Jogos.

"Nós vivemos uns três, quatro meses de um sucesso aparente, mas mais uma vez depois você era aquele vagabundo que ousava viver do vento, que abdicava de estudo, de trabalho, de família para viver um sonho".

Depois de duas experiências olímpicas, várias lições haviam sido aprendidas em um momento da história em que o esporte passava por transformações radicais. O amadorismo era parte integrante do passado e a sobrevivência entre os postulantes à vitória dependia de uma estrutura altamente profissionalizada.

"Fomos chamados de mercenários porque estávamos poluindo as velas brancas colocando a marca de uma empresa. Hoje não se vê a vela sem a figura do patrocinador".

Mesmo sabendo que essa condição seria a garantia de bons resultados, Lars viveu novamente a superação das dificuldades materiais para poder chegar a Barcelona. Faltando apenas um ano para os Jogos o mesmo empresário que o havia apoiado em 1988 voltou a patrociná-lo.

"Nós tivemos então condições de uma boa preparação. Chegamos a vice-liderança do ranking mundial... mas os ventos fracos daquela semana derrubaram o favoritismo de muitas classes".

Uma medalha olímpica é sempre apontada como a conjunção de muitos fatores tanto de ordem técnica, como pessoal, do instante e, porque não dizer também, de sorte. Daí tanta expectativa e honra por poder obter essa marca. Qualquer imprevisto nos dias da competição pode comprometer o trabalho de vários anos.

"*Eu tinha uma hérnia de disco na cervical e aquilo então... foi uma junção de fatores negativos. O oitavo lugar em Barcelona, embora tenha sido o melhor resultado do Brasil na Vela, teve um gosto de derrota bastante amargo*".

Depois de vários anos competindo pela classe Tornado e em função dos resultados alcançados, Lars decidiu mudar para a classe Soling. Chegou a campeão brasileiro em 1993, mas, apesar de já ter se adaptado ao novo barco, os custos mais elevados para se manter na classe e a pressão da Confederação Brasileira o fizeram retornar ao Tornado a treze meses dos Jogos Olímpicos de Atlanta.

"Eu não tinha deixado sucessor. Então eu fiz uma campanha relâmpago, nessa vez com o Kiko Pellicano, de Niterói, que é meu cunhado, irmão da Renata, minha esposa... Fizemos 14 campeonatos em 13 meses tentando recuperar o tempo perdido, afinal eu tinha ficado quase três anos sem velejar na classe Tornado".

Os resultados iniciais foram desanimadores, principalmente para quem estava acostumado com vitórias. O esforço e a determinação em buscar o ideal um dia conquistado levou a ambos a perseverar. Em Atlanta, mais uma vez surpreenderiam.

"Fomos num crescente. Culminou com a medalha de bronze em Atlanta, que foi para mim uma consagração, dado ao tempo que fiquei inativo na classe e foi a medalha que deu ao Brasil o diferencial para ser o vencedor no quadro de medalhas nos Jogos Olímpicos de Atlanta na Vela".

A preparação para Sydney já estava planejada e em andamento quando um acidente mudou completamente os rumos da carreira e da vida de Lars Grael. Durante um campeonato realizado em Vitória, no Espírito Santo, uma lancha invadiu a área destinada aos competidores e colidiu com o barco de Lars, lançando-o ao mar, decepando-lhe a perna e causando-lhe outros ferimentos graves.

Foram muitos dias em unidade de terapia intensiva e depois semi-intensiva para que Lars hoje pudesse estar vivo. Nesse ínterim, a necessidade de conviver com a dor, com a superação dos ferimentos, e suas seqüelas, e a adaptação às circunstâncias que sua nova condição física lhe impuseram fizeram com que Lars reorientasse seus objetivos.

Recuperado do acidente, Lars assumiu a diretoria de Programas Especiais do INDESP, órgão do então Ministério do Esporte e Cultura, Secretaria Nacional do Esporte, no governo Fernando Henrique Cardoso e depois a Secretaria do Esporte e da Juventude do governo do estado de São Paulo, na gestão do governador Geraldo Alckimin, desempenhando sua porção política, herdada e aprendida com seu pai.

Quatro meses após o acidente, ainda se recuperando dos remédios e se adaptando às muletas, a vela parecia um sonho distante quando seu irmão Torben resolveu lhe fazer um presente. Doou-lhe um veleiro de madeira de uma classe participante dos Jogos Olímpicos de Roma em 1960. Não era um barco considerado competitivo e foi colocado na água para participar de uma regata comemorativa em homenagem ao avô Preben Schmidt.

"Em homenagem a nosso avô eu fui velejar pela primeira vez após o acidente. Aquele dia foi quase que uma homenagem. A quantidade de veleiros que saíram para acompanhar a regata era muito grande. Lanchas com amigos, parentes, irmãos todos me vendo velejar naquele barco de madeira velho. A Renata, minha esposa, o Colin Gomm e o Robert Swan, dois amigos do meu clube de Niterói, fomos correr a regata. Acho que o deus Eolo me ajudou. Tudo deu certo naquele dia e nós vencemos a regata na nossa modalidade. Tivemos um desempenho acima do normal com aquele velho barco dos anos 30. Aquela regata foi realmente uma homenagem da vela para mim".

Tanto era possível, que Lars foi a Sydney como coordenador técnico da equipe de vela e acabou auxiliando na preparação de seu irmão Torben.

Katia Rubio

"Peguei o segundo barco para servir de sparring *e comparar velocidade, raia, o que foi fundamental para me convencer a voltar à vela olímpica na classe Star... No treino da Olimpíada de Sydney eu senti que eu tinha chances de competir contra eles".*

A segurança observada naquela ocasião e a certeza de sua ligação com a vela fizeram Lars retomar suas atividades esportivas com o empenho de então. E as competições se tornaram inevitáveis.

"Aí voltei a velejar, tanto que no ano passado, na semana pré-olímpica de vela de Brasília eu surpreendi até a mim mesmo, vencendo o campeonato, ganhando do próprio Torben, que é o número dois do ranking do mundo hoje, medalhista olímpico cinco vezes. Foi gratificante saber que ainda poderia ser competitivo".

As realizações de Lars e Torben Grael permanecem abertas para novos capítulos na história olímpica brasileira.

Enquanto isso, na classe Laser, Robert Scheidt despontava como um digno representante da nova geração de iatistas.

Paulista, filho de uma família de amantes do esporte, começou desde muito cedo a praticar várias modalidades esportivas, tomando contato com o iatismo, aos cinco anos, quando seu pai o levou para velejar na represa Guarapiranga, no Yatch Club Santo Amaro. Berço e casa de outros velejadores olímpicos começou a aprender desde cedo sobre ventos e barcos junto com o pai em um *Day-Sailer*.

"Comecei a pegar gosto pelo vento, pela represa e pela prática da vela... Minha carreira começou de forma bem gradual, bem recreativa. No início não teve nenhum tipo de cobrança, nem sabia que um dia chegaria a ser campeão na vela".

A carreira solo teria início aos nove anos, quando ganhou seu primeiro barco, um Optimist, próprio para crianças entre oito e quatorze anos. Aos 13 anos, grande demais para seu barco, foi obrigado a mudar de categoria passando a competir pela Snipe. Nessa nova categoria ganhou novamente a companhia de seu pai, e depois do irmão. Era

239

Medalhistas olímpicos brasileiros: memórias, histórias e imaginário

preciso esperar o tempo e as transformações decorrentes dele para se firmar na categoria que o revelaria para o mundo: a Laser.

Os títulos começaram cedo. Em seu primeiro ano na Classe Laser foi classificado para sua primeira competição no exterior, o Campeonato Mundial da Juventude, e depois foi quinto colocado no Campeonato Mundial na Holanda, que representou para Robert o ponto de mutação em sua carreira.

> *"Foi um campeonato que me abriu os olhos para o mundo internacional da vela, para as grandes competições. No ano seguinte eu voltei a competir nesse campeonato mundial, e ganhei".*

As competições e os títulos tornaram-se cada vez mais freqüentes na vida de Robert. Apesar do profissionalismo com que enfrentou a vida esportiva, era a família que arcava com as despesas e as necessidades de sua carreira. A partir de 1993, Robert passou a treinar e competir na Europa com freqüência o que lhe garantiu proximidade com os principais adversários e o conhecimento das condições das principais raias do mundo.

Apesar dos muitos outros campeonatos dos quais participou nesse período foi apenas em 1995 que Scheidt disputou um torneio na condição de representante do país. Foi durante os Jogos Panamericanos de Mar del Plata, na Argentina.

> *"Foi a primeira vez que eu defendi o Brasil, as cores do Brasil, viajei com uma delegação, senti o clima do que era uma grande competição pelo país... Foi uma primeira grande consagração com título, uma medalha de ouro no Pan-americano... Naquele mesmo ano eu vim a ganhar o título mundial adulto na Classe Laser, com 22 anos".*

Era o primeiro de vários títulos mundiais e também a chegada, esperada e desejada, do primeiro patrocínio.

> *"Até então era apoiado apenas pela Federação, pelo meu clube que é o Yatch Club de Santo Amaro e, principalmente, pelo meu pai".*

Katia Rubio

Nesse mesmo ano também começariam os preparativos para o pré-olímpico que decidiria sobre a vaga para os Jogos Olímpicos de Atlanta. Robert tinha um forte adversário em território brasileiro, o carioca Peter Tancheidt, campeão mundial de Laser em 1991 e sete anos mais velho. Robert e Peter estavam entre os cinco melhores atletas do mundo e disputavam a vaga para os Jogos e a possibilidade de conquistar uma medalha. Esse campeonato ocorreria no Rio de Janeiro, casa de Peter, e uma ótima oportunidade para Robert começar a se acostumar com aquilo que seria uma constante em sua vida: a pressão.

"Eu consegui me preparar bem e venci até com inesperada facilidade o pré-olímpico e me classifiquei para os Jogos de Atlanta".

Os Jogos de 1996 reservariam para Robert, e para o Brasil, grandes emoções. Desembarcou em Savanah, lugar onde as provas de vela ocorreram, como favorito. Não era por acaso. A classe pela qual já era bi-campeão mundial havia se tornado olímpica naquela edição dos Jogos. Uma sorte e um privilégio. Com disputas intensas a medalha seria decidida apenas na última regata, tendo como principal rival exatamente o mesmo iatista que disputaria com ele o ouro quatro anos depois em Sydney, o inglês Ben Ainslie.

"Foi um momento mágico na minha vida. Eu acabei entrando no último dia, na última regata contra o inglês Ben Ainslie... Queimamos a linha de largada na regata decisiva e com isso eu contei para meu descarte o nono lugar e acabei vencendo porque a minha pior regata era melhor que a pior regata dele... Acabei ficando com a medalha de ouro".

Esse campeonato olímpico deu a Robert a dimensão de sua consagração e provocou uma nova transformação em sua vida. Apesar de já ser bicampeão mundial a medalha de ouro o projetou de tal maneira que viu muitos problemas serem superados de forma inusual.

"Aquilo tudo mudou minha vida. Quando voltei ao Brasil tinha uma recepção enorme, carro de bombeiro... não parei de dar

Medalhistas olímpicos brasileiros: memórias, histórias e imaginário

entrevista por uns três meses... Eu já tinha voltado com vitória de outros torneios grandes, mas nunca de uma Olimpíada".

No mesmo ano em que ganhou sua primeira medalha olímpica Robert se formou em administração de empresas. Era o momento de decidir sobre os rumos a tomar. Ainda que as condições fossem favoráveis à sua manutenção na prática esportiva a incerteza que acompanhou desde sempre a carreira dos atletas brasileiros também o perseguia, apesar de seu currículo inquestionável.

"Fiquei numa grande dúvida se eu seguiria para tentar mais uma campanha olímpica ou se ia começar a trabalhar e a vela ia ser meu esporte de fim de semana... Em novembro daquele ano, em 96 eu perdi meus patrocínios e fiquei alguns meses assim, numa grande dúvida se continuaria na vela ou não".

Passados alguns meses, um novo patrocinador surgiria, permitindo que sua campanha recomeçasse em 1997. No horizonte mais um título mundial, o terceiro, e a expectativa da preparação para Sydney. Como uma bola de neve, os títulos foram atraindo novos patrocinadores, que proporcionavam um melhor aprimoramento, que levava a outros títulos.

"A campanha para Sydney foi mais sólida, consegui me preparar bem. A rivalidade com o Ben Ainslie continuava nos campeonatos mundiais e no circuito europeu".

A segunda campanha olímpica tinha um significado diferente. Robert classifica a primeira como o sonho de um jovem iatista. A segunda é vista como o compromisso de afirmação da primeira e a responsabilidade de corresponder a toda a expectativa depositada sobre ele. Seria definida como mais séria, mais profissional.

Mais uma vez Robert foi à final, mais uma vez competindo diretamente com o inglês Ben Ainslie, mais uma vez uma regata disputadíssima.

Quando os Jogos Olímpicos foram reeditados no final do século XIX, o Barão Pierre de Coubertin defendia veementemente o *fair-*

play como um dos preceitos do esporte moderno que poderia ser traduzido como jogo limpo ou como padrões morais que balizam a prática esportiva. Não é uma regra, é um valor moral. Esse conceito foi evocado em algumas oportunidades ao longo de um século de disputas, inclusive naquela última etapa da prova em Sydney. Há quem goste de lembrar que os ingleses sempre foram reconhecidos como os dominadores dos mares ou mesmo como grandes piratas, condição que seria afirmada nessa regata.

Robert precisava terminar a prova entre os vinte primeiros velejadores para garantir a medalha de ouro. Tarefa fácil para quem já tinha um ouro olímpico e vários títulos mundiais. O inglês, por sua vez, precisaria terminar na frente de Robert com este depois da vigésima colocação. Liberado da tarefa de ter que ganhar a regata o inglês se incumbiu de prejudicar a prova de Robert para fazê-lo chegar depois da vigésima colocação.

"A final de Sydney foi bastante polêmica... Infelizmente eu larguei mal naquela regata, tive que cumprir uma penalidade no início da regata e aquilo me custou muito... Ele (Ben Ainslie) acabou cobrindo meu vento durante toda a primeira parte do percurso e as minhas chances realmente ficaram bem difíceis... Acabei ganhando uma medalha de prata que foi realmente um super resultado para um atleta. Ele fez uma tática que depois, analisando com frieza, é de tirar o chapéu. Ele conseguiu me segurar... usando das regras... O que ele fez realmente, não foi um jogo muito bonito, muito limpo, mas as regras da vela não dizem que ele não pode fazer aquilo... Eles levam aquilo para o limite em benefício próprio... Passado aquele certo desgosto, por tudo aquilo que aconteceu fiquei muito feliz pelo resultado da prata".

Essa prova fez Robert refletir sobre conduta esportiva e sobre as expectativas que todo o país deposita nos atletas que vão aos Jogos.

"Hoje em dia eu estou mais atento ao que pode acontecer numa última regata de um evento e até usar dessa estratégia que ele usou contra mim, talvez, contra outro adversário... A gente tem

que ter a frieza e analisar as regras do jogo... A gente tem que jogar de acordo com as regras, não adianta reclamar depois... O que ele fez, realmente, não foi bonito, não foi uma regata limpa. Ganhou o melhor. Ele soube usar das regras, soube usar da marcação pra me segurar".

Perder a medalha de ouro olímpica não é uma derrota qualquer. A periodicidade dos Jogos Olímpicos coloca ainda mais emoção na vida do atleta. A pergunta inevitável que se faz ao final de uma prova é se ainda haverá tempo e chance para uma nova disputa depois de quatro anos.

"Se você falhar no Campeonato Mundial você vai ter nova chance no ano seguinte. Agora, você nunca sabe como vai estar sua vida daqui a 4 anos, se você vai ainda estar no auge. Então eu acho que a Olimpíada envolve mais a parte sentimental do atleta do que o Campeonato Mundial".

A expectativa por uma medalha de ouro em Sydney representou uma dose extra de pressão sobre os atletas que fizeram suas provas nos dias finais dos Jogos. Eram milhões de brasileiros montados no cavalo de Rodrigo Pessoa e dentro do barco de Robert Scheidt, tornando as coisas mais difíceis...

"O que aconteceu em Sydney foi que a partir do momento que o vôlei de praia perdeu, o Rodrigo Pessoa, aqueles que tinham mais chance de ganhar medalha não ganharam o peso sobre a vela também foi aumentando".

Robert reconhece que sua vida se transformou muito depois dos resultados obtidos nos Jogos Olímpicos, isso porque ele ganhou projeção, passou a ser observado depois em outras situações e teve a oportunidade de construir uma vida um pouco mais profissional dentro da modalidade. Antes disso quase todas as conquistas estavam pautadas no esforço pessoal, da família, do clube e de apoios eventuais. É sabido que isso, na atualidade, não é suficiente para que um atleta consiga se tornar um campeão. Estrutura profissionalizada é fundamental para o planejamento e concretização de um futuro no esporte.

O próximo objetivo da carreira de Robert é continuar a velejar e conquistar mais uma medalha olímpica, tida como uma necessidade. Para isso a dedicação aos treinos e as competições permanece na ordem do dia de suas atividades cotidianas.

> *"O que eu sempre busquei no esporte foi a superação pessoal... Eu tenho que ter uma terceira medalha olímpica porque a coisa que eu mais gosto de fazer é velejar... Pretendo continuar na categoria Laser até 2004".*

Essa permanência está programada por causa das exigências do barco e da maturidade pessoal e esportiva de Robert. São 12 anos velejando no mesmo tipo de barco, uma nova geração começa a despontar e é preciso pensar no futuro.

> *"Em Atenas, se eu me classificar, eu vou ser o atleta mais velho, o coroa da galera, com 31 anos. O Laser é um barco que eu acho que posso estar bem ainda com 31, mas eu não tenho como alongar muito mais a minha carreira dentro do Laser... Ele é um barco que exige muito do físico".*

O pensamento não é de aposentadoria, mas apenas de troca de classe, do Laser para uma outra olímpica, na qual o sonho de novas medalhas possa ser renovado a cada quatro anos até que o desejo da competição seja substituído por um novo ideal.

Os medalhista olímpicos do judô

As diversas artes marciais conhecidas na atualidade originaram-se do jujitsu, uma forma de luta que utilizava apenas os movimentos corporais para realizar ataques e defesas, tanto na China como no Japão. Diante da proibição do uso de armas pelas autoridades os civis residentes nas vilas se viram obrigados e desenvolver formas de se defenderem de situações que pusessem em perigo a própria vida, da família e da comunidade (Sugai e Tsujimoto, 2000). O jujitsu foi inspirado nos ideais de guerreiros chineses, registrados em livros sobre estratégias de guerra, lidos e apreciados pela sociedade japonesa. Com o desenvolvimento de técnicas e estilos, os mestres responsáveis pelas diversas escolas passaram a escrever os segredos dessa arte, que somente era transmitida a guerreiros dignos e confiáveis. Daí, a relação entre as artes marciais e a educação para o aperfeiçoamento moral do indivíduo.

Já no século XIX, no período Meiji, foi novamente proibido o uso de armas e também se iniciou uma fase de transformação das artes marciais em razão do declínio dos clãs militares e do poder detido por eles. Se no princípio a luta pela sobrevivência era a razão de ser das artes marciais nessa nova etapa o objetivo a ser desenvolvido era do autoconhecimento, um caminho para a vida. A terminação *dô* das palavras que designam as diferentes lutas representa essa transformação não apenas do ponto de vista semântico. O sufixo incorporado à palavra carrega para cada um dos estilos de luta o caminho do autoconhecimento. E assim após uma longa transição *bujitsu* passou a ser *budô*, *jujitsu* tornou-se *judô*, *aikijitsu* veio a ser conhecido como *aikidô* (Sugai e Tsujimoto, 2000).

A retomada do império e o declínio dos militares fizeram o Japão viver um período de florescimento político cultural, com uma lenta abertura para o Ocidente. Nesse contexto nasceu e cresceu Jigoro Kano. Inteligente e prodigioso Kano não descendeu de militares ou samurais, mas em virtude do físico franzino procurou pelo jujitsu. Foi aprendiz de vários mestres por meio dos quais teve contato com os movimentos elementares da luta e, mais especificamente com o mestre Hachinosuke Fukuda, aprendeu *katas* e seu método de ensino. Mesmo depois de cursar letras na Universidade de Tóquio Kano mantinha-se ligado ao jujitsu até a morte de mestre Fukuda, quando então freqüentou as academias dos mestres Masamoto Isso e Tsunetoshi Tikubo. Depois de se destacar como aluno passou a estudar e sintetizar as técnicas de seus vários mestres até montar a sua própria academia denominada Kodokan (*ko* – fraternidade, *do* – caminho e *kan* – instituto), onde treinava seus

Katia Rubio

alunos nas artes *judô*. *Ju* significa suavidade e *dô* caminho e juntos apresentavam novos rumos para as artes marciais no Japão. A finalidade militar era substituída pelo princípio da filosofia e da educação, fato comprovado pela inclusão do judô nos currículos das escolas japonesas por volta de 1887. Inovou uma vez mais ao incluir as mulheres entre seus aprendizes, fato incomum para a época.

Com sua obra já implantada e respeitada no Japão, Jigoro Kano começou a realizar intercâmbios pelo mundo, chegando à China e à Europa, ampliando seu método e filosofia de trabalho ganhando reconhecimento pelo seu desenvolvimento. Em 1893 foi nomeado conselheiro do Ministério da Cultura do Japão, e em 1909 foi convidado pelo barão de Coubertin a fazer parte do Comitê Olímpico Internacional na condição de representante japonês.

Kano morreu em 04 de maio de 1938.

Seguindo o fluxo migratório japonês, o judô chegou ao Brasil na década de 1910, juntamente com outros elementos da cultura japonesa. A falta de documentos sobre esse episódio dificulta a exatidão das datas.

O judô foi sendo divulgado e popularizado por meio de exibições de grandes lutadores que vieram para o Brasil com essa finalidade. Essas apresentações aconteciam em circos, em eventos semelhantes aos atuais "Vale Tudo", nas quais eram demonstradas técnicas de torções, agarrões e, ao final, desafios ao público.

Virgílio (1986) aponta que esse estilo estava mais próximo do jujitsu aprendido no princípio da carreira de Jigoro Kano e não do *Kodokan judô* que teria chegado no Brasil em 1908, marco da imigração japonesa que desembarcou do Kasato Maru. Embora reconheça indícios da existência de um professor chamado Miura, o autor não é capaz de precisar o local exato nem as datas desse acontecimento.

Sendo assim, o judô foi radicado no Brasil onde havia membros da colônia japonesa, ou seja, viveu grande desenvolvimento no estado de São Paulo, norte do Paraná e na região norte do país compreendendo, principalmente a cidade de Belém (Virgílio, 2002). Era grande o número de imigrantes que saíram do Japão com vastos conhecimentos sobre o judô, inclusive muitos deles faixa preta. Alguns eram campeões de expressão nacional outros ainda chegaram, inclusive a participar de Jogos Olímpicos. Em terras brasileiras, a grande maioria passou a ter a lavoura como atividade principal, e com o decorrer do tempo foram sendo organizadas escolas e academias nas quais passaram a lecionar aqueles que já haviam sido iniciados nos conhecimentos dessa arte.

E assim, teve início a tradição do judô brasileiro, que nasceu essencialmente japonês e, como nas demais modalidades, foi incorporando elementos da cultura local, sendo hoje considerado uma das principais escolas da modalidade no mundo.

Quadro 11 – Medalhista Brasileiros do Judô

Ano	Atletas	Categoria	Medalha
1972	Chiaki Ishii	Meio pesado	Bronze
1984	Douglas Vieira	Meio pesado	Prata
	Luis Onmura	Médio	Bronze
	Walter Carmona	Leve	Bronze
1988	Aurélio Miguel	Meio pesado	Ouro
1992	Rogério Sampaio	Meio leve	Ouro
1996	Henrique Guimarães	Meio leve	Bronze
	Aurélio Miguel	Meio pesado	Bronze
2000	Tiago Camilo	Leve	Prata
	Carlos Honorato	Médio	Prata
2004	Leandro Guilheiro	Leve	Bronze
	Flávio Canto	Meio-leve	Bronze

A história da primeira medalha olímpica brasileira começou a ser escrita por um japonês que tendo perdido a vaga para disputar os Jogos de Tóquio em 1964, veio para o Brasil como imigrante e reiniciou sua vida.

Nascido no Japão no seio de uma família cuja principal herança era a dedicação ao desenvolvimento das artes marciais Chiaki Ishii cresceu cercado pelo judô e pelo jujitsu. Quando adulto, e já aluno da Universidade de Waseda, preparou-se para participar dos Jogos Olímpicos de Tóquio, em 1964. Era uma oportunidade única para representar o país e a família naquilo que melhor sabia fazer: o judô. Na final que decidia a vaga, Chiaki foi derrotado e diante da frustração que aquele episódio gerou em si e na família resolveu abandonar o Japão, e tudo o que já havia construído, e vir como imigrante para o Brasil.

O processo descrito por Shiaki Ishii indica a influência da cultura sobre as práticas esportivas originárias em diferentes países. Se o *fair-play* poderia ser tomado como a síntese da moral cavalheiresca britânica, o *ju* – suavidade, o *seiryoku-zen-yo* – máxima eficiência com mínimo esforço, e o *jita-kyoei* bem estar e benefícios mútuos representam a singularidade da cultura japonesa que busca dar respostas antípodas às questões humanas. Yamashiro (1986) entende essa formação como se o pensamento, o sentimento e a ação humana, que partem de idênticas necessidades, pudessem, tomando caminhos opostos, chegar aos mesmos fins.

Do Japão para o Brasil, da cidade para o campo. Eram muitas transformações na vida de alguém que ainda iniciava uma trajetória.

Nessa época o judô brasileiro estava institucionalmente ligado à Federação de Boxe. A explicação para isso é que as lutas seriam abrigadas todas sob a mesma instituição. Embora o judô já alcançasse destaque entre as modalidades esportivas era preciso que alguém realizasse um feito de destaque e trouxesse para o país um título em algum campeonato relevante.

"Para fazer uma Confederação Brasileira precisa um sinal, uma medalha olímpica ou mundial... O Augusto Cordeiro me pediu 'Ishii, você japonês, mas tem possibilidade de ganhar medalha pra Brasil'".

Essa foi uma época em que proliferaram academias de judô, o que ajudou na divulgação da modalidade, mas que não representava excelência do ponto de vista técnico. Enquanto no Brasil os treinamentos eram realizados duas ou três vezes por semana, no Japão a média diária de treinos dos atletas de ponta era de quatro a cinco horas. Era preciso mudar essa prática. Para Ishii o treinamento do judô devia ser desenvolvido tendo como princípio a disciplina e o rigor.

"Judô não tem segredo. Quanto mais apanhar, melhor".

E assim Chiaki Ishii seguia seu caminho e fazia escola. Enquanto se preparava para desempenhar o papel que lhe haviam atribuído, cuidava de formar novos atletas dentro da tradição da família Ishii e de se tornar cidadão brasileiro. Naturalizado no ano de 1971, às vésperas dos Jogos de Munique, conquistou a vaga olímpica após vencer vários campeonatos regionais e nacional, sempre na categoria meio pesado.

"A Confederação me mandou treinar no Japão. Fui pra Tóquio e fiquei quatro meses na Universidade treinando lá".

Depois de passar por Tóquio e pela Alemanha era chegado o momento de acertar algumas contas, com os adversários e com o passado. Estar nos Jogos Olímpicos já era quase a realização de um objetivo interrompido em 1964, mas era preciso mais. Ganhar uma medalha, depois da desonra de não ter feito parte do time olímpico japonês, era tudo o que desejava naquela altura de sua vida.

Viu o favorito japonês Funio Sasahara, bicampeão mundial, ser surpreendido e derrotado pelo soviético Shota Chochoshvilli e não participar da disputa pelas primeiras colocações. Seguiu seu objetivo e ficou na terceira posição, juntamente com o alemão Paul Barth, conquistando a tão desejada medalha olímpica. Chiaki Ishii tinha naquele momento 33 anos e havia dedicado grande parte deles à prática e divulgação do judô. Realizado seu desejo competiu por mais dois anos, encerrando suas atividades como atleta aos 35, mas se mantendo como mestre até os dias atuais.

A história de Shiaki e de outros atletas brasileiros demonstra a relação entre a formação para o esporte e para a vida proporcionada pela encarnação do *bushidô* (*bushi* – samurai, *do* – caminho) por meio das artes marciais. Essa formação tinha como objetivo alicerçar a preservação do caráter máximo, da honra, da determinação, da integridade, do espírito de fé, da imparcialidade, da lealdade e da obediência, personalizando uma forma de viver pela conduta de cavalheirismo, respeito, bondade, desprezo pela dor e sofrimento (Nitobe, 1939; Sugai & Tsujimoto, 2000). Luís Onmura viveu processo semelhante ao de Ishii. Iniciado pelo pai na prática da modalidade, tornou-se aluno de uma das mais tradicionais academias de São Paulo, teve uma ascensão meteórica no esporte e assimilou os valores do judô à sua vida como um todo.

> *"A gente não visava só competições. Visava muito a formação do atleta... que botasse o iniciando a se transformar num homem depois. A gente começou a pegar amor por isso, quer dizer, ver a transformação num atleta completo".*

A essência do *bushidô* traduzida no respeito às regras e a autoridade dos mais velhos era vivida e ensinada na academia que Luis freqüentava, reforçando elementos da cultura japonesa recebida no âmbito familiar.

> *"Tinha situação que se tornava até militar... Tínhamos que respeitar os mais velhos e o professor, quer dizer, diferença de idade de dois anos assim já tinha que ter respeito... Quando chegava atrasado no treinamento tinha que pedir desculpa, essa coisa toda pra poder participar do treinamento".*

Treinar para lutar, lutar para superar o próprio limite e não necessariamente um adversário. Ainda que essa fosse uma das máximas do Olimpismo, e também da filosofia das artes marciais, não era exatamente isso que aconteceu com Onmura.

Foi na convocação para os Jogos Olímpicos de Moscou que Luis teve a oportunidade de ter contato com o lado perverso do esporte, tão distante dos ideais de Jigoro Kano e da educação esportiva que havia recebido de cumprimento às regras e de respeito ao valor do vencedor. Apesar de um talento inquestionável, rapidamente entendeu que apenas isso não seria suficiente para se firmar na modalidade.

A preparação para Moscou caminhava bem até que no momento do embarque os atletas souberam que o chefe da delegação, técnicos e o médico haviam sido substituídos, na véspera da viagem, por outras pessoas que não tinham qualquer envolvimento com a preparação dos atletas, mas eram eleitores potenciais na reeleição do então presidente da Confederação Brasileira de Judô.

"Com o clima que nós fomos para lá não dava para ter resultado nenhum, porque você está acostumado com um técnico. Muda o técnico na hora do embarque... Quando eu voltei eu tava pensando em abandonar o esporte... A gente pensa: "Pô. Acho que não valeu nada. Então vamos estudar e tentar ganhar a vida assim, estudando e arrumando trabalho".

A essência do *bushidô* que compreende a importância da ética no confronto, ainda que não exista uma regulamentação de regras justas, mas uma legitimação cultural de respeito ao enfrentamento (Abe, 1982; Yoshikawa, 1999) parece ter sido mais uma vez utilizada por aquele que havia iniciado Luis no esporte. Com seu jeito oriental de ser, seu pai instigaria sua dignidade chamando-o de volta à luta, que é a própria razão de existir.

"Ele falou assim: "Você vai lá pra perder, apanhar, não sei o quê... A gente te dá a maior força aqui e você vai apanhar?". Eu falei: "Tá bom. A partir do próximo ano o senhor vai ver". Botei na cabeça aquilo".

A honra, valor constante no indivíduo praticante de artes marciais, surge nesse caso com a função de reforçar a aproximação de valores morais e éticos da filosofia de vida oriental com o ideal de Olimpismo. Esse processo culmina no entendimento de culturas de movimento de origens distintas, mas que congregam referenciais compatíveis das visões de esporte, sociedade, moral, arte e honra (Futada e Rubio, 2003).

Superada a frustração Onmura voltou aos treinos, conquistou a vaga olímpica e foi para os Jogos de Los Angeles em 1984 consciente das dificuldades tanto técnicas como pessoais que teria que sobrepor para conquistar seu objetivo. Venceu até a semifinal quando foi superado por um atleta italiano, indo para a disputa com um canadense pela medalha de bronze. Foi, lutou e ganhou. Era possível voltar de cabeça erguida.

"No começo a gente não acreditava que tinha ganhado a medalha, mas depois a imprensa veio em cima. Aí a gente começou a acreditar um pouco. Aí subindo no pódio já tinha certeza que a medalha era minha mesmo".

A trajetória de Ishii e Onmura representa uma etapa do judô brasileiro que foi fortemente influenciado pela tradição japonesa. Naquele momento o judô do Brasil era uma extensão do judô japonês, praticado em sua grande maioria pelos descendentes dos primeiros imigrantes. Essa história começaria a sofrer grandes transformações com uma geração de atletas com participação destacada nos Jogos Olímpicos de Los Angeles em 1984, que marcaria a história do judô no país, fazendo a modalidade figurar entre as principais escolas do esporte do mundo, com um estilo próprio e inovador.

Walter Carmona foi um atleta que perseguiu esse ideal, depois de ouvir por muito tempo a afirmação de que o judô japonês era o melhor do mundo. Apesar da clareza de que os métodos utilizados no ensino da modalidade estavam impregnados dos valores culturais de seu lugar de origem, não era uma tarefa simples assimilar essa condição sem uma certa crítica ou adaptação ao jeito de ser brasileiro.

"A visão trazida pelo japonês era uma extensão da cultura deles... eles tentavam impor mais ou menos a mesma disciplina, a mesma cultura. Então era assim, o japonês era um mito, era uma coisa".

Como superar uma educação tão rígida e os modelos trazidos por ela, principalmente quando a intenção é ser um bom aluno e um bom atleta, e vencer os adversários se os próprios mestres diziam ser esse propósito inalcançável era uma questão que Carmona se fazia com freqüência. Naquele momento, apesar dos custos pessoais, estava sendo construída a transição cultural da modalidade.

"Então você pensava: "Como eu vou chegar lá se esses caras que são os meus ídolos estão dizendo que eles são imbatíveis?"... Essa fase de transição teve uma influência ruim... Apesar deles serem excelentes pessoas isso não trouxe para a gente uma experiência construtiva"

Foi possível desconstruir esse mito quando começaram as competições internacionais.

"A partir daquele momento eu vi e pensei: "Poxa! Não é nada disso", e, aliás, tecnicamente, tínhamos um nível bem melhor do que eles... Foi aí que foi despertando a autoconfiança nesses atletas e fomos vendo que era possível".

Antes dos Jogos Olímpicos de Los Angeles Walter e o judô brasileiro teriam a primeira oportunidade de virar uma página de sua história pondo fim ao mito da incapacidade dos atletas brasileiros. Depois de Chiaki Ishii ele era o primeiro atleta a conquistar uma medalha em um campeonato mundial, em Paris, 1983, com um terceiro lugar. Era o início de uma transição no judô brasileiro e na mentalidade dos atletas.

Depois de chegar muito próximo de medalhas em Moscou a preparação e os treinos pouco haviam mudado nesse período e a

Katia Rubio

estrutura da modalidade como um todo também não, mas a certeza de um futuro promissor não abandonava os planos de Carmona. Os Jogos Olímpicos de 1984 renderam ao judô brasileiro três medalhas, uma delas, de bronze, de Walter. O inconformismo estava dando resultados.

Após vencer as três lutas classificatórias cruzou com um atleta norte-americano, forte e bem treinado, na semifinal. Perdeu a luta no início da disputa quando tomou um golpe e não conseguiu reconquistar os pontos perdidos. Foi para a disputa do terceiro lugar contra um atleta inglês.

> *"Naquele dia me lembro que estava lá a princesa... Acho que ela foi lá para entregar a medalha ou alguma coisa assim e não deu. Mas ela foi muito educada, foi muito simpática e veio me cumprimentar e tudo".*

Mas o judô não poderia ser construído e fortalecido apenas dentro do tatame. Os anos já haviam mostrado que era preciso uma política bem definida de intercâmbio e participação em torneios internacionais fortes para que os atletas pudessem efetivamente se desenvolver e ser competitivos. E quanto mais judocas de alto nível o Brasil tinha mais evidente ficava a fragilidade dos dirigentes da modalidade.

> *"Dos 7 atletas que foram a Los Angeles, 3 trouxeram medalhas. Era uma excelente equipe para nível brasileiro. Enquanto o técnico e o presidente da confederação eram muito fracos... Ficavam muito aquém dos nível dos atletas... Então havia atritos, é lógico. A indicação do técnico era política e ele não separava, ele envolvia a política com a parte técnica e isso dava muito problema".*

Diferentemente de outros atletas, as críticas feitas à estrutura institucional do judô não renderam retaliações a Walter, nem prejudicaram suas atuações. Era possível, para ele, passar por tudo aquilo sem ser atingido por disparos que o tirassem de combate.

Não foi exatamente o caso de três outros atletas que viram suas vidas e carreiras esportivas sofrerem grandes reveses pelas questões institucionais da modalidade.

Douglas Vieira foi conquistado para o esporte desde muito pequeno por causa do envolvimento de seu pai com a fundação e organização de uma seita de origem japonesa no Brasil da qual assimilou valores religiosos e a prática do judô. Ao mudar de cidade e lá descobrir que não havia academia decidiu por organizar uma. E assim passou a praticar a modalidade, se dedicou a ela e cumpriu a trajetória de busca de espaços quando considerava que os conhecimentos adquiridos já haviam se esgotado. E assim, do interior do estado Douglas veio se fixar em São Paulo, onde passou a cursar a faculdade e treinar com a estrutura necessária para participar de grandes competições.

As questões institucionais entraram em sua vida em 1977 quando do ainda tinha 17 anos. Participou de uma seletiva par ir ao Japão e depois de conseguir a segunda colocação e uma das vagas aguardou o contato da Confederação para os acertos da viagem. Diante da proximidade da viagem e da falta de comunicação decidiu com o pai conversar com os dirigentes. Para espanto de ambos tudo havia sido resolvido.

> *"Aí a gente ligou lá... O pessoal ia viajar no sábado e era tipo quarta-feira. Meu pai falou: "Mas por que vocês não chamaram ele?" "Ele não tava aqui, a gente não tinha o telefone dele, nós chamamos um cara de Santa Catarina". Meu pai ficou louco. Foi brigar com o Mamede... e a partir daí o Mamede sempre teve problemas comigo".*

Passado esse episódio, anos depois a vaga para os Jogos de Los Angeles estava assegurada e os treinamentos para a competição foram iniciados. Nesse ínterim a namorada de Douglas lhe informou que estava grávida e pediu para que ele a acompanhasse ao médico, que ficava em Catanduva. Douglas explicou ao técnico o que estava acontecendo e pediu para se afastar naquele dia, no que foi atendido.

Ao retornar aos treinos foi surpreendido com a notícia de que havia sido dispensado da seleção.

"Eu falei, expliquei a situação, mostrei pra ele que ele tinha deixado eu sair. Ele falou: "Não interessa. Você tá fora". Aí puseram o Aurélio no meu lugar naquela época. Aí o Aurélio ficou em 83, foi para o Pan-americano e ganhou. Mas no final de 83 ele teve um desentendimento com o Mamede e aí o Mamede tirou ele e me colocou de volta".

Esse episódio teve muitos desdobramentos tanto na vida de Douglas como de Aurélio.

"Tem uma polêmica muito grande com relação a isso, que eu tomei o lugar do Aurélio na seleção. Na realidade não fui eu que tomei o lugar dele. Ele tomou meu lugar na época. Eu voltei para o lugar que era meu".

No período que ficou afastado da seleção Douglas não parou de treinar, nem perdeu a esperança de poder voltar e disputar os Jogos Olímpicos de Los Angeles. Recebeu a notícia da reintegração no primeiro dia do ano, quando retornava das festas de final de ano.

"Mesmo afastado da seleção eu treinava muito, não tinha feriado, não tinha ano novo, não tinha nada... Quando eu recebi a notícia que eu estava reintegrado à seleção... eu agarrei mais firme ainda e continuei a treinar a fazer minha preparação pra Olimpíada".

A chegada a Los Angeles foi a concretização de um sonho. A Vila Olímpica, a convivência com os outros atletas e a vitória dos outros judocas brasileiros foram despertando em Douglas o desejo de marcar também sua presença. O desconhecimento dos adversários dava a Douglas a tranqüilidade da ignorância. Depois de vencer várias lutas chegou à final com a garantia da conquista de uma medalha. O adversário que esperava por ele na final era um coreano, bem preparado e conhecedor de sua técnica, sendo a luta decidida pelos juízes a favor do adversário do brasileiro.

"E aí perdi a luta... É meio frustrante, mas é superlegal. É frustrante porque você não ficou em primeiro lugar, mas é superlegal porque você ficou em segundo. O cara que recebe o segundo lugar é sempre meio frustrado. O terceiro, ele termina a luta, ele ganhou... A única coisa que eu senti foi isso, que eu poderia ter ganhado".

Uma antiga polêmica permaneceu viva quando das eliminatórias para os Jogos de Seul. Douglas perdeu a final da seletiva para Aurélio Miguel deixando no ar a seguinte questão.

"Se o Aurélio tivesse ido ganhava a de ouro? E aí dois meses depois teve a Universiad, que foi no Japão. E aí o Aurélio teve a oportunidade de lutar com o mesmo coreano que eu lutei. Ele fez a final com o coreano e perdeu do coreano por golpe... As pessoas que não entendem falam".

Douglas enfrentaria Aurélio novamente pela vaga olímpica, dessa vez para Barcelona, e mais uma vez seria derrotado.

Esses episódios demonstram a complexidade daquilo que é o imaginário para Castoriadis (1982). Produto de uma chamada "realidade", o imaginário se apresenta como o movimento contínuo entre instituição e sujeito, individual e coletivo, em uma criação incessante e essencialmente incompleta de elementos simbólicos construídos no espaço concedido pela sociedade.

Ao interferir nos rumos da carreira de um atleta, a instituição alterou a "ordem natural" da modalidade retirando as relações do âmbito esportivo, local apropriado para a resolução de conflitos e diferenças competitivas. Essa situação se conhecida pelos vários atores sociais da modalidade fez ampliar um sistema de significações já criado pautado na preferência pessoal e não no reconhecimento técnico, reforçando o simbolismo institucional fincado no personalismo e no descumprimento de regras.

A percepção que Aurélio Miguel tem dos vários episódios que marcaram sua carreira é mais um indicador desse imaginário. Iniciou na prática do judô por recomendação médica, em função da fragilidade física. No princípio não gostava de competições e à medida que ia crescendo, assim como Carmona, ouvia que os atletas estrangeiros eram mais fortes e mais bem preparados que os brasileiros, causando incerteza sobre seu real potencial. A participação no Campeonato Mundial Universitário levou-o a rever essa posição.

"Eu imaginava que ia pegar um dragão de sete cabeças que ia acabar comigo muito fácil. E não foi isso que aconteceu. Então ali eu comecei a pensar em ser campeão do mundo, campeão olímpico."

Ganhar experiência e confiança era tão importante quanto desenvolver e aprimorar habilidades físicas e técnicas. Naquela ocasião foi possível ver que o judô brasileiro já era uma escola internacional que superava a européia e ficava apenas a dever para os japoneses. Ali começava um sonho. Ganhou vários campeonatos e torneios importantes até chegar a vitória nas seletivas para os Jogos de Los Angeles, em 1984, e para o Campeonato Mundial. Apesar disso, Aurélio se viu fora da seleção, sem explicações ou justificativas, ignorando os critérios para sua desclassificação.

"O meu sonho era a Olimpíada de Los Angeles. Mandos e desmandos me cortaram dos Jogos Olímpicos. Aí eu tive que esperar mais quatro anos. Nesse ínterim eu tentava me estimular para não desistir."

Uma das características apontadas como inerentes ao atleta de alto rendimento é a motivação intrínseca (Figueiredo, 2000), ou seja, é a determinação que o atleta tem em participar de atividades sem a utilização de recompensas externas, o que o torna autônomo e também responsável pelos caminhos que sua carreira toma. O episódio de Los Angeles serviria como preparação para outros enfrentamentos e embates mais difíceis e complexos que os vividos até esse momento.

O mesmo processo viveu Rogério Sampaio, um garoto tão agitado que foi matriculado em uma academia de judô por recomendação médica com o intuito de acalmá-lo. O irmão mais velho, em uma atitude solidária, também se matriculou contribuindo para uma forte relação entre eles dando início a duas grandes carreiras no judô.

No início da adolescência, já submetido a uma rotina diária de treinos e de preparação física leve, começou a competir e passou a observar que, embora treinando de maneira semelhante a outros colegas, não era capaz de obter os mesmos resultados. Essa capacidade de comparação e reflexão permitiu que fosse tomada uma decisão que iria alterar profundamente o curso de sua vida.

> *"Um dia eu me perguntei: "Puxa, porque eles conseguem e eu não consigo? O que eles têm que eu não tenho? Por que eu não consigo ganhar os mesmos títulos?" Aí resolvi que eu tinha que treinar mais para conseguir os mesmos resultados".*

Diante da dificuldade em conseguir parceiros com o mesmo nível técnico que o seu Rogério, depois de estudar um material que seu técnico havia lhe emprestado, pediu a seu pai que construísse no quintal de sua casa um equipamento, simulando um adversário, para que ele pudesse treinar seus golpes.

A certeza da escolha do caminho foi reforçada com a convocação para a primeira competição internacional. Fruto de anos de treinamento e de uma dedicação que não respeitava relógio ou calendário, essa situação descortinou duas novas realidades: a capacidade de estar entre os melhores e o poder da força da burocracia. Para enfrentar a primeira, a estratégia de treinamentos estabelecida era suficiente; já a segunda, a força física de nada resolveria se uma estratégia astuciosa não fosse posta em prática, ainda que também envolvesse força muscular e de vontade.

> *"Ia ter uma seletiva para o Campeonato Pan-Americano Juvenil e meu adversário era dois anos mais velho que eu... e o pai dele era presidente de uma Federação. Então eu lembro que durante*

Katia Rubio

toda a seletiva era uma pressão muito grande para esse menino ganhar... E eis que na final chegou eu e ele. Naquela época não existia placar, ficavam umas pessoas anotando e era uma coisa muito armada. Quando eu entrei pra fazer a final pensei comigo: "Para eu conseguir ir pra esse campeonato eu vou ter que jogar esse cara umas três vezes de ipon e mesmo assim rezar muito"... Entrei e consegui. Joguei duas vezes de ipon, fora outros pontos menores, e ficou bem nítida a minha vitória. Mas, independente disso eu tinha medo de não ir. Mas, depois a Federação que eu representava tinha força política e eu acabei indo, com méritos, e acabei sendo campeão".

Carreiras prodigiosas, alto nível de habilidade, motivação intrínseca e coragem para o enfrentamento da burocracia. Características raras que se encontram não só no mundo do esporte, como na mesma modalidade, em um mesmo período histórico. As histórias de Aurélio e Rogério se cruzam e desvelam, como em nenhum outro momento, o poder do fantasma da instituição que gerencia e define os rumos da carreira esportiva de ambos. Diante da inexistência de qualquer vestígio do espírito olímpico é preciso vencer, não deixar qualquer dúvida da competência como atleta, para ter assegurada a participação nas grandes disputas internacionais. E ainda assim persistia o receio de alguma manobra. A afirmação da motivação intrínseca, manifesta na criação de estratégias de treinamentos e na persistência para a realização de seus projetos e sonhos, aproxima esses dois atletas.

Para chegar aos Jogos de Seul Aurélio teve que superar a morte da mãe e uma delicada cirurgia no ombro. Conquistou a medalha de ouro nos Jogos Pan-americanos de Indianápolis e a medalha de bronze no Campeonato Mundial. Era inevitável sonhar com Seul. Era preciso vencer as manobras, já conhecidas, que pudessem impedi-lo disso. A realização de um circuito europeu em 1988 oferecia as indicações de que os preparativos estavam no rumo certo. Cinco competições, cinco finais, três medalhas de ouro e duas de prata. Aurélio chegou a Seul como um dos favoritos à medalha. Sabia que administrar essa condição é às vezes mais difícil que o próprio combate no tatame. Fez quatro lutas até chegar à final, todas elas vencidas mais pela estratégia do que pela força: três por decisão dos árbitros e uma por falta de combatividade do adversário. Superado esse obstáculo outros ainda estavam por vir. Momentos antes da luta que definiria o ouro, os mesmos dirigentes que já o haviam atrapalhado em outras ocasiões prestaram mais um desserviço entrando no vestiário e informando que a medalha de prata já bastaria.

> *"Aí eu falei: "Não, medalha de prata não está bom nada. Pra mim, aqui só vale o ouro. Ele terá que pagar muito caro, vai ter que lutar muito, porque eu não vou dar de graça"."*

Aurélio ganhou a primeira medalha de ouro brasileira no judô e ainda faria muita história.

Enquanto isso Rogério Sampaio também seguia seu caminho e teria a seletiva para os Jogos de Seul como um dos momentos marcantes de sua vida. Essa vaga foi disputada contra ninguém menos que seu irmão mais velho, titular da equipe brasileira na época, escolhido como o representante brasileiro para os Jogos. Apesar do reconhecimento dos méritos do irmão, tido como um ídolo, Rogério se sentiu abater emocional e fisicamente, tanto pela frustração da não realização de seu objetivo como pela pressão social de ser tão próximo ao titular.

> *"Em 88 eu acho que foi um dos piores momentos que eu tive na minha carreira... Até hoje as pessoas dizem que ele (o irmão) foi um dos atletas mais técnicos que o Brasil já teve... Embora não tivesse aquele negócio de aliviar, acho que, emocionalmente, eu jamais iria aceitar uma vitória sobre ele... Eu chegava em alguma competição, na época da Olimpíada, ou um pouco antes, e as pessoas não falavam nem bom dia, nem boa tarde e já perguntavam "E teu irmão? Tá treinando? Tá bem?" E aquilo começou a me abater emocionalmente... Acabei logo em seguida tendo uma contusão... Demorei uns três, quatro, cinco meses e então fui campeão paulista universitário e campeão brasileiro universitário, e consegui a vaga para disputar o campeonato mundial universitário".*

Ambos, um consagrado com uma medalha de ouro e outro buscando o objetivo inalcançado, passam a compartilhar uma experiência comum na chegada até os Jogos de Barcelona. Diante de uma situação criada por parte da Confederação Brasileira de Judô que deixou Aurélio Miguel, então campeão olímpico, Rogério Sampaio e alguns outros atletas à parte do campeonato mundial universitário e de outros eventos importantes, alguns membros da seleção nacional negaram-se a disputar campeonatos internacionais representando o Brasil, enquanto alguma providência não fosse tomada para que aquela situação se transformasse. O preço dessa atitude foi pago com a própria carreira.

(Rogério) *"Nós nos negamos a disputar torneios internacionais, enquanto o Mamede fosse presidente da Confederação. E aí nós só voltamos em janeiro de 92. É a maior mágoa que eu tenho do esporte. Eu tinha 21 pra 22 anos e eu acho que era o momento único na vida de um atleta, porque você está começando a atingir o auge da tua carreira... O afastamento das competições foi um momento de dor e marcou não só a minha vida como a de todos que se afastaram com a gente... Eu, o Aurélio e o Wagner Castropil, nós temos uma ligação hoje, em decorrência daquela vivência toda, que é uma irmandade".*

(Aurélio) *"Aquilo que estava acontecendo era o anti judô. Para mim foi uma frustração muito grande, mas eu consegui ter forças para continuar."*

Foram dois anos e meio sem competições e o retorno não foi menos traumático. Diante da resistência desse grupo de atletas e da possibilidade do Brasil deixar de fazer uma boa campanha, o Comitê Olímpico Brasileiro buscou um acordo no sentido de garantir a participação dos melhores representantes dessa modalidade que vinha garantindo premiação nas edições olímpicas passadas.

(Rogério) *"Houve um acordo e conseguimos que fossem realizadas seletivas, que até então não existiam. Condicionamos uma série de coisas que deveria ser mudada, inclusive a formação de equipes e de um ranking. Isso representou um marco."*

Medalhistas olímpicos brasileiros: memórias, histórias e imaginário

Apesar de manter-se em treinamento, a falta de competição fez Rogério se desligar um pouco do controle de peso. Estava com 72 quilos, 7 acima do máximo para sua categoria, quando Aurélio se comunicou com ele, em uma segunda-feira, seis meses antes dos Jogos Olímpicos, dizendo que um acordo havia sido feito e que eles voltariam a competir. Felicíssimo com a notícia perguntou quando isso ocorreria. A resposta foi imediata: na próxima sexta-feira. Em 5 dias foram perdidos os quilos necessários, conquistado o título do torneio e a vaga para os Jogos de 1992.

Barcelona reservou momentos de reconhecimento e de alegria a Aurélio que não podem ser esquecidos. Não conquistou medalha, mas foi escolhido para ser o porta bandeira da delegação brasileira na abertura dos Jogos, distinção conferida aos atletas de maior destaque da delegação.

Para Rogério, quando começaram as lutas todos os conflitos foram transformados em motivação e disposição para vencer. Rogério no tatame passou primeiro por um português, depois pelo coreano, medalha de bronze em Seul, depois pelo argentino, campeão dos jogos pan-americanos de Havana. Na arquibancada Aurélio e Wagner na torcida e na observação do que estava acontecendo, buscando oferecer a ajuda que pudessem dar. A semifinal foi vencida contra o alemão, vice-campeão mundial em 1989 e campeão mundial em 1991, e a final foi disputada contra um húngaro enfrentado apenas duas vezes anteriores. A concentração vivida por Rogério naquele dia era tão intensa que ele não é capaz de descrever, nem de lembrar grande parte do que ocorreu. Perdeu agasalho, quimono e faixa e não percebeu a presença nem a influência da torcida, nem tampouco dos companheiros inseparáveis que sofriam na arquibancada mais do que ele próprio dentro do tatame. Era a segunda medalha de ouro do judô brasileiro vivida tão brevemente.

(Rogério) *"É pena que passa rápido. Devia ficar por uns 30 anos pra gente poder curtir mais. Dentro do judô, eu sempre tive como ídolos aqueles atletas que antes de mim conquistaram medalhas*

264

olímpicas. Só que depois que eu conquistei eu acho que comecei a enxergá-los de maneira diferente".

Aurélio ainda voltaria a conquistar mais uma medalha em Atlanta. Rogério depois das transformações ocorridas na mesma Confederação que tanto atrapalhou sua vida e sua carreira tornou-se técnico da seleção brasileira júnior masculina.

A disposição para enfrentar todas as adversidades vividas ao longo da carreira de ambos mais do que ser vista como uma atitude de insubordinação deve ser tomada como a afirmação da moral de justiça e disciplina vividas ao longo do processo de aprendizagem da modalidade, o *bushidô*. Ambos reconhecem a importância de seus mestres, a lealdade da luta e a necessidade de transparência nos processos de qualquer escolha, ou seja, a essência do espírito olímpico.

(Rogério) *"Eu tive a sorte de ter um professor, foi o professor Paulo Duarte, que ensinava a gente. A aula era uma grande brincadeira e a gente aprendia brincando. Embora fosse um trabalho de muita brincadeira, sempre tinha uma rigidez no esquema de treinamento em relação à disciplina. Mas, mesmo assim, sempre foi um grande prazer".*

(Aurélio) *"... a nossa modalidade tem outros aspectos de fundamentos, respeito, disciplina e as pessoas que nós tratávamos* (Confederação) *era o antijudô, poderia se falar dessa forma... Era como se tudo o que eu aprendi com o professor Shinohara fosse por água abaixo... esse é o nosso representante maior: é o antijudô, o contrário de tudo que nós aprendemos."*

Em Atlanta, Henrique Guimarães acompanharia Aurélio no pódio, mas em outra categoria.

Iniciado no esporte aos cinco anos pelo tio, um praticante de judô, para gastar energia e ganhar um pouco da filosofia e da disciplina que a modalidade transmitia, Henrique cresceu dentro do judô e de sua estrutura. O judoca se considerava um atleta mediano, o que o fazia trabalhar continuamente para buscar resultados e ser desprezado pelos oponentes.

Henrique reconhece que a situação vivida pela comunidade do judô facilitou seu processo. Era o ano de 1989 e vários atletas da seleção brasileira haviam rompido com a Confederação Brasileira de Judô pelas questões já discutidas anteriormente.

"Por causa da briga isso me favoreceu. Na época eu não participava e mesmo meu técnico, o Sérgio Pessoa, que participava da briga me falava: "Você ainda tem muito que percorrer. Você tem que treinar, não se envolva ainda porque você não tem força". Aí em 90 eu entrei. Por causa dessa briga esvaziou um pouco a elite. Eu fui conquistando meu espaço".

E mais uma vez é possível observar os rumos que toma uma trajetória individual em função de episódios desencadeados coletivamente. A punição de alguns pode representar a premiação de outros. No Movimento Olímpico discute-se até os dias atuais se algumas carreiras tanto no ocidente como no leste Europeu teriam sido projetadas ou arruinadas não fosse pelo boicote produzido pelos diversos países em 1980 e 1984. Embora muitas conjecturas sejam feitas essa é uma resposta que nunca ninguém poderá dar.

Nas seletivas para os Jogos Olímpicos de Barcelona, Henrique teve que disputar a vaga e foi derrotado por seu técnico, que perdeu o lugar para aquele que viria a ser o campeão Olímpico, Rogério Sampaio, mas conseguiu tornar-se vice-campeão mundial júnior em 1992, aos 20 anos.

A preparação para os Jogos de Atlanta passou a ser o objetivo. Venceu um ano de afastamento por causa de uma lesão. Passou pela seletiva superando aquele que havia sido o representante de sua categoria nos Jogos anteriores. Fez o circuito europeu e não conseguia nenhum bom resultado...

"Em 96 eu não me classifiquei em nenhum campeonato da Europa. Perdia tudo na primeira, na segunda luta. Sempre perdia e aí até falei com o Pessoa: "Pô Pessoa, eu não consegui passar nem da primeira luta desse campeonato. Imagina o que eu vou fazer na Olimpíada!" ... Então, se você deixar esses pensamentos te

*envolverem você realmente vai acreditar que você não é capaz.
Aí o Pessoa falava: "Henrique isso aí é um trabalho que a gente
tá fazendo que não é pra ser campeão agora. É pra você chegar
bem na Olimpíada. Eu era meio inconseqüente e queria ganhar
todos os campeonatos".*

A reflexão sobre a vitória e a derrota na vida e na carreira do atleta são fundamentais para uma compreensão do processo de enfrentamento desenvolvido diante de situações adversas e da continuidade da carreira. No esporte contemporâneo não se pode naturalizar a derrota ou a vitória como parte do universo do atleta. Tanto uma condição como outra são construções culturais repletas de significados e simbolismos que vão da construção subjetiva da competência à resposta concreta da sociedade na forma de contratos com grandes empresas (Silva e Rubio, 2003).

Se do ponto de vista do espírito olímpico saber perder é condição inerente do *fair-play*, da perspectiva psicológica superar a derrota e crer na possibilidade da vitória novamente é decisivo para a permanência no esporte de alto rendimento. Daí a importância da construção de significados sobre a vitória e a derrota como estratégia de enfrentamento para o atleta que fuja às determinações do senso comum.

No último campeonato do circuito europeu, na Itália, Henrique ficou com a segunda colocação proporcionando-lhe um pouco mais de confiança e tranqüilidade para enfrentar o futuro próximo.

Passada a fase de aclimatação e treinamentos em território norte-americano durante o ano de 1996, era hora de enfrentar o principal objetivo. As lutas das categorias mais pesadas eram o indicador de que seu dia estava chegando e sofrer e comemorar o resultado dos colegas também fazia parte do treinamento.

> *"Você vê os amigos competindo também, peso pesado e vai descendo. Eu era a penúltima categoria e você vê a tristeza, o sonho, os objetivos que não são alcançados... e mesmo assim eles acham força para te dar apoio".*

Apesar da derrota de alguns favoritos, o judô brasileiro mantinha uma tradição de conquista de medalhas com o bronze de Aurélio Miguel. Henrique também queria a sua. A luta considerada mais fácil foi aquela que deixou o brasileiro em situação mais difícil. O adversário resolveu cobrar de Henrique a medalha perdida para Rogério Sampaio em Barcelona, tirando dele a vaga para a semifinal. Uma lição do passado não havia sido totalmente aprendida. O excesso de confiança levou-o a um erro de avaliação.

> *"Eu lembrei quando eu tinha sido vice-campeão mundial, que eu tava ganhando a luta na final, faltavam 24 segundo e eu falei: "Eu vou ser campeão do mundo". E aí perdi... Tem que ganhar pra depois comemorar. Foi um aprendizado que eu tive".*

Passou na repescagem por vários atletas e foi vencendo um a um até chegar a seu oponente pela medalha de bronze, a quem também superou. Imediatamente após a vitória a sensação de alegria misturada com o balanço dos anos de trabalho e de dificuldades parecia inevitável. O sonho havia sido realizado.

> *"Parece que tudo que eu fiz passou na minha cabeça... A alegria que a gente tem por aquela medalha de lata simboliza valores... financeiro nada... Você gosta de representar o país, represent? a nação, estar na mesma altura dos grandes países... eu acho que isso não tem dinheiro no mundo que faça você ter essa glória... Eu faço parte dessa história".*

Ainda que a questão financeira seja mencionada no momento da vitória ela é colocada no patamar de ganho secundário. O que prevalece é a conquista da condição da permanência adquirida com a medalha. Conforme discutido em trabalhos anteriores (Rubio, 2000; 2001.b) a associação entre o atleta e o mito do herói não é recente e se mantém viva no imaginário social pela realização de feitos incomuns à média da população. Vale lembrar que dos mais de cem mil atletas que já disputaram Jogos Olímpicos apenas aproximadamente nove mil ganharam medalhas reafirmando a condição da transcendência, dando ao atleta a ilusão da imortalidade durante o período de atividade esportiva. Isso porque vários dos esportistas já retirados da vida competitiva referem em seus discursos o ostracismo e o esquecimento por seus feitos depois de afastados da ribalta dos espetáculos atléticos.

Nos Jogos Olímpicos de Sydney os judocas brasileiros manteriam uma tradição iniciada nos Jogos de Los Angeles-1984. Os responsáveis por esse feito seriam dois atletas da nova geração do judô. Tiago Camilo, na categoria leve, com a medalha de prata, entraria para a história como o mais jovem judoca medalhista do judô olímpico.

Começou a praticar a modalidade para acompanhar o irmão mais velho. Passado pouco tempo os professores chamaram o pai e informaram que seu filho não era uma criança qualquer.

"Bastos tem muita tradição no judô... Tinha muitos atletas, os professores são ótimos e tinha competições internas... Quando eu comecei a me destacar os professores comentaram com meu pai que eu tinha uma certa facilidade para a modalidade e que se meu pai apoiasse eu podia chegar longe. Meu pai desde então investiu, foi me incentivando".

Aos seis anos já começava a se destacar dos outros meninos tanto em treinos como em competições. Em 1997, quando tinha 14 anos percebeu que só seria possível superar o estágio em que se encontrava se saísse de sua cidade e fosse para um outro centro com melhores condições de treinamento.

Após passar pelos testes Tiago, com 14 anos, e o irmão mais velho, com 17, foram admitidos no Projeto Futuro, no Ibirapuera, local onde jovens de várias partes do interior e do país têm a oportunidade de aprimorar suas habilidade em diversas modalidades esportivas.

O caminho comum da aventura mitológica do herói, segundo Campbell (s.d.) está na magnitude da fórmula representada nos ritos de iniciação: separação-iniciação-retorno, que poderia receber o nome de "unidade nuclear do monomito". O movimento realizado por Tiago reforça a trajetória heróica vivida pelo atleta baseada no modelo do monomito esportivo (Rubio, 2001.a). Diante da chamada para a prática esportiva há um afastamento da casa dos pais, local de acolhimento, para o enfrentamento de um mundo desconhecido e, por vezes, cheio de perigos. Sua chegada ao clube representa a iniciação, propriamente dita, um caminho de provas que envolvem persistência, determinação, paciência e um pouco de sorte. A coroação dessa etapa é a participação na Seleção Nacional espaço reservado aos verdadeiros heróis e lugar onde há o desfrute dessa condição. E, finalmente, há o retorno, muitas vezes negado, pois devolve o atleta-herói à sua condição mortal.

Como em todo processo de iniciação a chegada dos calouros ao Projeto envolvia um período de provas que já indicava as dificuldades que a vida longe da família pode oferecer. Apesar da proteção do irmão mais velho Tiago logo aprendeu a se defender fora do tatame.

" (o alojamento) É um corredor com mais ou menos 20 quartos. Uma ala só de veteranos e a ala dos calouros... Eu falava: "Eu respeito aqui fora porque ele é mais velho, mas lá dentro do tatame eu não vou respeitar ninguém. Lá dentro do tatame é outra coisa". Assim eles foram me respeitando também".

No ano de 1998 Tiago foi campeão dos Jogos Mundiais da Juventude. Uma semana depois disputou os Jogos Pan-americanos Júnior ficando com a terceira colocação e no Campeonato Mundial Júnior para atletas com até 20 anos, mesmo tendo 17 anos mais uma vez ele subiu ao pódio.

"Eu tinha sido campeão mundial juvenil... Mas eu sabia que era totalmente diferente... Uma diferença de idade grande, uma diferença de corpo, então atrapalhou um pouco. Era moleque ainda. O corpo era de criança... Fui bem na competição. Fui subindo. A cada luta que passava eu me fortalecia mais porque sabia que tinha chance... Fui campeão mundial júnior... e meu irmão ficou em terceiro".

Vivendo uma fase de transformação corporal seria preciso mudar de categoria para se adaptar ao novo peso. O corpo de menino estava se metamorfoseando em corpo de atleta maduro. Tiago subiu de categoria, mas se manteve abaixo do peso máximo ficando em desvantagem diante de seus novos adversários nas competições que se seguiram. A adequação ao novo peso também envolvia uma adaptação aos golpes e movimentos. O pai de Tiago sabia que o filho enfrentava dificuldades para se adaptar à nova categoria.

> *"Meu pai pegou e mandou eu e meu irmão para a Europa. A gente ficou um mês... Meu pai vendeu o carro para a gente poder viajar. Eu não fui bem lá fora. Aí retornamos ao Brasil e todo mundo falava que o Tiago tinha acabado... As pessoas pensavam que eu fosse desistir, que eu fosse desanimar. Aquilo serviu como combustível para mim".*

O ano de 1999 seria dedicado a treinos e a preparação para a seletiva dos Jogos Olímpicos de Sydney. Cumprindo rigorosamente seu planejamento, Tiago chegou para a seletiva preparado para enfrentar adversários fortes e experientes. Desacreditado, a princípio, foi se tornando um dos favoritos depois de vencer todas as lutas na fase eliminatória. Terminou a competição em segundo lugar com a certeza de que a vaga ainda poderia ser sua. Depois de um curto processo de seleção a ida aos Jogos de Sydney estava assegurada. O período de preparação em Camberra estreitou o relacionamento entre os atletas que se motivavam na necessidade de superação da saudade de casa e no enfrentamento da competição que estava por vir. A ansiedade da espera foi substituída pela angústia da competição quando, no primeiro dia de lutas, Tiago acompanhou o judoca Denílson Lourenço até o local onde dentro de três dias ele estaria vivendo o papel de protagonista do espetáculo.

> *"Começou a me dar uma ansiedade. Eu falei: "Caramba, o que está acontecendo?" Se acontecer isso no dia da minha competição eu vou travar inteiro... Fui para o ginásio... Tava aquela expectativa... Pensei: "Vou colocar o quimono e vou ver se o*

Denílson precisa de ajuda." Fiquei lá, sentei, fiquei observando os atletas, o clima dos atletas, como cada atleta reagia... E assim eu fui me acostumando já com o fato de lutar uma Olimpíada".

No dia da luta de Tiago tudo estava sob seu controle. Passou pela pesagem logo cedo, tomou café, voltou para sua casa, dormiu e à tarde foi para o mesmo lugar onde estivera dois dias antes, mas agora em uma condição diferente. Passou pelos adversários e ganhou várias lutas por *ipon*, o golpe perfeito. Na semifinal enfrentaria o atleta da Coréia que havia ganhado do campeão olímpico e do mundial. Apesar desse currículo não havia porque se intimidar. No primeiro minuto de luta Tiago tomou a iniciativa e ganhou a luta por *ipon*. Uma medalha já estava garantida. Diante da euforia do técnico e de outras pessoas que estavam por perto a conduta era de precaução e de manutenção da concentração.

Não queria encarar a final como se já tivesse ganhado a medalha de prata. Foi para a final concentrado buscando repetir a mesma tática das primeiras lutas. Não ter pressa de decidir e esperar o melhor momento para agir. Entretanto, surpreendido em um contra-golpe levou um *ipon* e ficou com a medalha de prata.

"Eu saí todo triste, inconformado de ter perdido a final... mas eu não sabia o que eu havia conquistado. Era uma medalha de prata em uma Olimpíada... Aí cheguei, todos os atletas do Brasil estavam me esperando... todo mundo ali me incentivando, e eu um pouco desanimado não acreditando no que eu havia conquistado...".

Tiago Camilo, aos 18 anos, entrava para a história do judô como a atleta mais jovem a conquistar uma medalha olímpica. Quando foi receber a premiação a decepção já havia cedido lugar à satisfação e à alegria de ser um atleta vitorioso e realizador de projetos e sonhos.

Outra medalha de prata afirmaria a boa condição do judô brasileiro. O responsável por isso era Carlos Honorato, menino da periferia de São Paulo que foi colocado no judô pelos pais para que não ocupasse seu tempo ocioso com atividades consideradas anti-sociais. Diante do esmorecimento dos filhos na atividade esportiva os pais de Honorato tomaram uma atitude.

"Meus pais me acompanhavam... Meu pai era árbitro... passou um ano minha mãe entrou também porque ela viu que a gente não tava querendo mais continuar... Mais pra frente ela começou a competir. Ela chegou a ser até vice-campeã paulista... A gente ia treinar não por causa que a gente queria. A gente pensava: "A mãe aí faz todo o serviço de casa, trabalha fora e ainda tem disposição para ir treinar a noite..." Eu acho que tanto eu quanto meu irmão a gente continuou a se fortalecer com isso".

A força da superação dos pais contagiou os filhos e em pouco tempo aquela atividade que parecia obrigatória converteu-se em um grande prazer e na possibilidade de ampliar as fronteiras já conhecidas de Taboão da Serra. Honorato, pelo judô, estava diante do mundo.

Embora Honorato não faça referência ao desejo de participar de grandes disputas o destaque conferido às primeiras colocações em torneios e a conquista de campeonatos de maior importância indicam a intenção de perseguir objetivos maiores como um título mundial e olímpico. A superação da condição social está diretamente associada a esse processo.

À medida que os torneios começaram a acontecer a família passou a se mobilizar para levantar os recursos necessários para a manutenção dos filhos no esporte. De origem humilde, mas com muita disposição para enfrentar as adversidades sabiam que o sucesso no esporte dependeria do talento e vontade de persistir dos filhos e da força da comunidade da Associação de Judô da Vila Sonia.

"Dentro da Academia de Judô Vila Sonia meu pai, mais os professores, os pais de alunos de lá, a academia sempre fazia festas por causa de um torneio anual que acontecia lá... Arrecadava fundo para fazer o torneio... Meu pai fazia bingo junto com a minha mãe, leiloava coisa pra arrecadar dinheiro... eles dividiam essa verba pra eu poder viajar".

Medalhistas olímpicos brasileiros: memórias, histórias e imaginário

E assim, em 1993, Honorato saiu pela primeira vez do país rumo ao Campeonato Sul-americano realizado na Argentina, onde se sagrou campeão. Logo em seguida ocorreria o Campeonato Pan-americano, no qual competiu na categoria júnior, também sendo o vencedor. Esses resultados habilitaram-no ao Campeonato Mundial Junior conquistando o terceiro lugar. Sua performance o colocaria entre os melhores judocas brasileiros, credenciando-o para a seleção brasileira, já na categoria sênior.

A projeção alcançada nesse período levou a algumas mudanças na vida de Honorato. Em 1996 foi convidado a se transferir para o AD São Caetano, clube com tradição de boas equipes e atuação em várias modalidades esportivas, com uma infra-estrutura que permitiria ter um pouco mais de autonomia do que tinha até então. Entretanto a fidelidade a seu berço não seria quebrada.

> *"Eu comecei em São Caetano, mas não deixei de treinar na Vila Sonia... Eles começaram a pagar viagem pra mim e dar respaldo... É onde estou até agora".*

Os Jogos de Atlanta estão guardados em sua lembrança não pela competição em si, mas pelo processo vivido. Participante na condição de reserva viajou apenas para ajudar no treinamento dos titulares e aprender um pouco mais como é superar a frustração de ver o sonho de competir ser adiado.

> *"Eu fiz a final da seletiva que definia a equipe com o Edelmar Zanol e acabei perdendo a seletiva. Era melhor de cinco. Eu perdi para ele de três a dois... Tinha participado de um torneio na Europa e tinha voltado machucado. Torci o tornozelo e tava com inflamação na glândula salivar... Voltava a treinar e machucava de novo... Acabei nem melhorando meu condicionamento físico e nem o meu problema de saúde".*

A expectativa era que a preparação para Sydney fosse diferente. Um ano antes dos Jogos de 2000 participaria do Campeonato Mundial e ficaria com a quinta colocação. Resultado pouco expressi-

274

vo para os padrões brasileiros, mas de grande importância pela oportunidade de estar próximo daqueles que no ano seguinte fariam as lutas dos Jogos Olímpicos.

Mais uma vez era chegada a hora das seletivas e de ganhar a tão desejada vaga de titular da seleção brasileira. Na disputa de melhor de cinco lutas Honorato viu um filme se repetir: ganhou duas e perdeu três, numa decisão considerada polêmica.

> *"Eu perdi as duas primeiras lutas, ganhei as outras duas e chegou na final eu perdi. Achei que ganhei e o juiz deu para o outro... Todo o público achou também que eu ganhei, não foi só minha impressão... O judô tem algumas coisas como o futebol se você não fizer o gol, você pode dar um chute no cara pra derrubar fora da área e o juiz se quiser pode dar pênalti e você pode perder o jogo".*

Mas nem tudo estava perdido. Apesar do desânimo que se abateu sobre Honorato, a vontade de abandonar o esporte e a falta de sentido para tudo o que vinha construindo e realizando, bastaram alguns dias de distanciamento para rever sua posição. Mais uma vez estava à disposição para ajudar os selecionados quando foi surpreendido por uma notícia: o atleta que havia conquistado a vaga estava com uma lesão muito séria, ocorrida justamente durante a seletiva, o que o impediu de seguir com o grupo para Camberra, já na Austrália, onde os treinos finais seriam realizados.

Dessa forma Honorato era convocado a representar o Brasil nos Jogos Olímpicos de Sydney. Era sua oportunidade de provar que a desclassificação não ocorrera por incompetência.

> *"Eu já tava indo pra lá como reserva e chegou um mês antes e passei a ser o titular. Eu acho que teve uma mudança muito grande dentro da minha cabeça... Eu tava revoltado por ter perdido a seletiva. Tava numa briga interna comigo mesmo... Tentava achar a solução por eu ter perdido. Queria saber se eu tinha condições mesmo de estar participando da seleção ou se tinha sido sacaneado".*

A atuação no Campeonato Mundial do ano anterior dava a Honorato um parâmetro mínimo sobre suas condições e sobre o desempenho dos adversários. Percebeu o assédio da imprensa sobre atletas que estavam na condição de favoritos e o que isso representava para os envolvidos. Aproveitou o descaso para com ele, na medida que chegava a Sydney como o reserva que ascendeu à condição de titular, e organizou sua campanha em silêncio.

Parte de seus adversários não sabia do ocorrido e se preparou e organizou sua estratégia de luta para enfrentar o atleta que não foi. Isso deu a Honorato a vantagem da surpresa.

Um a um os adversários foram sendo vencidos, aumentando a cada luta a confiança desestabilizada ainda na seletiva. A terceira luta marcaria a presença de Honorato nos Jogos de Sydney, pois ao enfrentar o atleta japonês, considerado o favorito à medalha de ouro, aplicou um golpe que o levou a fraturar o braço, em menos de 30 segundos. O próximo adversário, já na semifinal, dava a vitória do japonês como certa e nem se preocupou em assistir à luta. Anunciado o resultado, técnico e atleta franceses, perplexos, passaram a estudar a estratégia para enfrentar o brasileiro, que havia sido eliminado na primeira luta do último campeonato mundial. Em vão.

"No Campeonato Mundial eu perdi pro japonês... As pessoas lá fora sabiam mais das minhas condições de trazer uma medalha do que o pessoal aqui dentro... Às vezes perder é bom... Não acreditaram tanto em mim e foi onde acabei ganhando".

Na final, realizada contra o holandês, Honorato não foi feliz em sua estratégia e àquela altura já não era tão anônimo como no início da competição. E diante de um adversário bem preparado acabou sendo surpreendido.

"Achei que lutando igual eu lutei contra o japonês e aplicando o mesmo golpe eu jogaria ele... Eu confiei muito... Joguei todo mundo desse golpe... Foi onde errei e acabei tomando".

Honorato trouxe de volta para casa uma medalha de prata e o agradecimento a todos aqueles que participaram de sua trajetória. No momento das lutas não esquecia de nenhuma dessas pessoas e buscava vencer cada uma delas como forma de retribuição a tudo o que tinha conseguido.

Os medalhista olímpicos da natação

A natação foi desenvolvida ao longo da existência humana como uma atividade utilitária. Fosse para a sobrevivência, fosse para ampliar a possibilidade de caça o ser humano aprendeu a nadar por instinto ou copiando os animais, satisfazendo uma necessidade vital.

Na Grécia e em Roma a natação era um exercício físico praticado apenas pela aristocracia e pelos homens livres, com finalidade pedagógica, sem fins competitivos, comprovado pelo fato dessa modalidade não constar do programa olímpico. Era também uma atividade amplamente aplicada na preparação dos exércitos.

Durante a Idade Média os banhos e particularmente a natação foram combatidos, principalmente pelo fato das pessoas terem que se despir, expondo o corpo, atitude desaprovada pela igreja (Lewin, 1978).

Depois de muito tempo proscrita a natação foi reabilitada e ensinada dentro da orientação educacional progressista dos filantropos. Foi somente na primeira metade do século XIX que começou a se desenvolver como modalidade esportiva, na Inglaterra. O governo inglês providenciou para que fossem construídas várias instalações públicas como casas de banho e piscinas, sendo que em 1837 já existiam seis piscinas em Londres onde foram realizadas as primeiras competições. Há registros de que em 1844 alguns nadadores norte-americanos na capital inglesa, venceram todas as provas. O ano de 1869 representa o marco da fundação da Associação Metropolitana de Natação, em Londres.

A natação no Brasil, embora não fosse novidade para a população nativa, visto que os índios tinham por hábito fazer travessias tanto em rios como no oceano, desenvolveu-se como modalidade esportiva a partir de meados do século XIX. Nunes (1961) aponta registros de que na cidade de São Paulo, próximo ao riacho do Anhangabaú o alemão Julio Franco, professor na Faculdade de Direito do Largo do São Francisco, afeito aos banhos, construiu uma cabine com a finalidade de proporcionar banhos para seus familiares e convidados no riacho de águas limpas que cortava os fundos de sua casa.

Foi na última década do século XIX que se organizaram os vários clubes de regatas no Rio de Janeiro como o Clube de Regatas Botafogo, Sul Americano e Veteranos do Rio de Janeiro, em Porto Alegre, o Rude Cergir Germânia e o Clube Riograndense, no Pará o Clube de Remo e Natação, em Recife o Centro Náutico Capibaribe.

Com a chegada ao Brasil da Associação Cristã de Moços a natação também viveu um grande desenvolvimento, juntamente com outras modalidades esportivas.

Nas primeiras décadas do século XX as principais provas de natação eram realizadas em ambientes naturais e recebiam o nome de travessias. Prestavam-se para esse fim tanto os rios como o mar, e diante do vasto litoral e de inúmeros rios em todo o Brasil a adesão a essa modalidade era grande. As primeiras piscinas ladrilhadas com proporções olímpicas foram construídas na década de 1930 favorecendo a natação e o treinamento técnico objetivando a competição.

Quadro 12 – Medalhistas Olímpicos Brasileiros da Natação

Ano	Atletas	Modalidade	Medalha
1952	Tetsuo Okamoto	1:500m	Bronze
1960	Manuel dos Santos Junior	100m	Bronze
1980	Djan Madruga, Ciro Delgado, Marcus Mattioli e Jorge Fernandes	Revezamento 4x200m	Bronze
1984	Ricardo Prado	400m medley	Prata
1992	Gustavo Borges	100m	Prata

1996	Gustavo Borges	200m	Prata
	Gustavo Borges	100m	Bronze
	Fernando Scherer	50m	Bronze
2000	Gustavo Borges, Fernando Scherer, Edevaldo Valério e Carlos Jayme	Revezamento 4x100m	Bronze

A natação foi uma das modalidades que mais provocou a determinação de seus praticantes. Sem contar com instalações adequadas para a prática durante o inverno os primeiros nadadores brasileiros desafiaram os rigores do inverno nadando em piscina sem aquecimento em temperatura que beirava os 15 graus.

Esse foi o caso de Tetsuo Okamoto, primeiro brasileiro a conquistar uma medalha de bronze na natação, nos 1.500 metros, durante os Jogos de Helsinque, em 1952.

Nascido em Marília, na região da chamada Alta Paulista, foi filho caçula, franzino e asmático, que por causa da ocorrência de doenças pulmonares o pai o matriculou em uma escola de natação para ter uma vida mais saudável. Com o incentivo do professor foi desenvolvendo o prazer de nadar e competir.

"Aos poucos fui criando a vontade de treinar, fui melhorando meus resultados. Então minha ambição aumentou um pouco mais e se concentrou nos Jogos Abertos do Interior, o grande movimento esportivo do interior. Depois veio o campeonato paulista, o brasileiro e aí ganhei uma viagem para um campeonato sulamericano."

As chances de viagens e intercâmbio eram quase inexistentes nessa época e qualquer possibilidade de contato com os adversários era considerada como um prêmio. Além disso, eram raras as crianças cujos pais tinham condições financeiras de materializar o sonho dos filhos.

"Naquele tempo todos os garotos da minha idade, 13–14 anos, tinham que começar a trabalhar. A concepção que havia de quem praticava esporte era de rapaz preguiçoso, vagabundo, que não queria nada com a dureza... Meu pai falava: "Você pode ficar nadando, não precisa trabalhar. Só estudar." Foi um grande suporte que meu pai deu e ao longo da minha carreira sempre me ajudou muito."

Com o passar dos anos, o apoio dos familiares e a dedicação aos treinamentos, Tetsuo Okamoto chegou a se tornar campeão brasileiro no final dos anos 40 quando um fato curioso ocorreu. Em 1950, o então presidente da Confederação Brasileira de Desportos – CBD, major Sylvio de Magalhães Padilha, convidou a equipe nacional de nadadores japoneses, conhecidos como os "Peixes Voadores" para uma turnê brasileira de apresentação e troca de experiências. Os atletas nipônicos ganharam esse nome em função dos vários recordes mundiais quebrados durante o campeonato americano de natação que haviam disputado, compensando a ausência nos Jogos Olímpicos de 1948, em Londres, por causa dos desdobramentos da II Guerra Mundial.

Foi o primeiro contato com verdadeiros campeões e com métodos específicos de treinamento. Apesar da boa vontade de seu técnico Tetsuo reconhece que os conhecimentos que ele possuía eram limitados, principalmente pela falta de intercâmbio com outros técnicos e atletas competitivos. Uma informação importante para quem já tinha planos de ser campeão. Era preciso nadar mais, muito mais do que os dois mil metros diários que vinham sendo realizados até então. Por que esse limite? Ninguém ao certo sabia explicar...

"Os peixes voadores quando estiveram aqui falaram: "Nós nadamos em média 10 mil metros por dia", e deram por alto o tipo de treinamento... Como eu tinha grandes ambições resolvi aumentar o volume de treinamento para os 10 mil diários."

A falta de preparação física específica levou Tetsuo a buscar seu objetivo (10 km/dia) gradativamente. Fora isso, a falta de equipamento adequado o fez padecer com sérios problemas nos olhos, em virtude do cloro da piscina.

Os Jogos Pan-americanos, de 1951, em Buenos Aires marcariam o esporte brasileiro, principalmente, por ocorrer um ano após o histórico silêncio vivido no Maracanã quando o Brasil foi derrotado pelo Uruguai na final da Copa do Mundo. Tetsuo venceu duas provas de natação, 400m e 1.500m, e ainda bateu o recorde sul-americano desta última. Juntamente com Adhemar Ferreira da Silva, a quem faz questão de se referir quando conta esse fato, o esporte voltava a ser orgulho nacional.

"A repercussão foi grande naquela época... O Brasil estava sem heróis. Naquele Pan-americano o Adhemar Ferreira da Silva também se destacou, bateu recorde mundial. Eu ganhei duas provas de natação... De um certo modo levantou a moral dos esportistas brasileiros."

De volta a Marília, e depois de muitas homenagens, era hora de retomar os treinos porque o objetivo maior eram os Jogos Olímpicos. Tetsuo gosta de lembrar um fato importante que ilustra bem a clareza das regras do amadorismo. Assim como Adhemar, que recusou uma casa como presente por sua performance, Tetsuo foi obrigado a não aceitar um presente da colônia japonesa de sua cidade em forma de carro. Nenhum presente valeria o risco de perder a condição de amador, de permanecer fora dos Jogos de Helsinque e não ter a oportunidade de ganhar uma medalha olímpica.

A abnegação era sem dúvida um dos pilares do amadorismo que sustentava o espírito olímpico de então... A mesma solidão de treinamento enfrentada pelos atletas na atualidade Tetsuo já experimentava naqueles tempos e desenvolveu um método para enfrentá-la, conhecida hoje como treinamento mental (Balaguer, Palomares & Guzmàn,1994; González, 2001).

Explica o nadador.

"Não tinha psicólogo, massagista, não tinha nada. Era tudo na raça... Eu vivia na piscina sozinho. Quando eu caía na água

Medalhistas olímpicos brasileiros: memórias, histórias e imaginário

ficava me auto-estimulando com um poema que dizia algo como...
"se você é capaz de forçar seus nervos, seu coração, sua alma, seu
sentimento até o máximo, e quando nada mais há, existe em você
a palavra persista"...

Mas tudo tinha um limite, principalmente quando o fator restritivo eram as condições naturais. Naquele ano, a Alta Paulista viveu um dos seus invernos mais rigorosos e piscina aquecida seria uma realidade apenas algumas décadas depois.

"Durante o período final da preparação, o chamado polimento, a
temperatura da água chegou a baixar a 14 graus. Não era possível
treinar com essa temperatura... Chegou uma época que eu comecei
a sentir fraqueza e achei melhor parar, senão não ia conseguir nem
viajar... Chegando em Helsinque era verão e a piscina era aquecida
e eu me animei novamente. Minha prova iria ser no último dia. Aí eu
falei: 'tenho uns dez, quinze dias para me recuperar'..."

Nos dias que se seguiram, de novo em contato com a água, foi possível recobrar a confiança e o espírito competitivo. Era hora de fazer a eliminatória dos 400 metros, mas Tetsuo foi preso na armadilha que ele aprendera a construir ao longo dos anos em que defendeu o Brasil. Sendo o melhor nadador brasileiro e sul-americano tornou-se um exímio administrador de provas. Ou seja, em várias ocasiões o mais importante era vencer a prova e não necessariamente bater recorde, que exigia esforço muito maior, uma vez que outras várias provas ainda seriam realizadas no mesmo dia. Boa tática quando se conhece os adversários. Entretanto Jogos Olímpicos é o momento de reunião dos mais fortes e dos mais velozes. Ao *administrar* sua eliminatória, de fato chegou bem, mas não o suficiente para ir à bateria final. Ganhar não era suficiente, era preciso ter um tempo similar aos melhores em outras baterias para conquistar uma baliza na final.

A desclassificação magoa, mas também pode motivar.

"Meu pai falava que eu era descendente de Samurai que é um
homem de honra, de fibra. Eu lembro que ele sempre jogava isso

pra cima de mim quando me via acabrunhado antes de uma prova. Ele dizia: 'Nem que você morra, você tem que ganhar'. Então foi esse o espírito que entrei na prova dos 1.500 metros..."

A estratégia dessa vez era nadar junto com quem fosse para a ponta. Não importava quão veloz fosse o nadador. Na virada dos 1.450 metros, ou seja, a última, Tetsuo percebeu que estava em quarto lugar, que era hora do esforço final e foi determinado a não deixar ninguém tirar essa condição dele.

"Eu dei uma chegada grande, tão forte, que ganhei por dois décimos de segundo do terceiro lugar."

Medalha de bronze olímpica. Fim de um sonho, começo de outro. O sentimento de ser um medalhista olímpico era ainda conhecido de um grupo muito restrito de atletas. Tetsuo fala de uma sensação curiosa que vai da plenitude ao vácuo.

"Quando eu subi ao pódio para receber a medalha eu senti... de repente, vendo a bandeira, aquela satisfação, parecia que o corpo estava cheio e de repente senti um vazio. Acho que deve ter sido o sonho que tinha acabado."

O apoio que Tetsuo recebera até aquele momento objetivava a conquista de uma medalha, projeto cumprido a rigor. Passada a euforia da conquista surgia uma nova recomendação.

"Chegou uma época que meu pai falou: 'Bem, agora você já se tornou campeão, você me deu muita honra, muita satisfação, agradeço muito, mas é hora de cuidar da vida.'"

Mas não era assim possível largar imediatamente uma companhia que lhe tinha sido tão cara, durante tanto tempo. Ao participar de um campeonato sul-americano foi informado por um outro nadador que com as marcas e conquistas obtidas até aquele momento seria possível cursar uma faculdade americana, com bolsa de estu-

Medalhistas olímpicos brasileiros: memórias, histórias e imaginário

do, o que representaria uma nova carreira sem nenhum custo. Ou seja, a mesma estrutura esportiva que não permitia que ele ganhasse um carro tinha também outros caminhos que lhe permitiam construir o futuro. E assim foi a transferência para os Estados Unidos da América.

O curso, geologia, foi escolhido por seu pai por uma razão muito objetiva. Estava sendo criada a Petrobrás, o petróleo era nosso, e eram necessários profissionais capacitados para fazer o ouro negro jorrar em território nacional.

Tetsuo foi para o Agriculture Mechanic College, no Texas, uma Universidade Militar, com a incumbência de defender o nome da instituição em torneios regionais e no campeonato universitário americano. Ficou tranqüilo quando soube pelo próprio técnico que não era preciso treinar com o objetivo de obter recordes. Bastavam as vitórias. Ou seja, era hora de mais uma vez administrar os resultados.

Essa preocupação se justificava porque para ganhar provas bastava um tipo de treinamento. Para quebrar recorde era preciso o primeiro e muito mais. E neste momento da vida Tetsuo tinha que buscar outras marcas que haviam sido deixadas para trás, principalmente no rendimento escolar. Agora, na universidade, não havia concessões nem favorecimentos. Nesse novo universo era preciso estudar para passar. Caso contrário a bolsa concedida seria cassada.

De fato, administrar situações não era problema para esse nissei, pelo contrário, veio a ser seu segundo curso de formação superior.

De volta ao Brasil dedicou-se à vida profissional e nunca mais competiu. Não tem hoje qualquer relação com a natação exceto por ser ainda lembrado como o realizador de uma conquista inesquecível.

Participou dessa geração de atletas um outro nadador, especialista em provas rápidas. Manoel dos Santos conquistou a segunda medalha da natação brasileira em um período em que não havia piscinas aquecidas e que os nadadores eram proibidos de subir escadas e de correr porque se acreditava que pudesse "endurecer" os músculos e prejudicar o rendimento dentro da piscina.

284

Nascido em Guararapes e criado em Andradina, no interior de São Paulo, Manoel dos Santos começou a praticar natação quando foi morar com a família na cidade de Rio Claro. Considerado uma criança franzina seus pais foram aconselhados a colocá-lo na natação para que pudesse ter um desenvolvimento melhor. Com pouco tempo de curso logo se sobressaiu aos demais alunos, passou a fazer parte da equipe de natação da escola e aos 13 anos já competia pelo colégio. Um bom motivo para fazer Manoel se dedicar ao time de natação era o fato de haver competições nos finais de semana em outras escolas e clubes, situação que representava uma trégua na rotina do colégio interno que estudava. Em pouco tempo Manoel começou a nadar pela equipe juvenil, a ganhar várias provas e a bater recordes de sua categoria.

Aos 15 anos, teve sua primeira participação nos Jogos Panamericanos do México, despontando como uma das grandes esperanças da natação brasileira, que desde 1952 não conseguia subir a um pódio olímpico.

Manoel sabia disso e foi para as seletivas dos Jogos Olímpicos de Melbourne, no ano seguinte disposto inscrever seu nome na história.

"Com 16 anos eu deixei de ir para a Olimpíada de Melbourne por dois décimos de segundo. Mas paciência. Tinha um índice, não cumpri o índice e fiquei".

Quatro anos depois as coisas seriam diferentes, mas para isso o nadador brasileiro chegava a nadar 4 mil metros por dia, fazia uma hora e meia de ginástica e um pouco de alongamento. Não bastasse isso, o problema da falta de piscinas aquecidas persistia obrigando os nadadores a diminuírem seus treinamentos, ou quando necessário, treinar e competir em temperaturas baixas, ocasionando graves problemas de saúde.

"Era sacrificante para a gente pensar em competir, coisa e tal. Tinha que treinar no inverno, não tava acostumado, treinava pouco. Eu ainda ia para Santos, treinava em Santos, era me-

lhor... Tinha a piscina da Água Branca só que era mais ou menos aquecida... A turma ia nadar numa piscina quente, mas era um ambiente frio fora. Acabava ficando resfriado, choque térmico".

Uma pessoa que auxiliou na preparação de Manoel nesse período foi um nadador de origem japonesa que posteriormente se fixou em São Paulo. Quando da presença dos "peixes voadores" no Brasil Hirano foi o intérprete do grupo o que lhe rendeu contato permanente com os nadadores nipônicos após a visita. Essa proximidade permitiu acumular conhecimentos sobre treinamento e preparação daqueles que foram os melhores nadadores do mundo e colaborar na preparação de seus filhos, também nadadores, e de Manoel dos Santos. Esses métodos, um pouco heterodoxos para a época, fizeram de Manoel um dos principais velocistas da natação de seu tempo. Apesar de pouco conhecido no Brasil era respeitado por seus adversários no exterior e desejado em competições internacionais.

Os Jogos Olímpicos de Roma-1960 se tornaram o grande objetivo de Manoel e todo seu treinamento foi dirigido para esse fim. Treinou em Santos para aproveitar melhor o inverno e quando o embarque estava próximo foi informado que teria que fazer uma escala em Portugal para participar de um campeonato, nada esportivo e muito político, chamado Jogos Luso-Brasileiros.

A periodização de treinamento planejada até ali pouco importava aos dirigentes que tinham outras intenções além do bom rendimento dos atletas olímpicos.

"A competição foi três semanas antes das Olimpíadas. Chegamos em Lisboa não tinha piscina quente... uma água fria desgraçada que acabei pegando uma amidalite terrível. Praticamente três semanas antes eu estava tomando antibióticos para combater uma amidalite... E paciência. Fui pra Olimpíada com a moral meio abatida. Eu acho que essa foi a causa de eu não ter me saído melhor, embora eu ache que tenha me saído muito bem. Um desconhecido que não tinha cancha internacional e acabei me saindo muito bem".

Foram poucas as vezes que Manoel teve a oportunidade de enfrentar seus adversários estrangeiros. Apesar do esforço e da dedicação o final dos 100 metros livre de 1960 foi decidido em detalhes minuciosos.

Naquele dia cumpriu sua rotina de preparação e treino, dentro e fora da água, apesar do problema de saúde. Quando à noite foi disputar a prova tinha todos os procedimentos registrados em sua memória: saída, respirações, virada, batida. Nada poderia dar errado.

"Perdi por dois décimos de segundo. Foi uma virada infeliz porque eu estava muito bem. Estava tão bem, tão na frente que eu não acreditava. Quando eu vi já tinha chegado. Então errei a virada, mas é uma oportunidade que a gente tem. Perdeu, perdeu. Não tem jeito".

Perdeu, não. Ganhou. Medalha de bronze brasileira em uma modalidade dominada por americanos, australianos e japoneses. Pouco para alguns, muito para muitos.

Em 1961 Manoel seria convidado a participar do Campeonato Japonês e mais uma vez as oscilações da temperatura frustrariam seus planos.

"Me preparei para bater o recorde (do mundo) no Japão. Acontece que quando eu cheguei no Japão fazia um calor insuportável e o ar condicionado era muito forte. Não estava acostumado. Aqui no Brasil não tinha ar condicionado em 1960... Outra vez o resfriado me perseguindo. Os vinte e poucos dias que fiquei competindo no Japão fiquei resfriado o tempo inteiro".

Manoel não bateu o recorde, mas recebeu outros dois convites irrecusáveis. Primeiro fez uma escala para uma competição no Havaí e lá foi chamado a participar do campeonato americano. Era o reconhecimento pelo que havia feito nos Jogos de Roma.

"Quando tava na competição do Havaí me convidaram para nadar o campeonato americano, mas eu tinha perdido ritmo de com-

petição... Ganhei a prova no Havaí e me preparei para o campeonato americano. Tirei quarto lugar e quem ganhou bateu o recorde mundial que foi o Steve Clark, que tinha nadado comigo no Japão quatro vezes e eu tinha ganho as quatro vezes. Aí eu falei assim: 'Steve, eu daqui um mês tento o recorde mundial'".

Na volta ao Brasil a promessa seria cumprida. Depois da medalha olímpica, quebrar o recorde mundial era o principal objetivo de Manoel dos Santos. Ele sabia que tinha condições pessoais para isso, necessitando apenas das condições materiais, proporcionadas pelo Clube Guanabara, no Rio de Janeiro.

"Essa piscina do Guanabara era uma piscina de água salgada. Se você visse a cor da água, não dava pra ver a faixa em baixo, completamente escura. Mas a gente nadava de qualquer jeito porque queria era nadar, não importava se a água estava limpa ou suja. E eu tive a felicidade de bater o recorde mundial... na época foi muito comemorado porque o Brasil não tinha expressão nenhuma em esporte".

Batido o recorde aos 21 anos, Manoel considerou que seu objetivo na natação estava cumprido. Essa certeza se estabeleceu quando ao participar de um campeonato brasileiro, após ter sido vencedor daquela prova por 4 anos seguidos, foi superado por um jovem nadador.

"Eu fui muito aplaudido por ter sido segundo lugar. Aquilo me ofendeu profundamente. Quer dizer, tinha perdido e fui mais aplaudido que o primeiro. Aí eu falei assim: "Puxa vida. Tô velho mesmo. Ainda não tô decadente para ser aplaudido assim". Aquilo foi um incentivo tremendo para eu parar. Aplaude-se uma pessoa que já está decadente, já tá no fim da vida".

Fim da vida aos 21 anos... Assim era a modalidade naquele momento. Dificilmente um nadador conseguia ter boa performance com mais de 25 anos. Não bastasse isso outras obrigações e prazeres chamavam por Manoel. Num período em que nada se ganhava para treinar ou competir, ser atleta significava levar vida monástica, mas o casamento e uma vida profissional faziam parte dos planos daquele, até ali, dedicado nadador.

Motivado pelos negócios da família entrou para o ramo madeireiro e nele ficou até o ano de 1984, depois de chegar até próximo da fronteira com o Paraguai e de lá para Tucuruí, quando resolveu retomar seu caminho inicial, a natação, e montar uma academia. Hoje possui duas, uma delas pensada e construída apenas para crianças. Mais maduro, Manoel consegue associar as características da prova que competia a um traço seu de personalidade.

> *"Eu sou velocista... Se eu estou em um lugar e o negócio demora, eu vou embora, porque não tenho muita paciência. Mas a vida deixa a gente mais tranqüilo, porque vai tomando cacetada... porque já não adianta correr tanto".*

Preciosa é a sabedoria que só o tempo ensina. Manoel dos Santos, um dos nadadores mais velozes de sua época, deu ao Brasil a segunda medalha da natação de sua história, um recorde mundial e, hoje, a calma que as crianças precisam para poder aprender.

Seriam necessários vinte anos para que a natação brasileira voltasse a subir a um pódio olímpico, feito realizado pela equipe de revezamento da prova 4 x 200 metros composta por Djan Madruga, Ciro Delgado, Marcus Mattioli e Jorge Fernandes durante os Jogos Olímpicos de Moscou. Nesse ínterim muitas mudanças haviam ocorrido na natação brasileira e mundial e no esporte como um todo.

Quem conta essa história é Djan Madruga cuja família vivia no bairro de Copacabana, onde freqüentava a praia e quase foi levado pelo mar no movimento de uma onda mais forte. Era hora de tomar providências e colocar o menino para aprender a nadar. Bastou um ano para que os professores percebessem que o garoto tinha muita habilidade na água e após um ano ele foi encaminhado para o Botafogo, clube próximo da escola inicial. Atentos, os professores de sua segunda escola observaram que a modalidade se desenvolvia de maneira acelerada e passaram a inscrevê-lo em torneios para crianças, na época chamados de *petit*.

E entre os 8 e 12 anos Djan disputou diversos campeonatos, foi campeão em várias categorias e bateu recordes estaduais. Nessa época, o Botafogo tinha a melhor equipe de natação do Brasil e contava com os grandes atletas da modalidade, além do técnico da seleção brasileira.

"Eu participei da construção e inauguração da primeira piscina aquecida do Rio de Janeiro. **Era um parque aquático fantástico, com placar eletrônico e uma piscina de 50 metros, suspensa, com um estacionamento embaixo...** *Nesse processo eu participei de uma série de mudanças... do calção de helanca para o de* nylon... *Eu vi os primeiros óculos de natação chegarem ao Brasil."*

Depois da primeira arrancada na carreira veio a estagnação, indicando a hora de mudança. Aqueles a quem Djan superou em anos anteriores passaram a superá-lo em campeonatos e seletivas.

"Eu tive a opção de participar de uma seletiva para um Campeonato Sul-Americano Infanto Juvenil que me marcou muito. Numa tomada de tempo eu perdi para um garoto do nordeste por pouquíssimos décimos. Aquilo me frustrou bastante."

A mãe de Djan resolveu então procurar o treinador para questionar a falta de evolução do filho. Para sua surpresa recebeu como resposta que todos deviam se dar por felizes pelos resultados alcançados até aquele momento porque seu filho era um "nadador limitado". Diante dessa avaliação não restou qualquer dúvida sobre a necessidade de procurar novos treinadores, não pelos resultados, mas pelos métodos. E assim o Fluminense passou a fazer parte da vida desse jovem nadador de 13 anos.

"A partir daí minha carreira tomou um impulso muito grande. Eu tinha que provar que não era um nadador limitado. Na verdade eu sabia que não era."

Nos dois anos que permaneceu no clube, Djan Madruga foi vice-campeão absoluto (adulto) com 14 anos e na temporada seguinte conseguiu seu primeiro recorde sul-americano, entrando para a seleção brasileira de adultos, de onde só saiu quando encerrou a carreira.

Sua permanência no Fluminense é lembrada também pelo fato do clube custear as despesas de moradia de sua família, dando uma conotação profissional à sua atuação. O pai, um ex-funcionário da Petrobrás em Santos, havia sido cassado pelo regime militar no início dos anos 1970 e somente reabilitado no final da década de 1980. Sua primeira participação em Jogos Olímpicos ocorreu em Montreal, 1976, aos 18 anos. Estabeleceu o recorde olímpico nas eliminatórias dos 400 metros livres, sendo o primeiro nadador a fazer essa prova em menos de 4 minutos, com o tempo de 3m59s7. Os resultados obtidos nesses Jogos (quarto lugar nos 400 livre e quarto lugar nos 1.500m) chamaram a atenção de diversas universidades americanas que enviaram convite para tê-lo como aluno e atleta. Foi para Universidade de Indiana, templo da natação americana, lugar em que foi revelado um dos maiores mitos do esporte Mark Spitz, que nos Jogos Olímpicos de Munique havia conquistado 7 medalhas de ouro.

"Esse convite foi muito importante para mim porque nesse período, em função da situação econômica do meu pai, a gente ainda passava uma série de dificuldades. Foi uma bela oportunidade que surgiu."

O convite da universidade veio acompanhado de uma bolsa de estudos integral e da necessária participação no campeonato universitário americano, competição que coincidia com a Copa Latina, importante competição brasileira. Diante da hipótese da seleção perder um de seus melhores representantes o então Conselho Nacional dos Desportos (CND) juntamente com o Ministério da Educação e Cultura (MEC) concederam uma bolsa de estudos a Djan que o desobrigaria a representar a universidade no campeonato americano, garantindo sua participação no time brasileiro.

Nessa época um fato apontaria para as transformações ocorridas em função da queda do amadorismo. Durante a carreira de nadador, Djan pouco ou nada recebeu para defender clubes e seleções.

Faz questão de lembrar do apoio recebido do Fluminense em forma de moradia para sua família e também faz questão de registrar a importância exercida pelo empresário Antonio de Almeida Braga. No ano de 1977, durante um programa de televisão, Djan Madruga queixou-se da falta de apoio financeiro para o esporte e das dificuldades vividas pelos atletas que queriam se dedicar às suas carreiras.

> *"No dia seguinte me liga a secretária do Braga dizendo que ele tinha visto o programa e que queria me ajudar... Eu já estava nos Estados Unidos e isso ocorreu logo depois das Olimpíadas. Eu disse: Olha, eu quero receber o equivalente a trezentos dólares por mês. Ele disse: "Tudo bem. Não tem problema. É isso que você quer?" Na época ele assinou minha carteira e durante 11 anos eu recebi em reais o equivalente a trezentos dólares por mês."*

Marcados pelo boicote orquestrado pelos Estados Unidos e seguido de perto por vários países europeus, africanos e asiáticos os Jogos de Moscou trouxeram boas lembranças a Djan Madruga. Na companhia de Jorge Fernandes, Ciro Delgado e Marcus Mattioli conquistou a medalha de bronze no revezamento 4 x 200m livre, quebrando um encanto de 20 anos de participação olímpica da natação sem premiação. Nas provas individuais obteve ainda quarto lugar nos 400m livre e quinto lugar nos 400 metros medley firmando-se como um dos grandes nomes da natação brasileira. Quatro anos depois, nos Jogos de Los Angeles Djan chegaria à final dos 200 metros costas, perfazendo um total de cinco finais olímpicas e uma medalha de bronze, nada mal para alguém que havia sido considerado limitado...

Depois de formado em Educação Física, em 1982, foi convidado por seu treinador a permanecer na universidade cursando o mestrado e trabalhando como seu assistente.

> *"Apesar das propostas para continuar trabalhando nos Estados Unidos eu optei por voltar ao Brasil. Eu cheguei à conclusão de que depois de 7 anos lá, seu eu aceitasse aquela proposta eu nunca mais voltaria. Como meu objetivo era desenvolver um trabalho no Brasil achei que seria mais reconhecido aqui."*

Katia Rubio

Após os Jogos de Los Angeles veio a decisão de não mais competir pela seleção brasileira. Passou a se dedicar ao triatlo. Ainda em fase inicial nos Estados Unidos essa modalidade chamou a atenção de Djan por reunir natação, ciclismo e corrida e começou a praticá-la de forma amadora. Após alguns torneios regionais ingressou no circuito profissional e conquistou algumas vitórias importantes, firmando-se como atleta profissional de triatlo.

Enquanto isso um novo talento se preparava para brilhar nas piscinas também de forma precoce. Era a vez de Ricardo Prado. Filho caçula de uma família de classe média, muito cedo começou a praticar natação, seguindo os passos dos irmãos mais velhos.

"Eu com quatro, cinco anos mais ou menos, já fazia essa rotina normalmente... a Denise, minha irmã mais velha não sei por que ingressou na equipe de natação. Aí o Fernando também virou nadador, o Sérgio, a Rosa Maria e eu, com quatro, cinco anos era o mascote da turma. Freqüentava a piscina, brincava e nadava. Na verdade não houve um momento que eu escolhi para a natação. Sei que eu já nasci dentro disso... Eu nunca escolhi. Eu nunca tive outro esporte. Teve lá umas épocas que eu queria jogar basquete, vôlei, coisa de curioso, mas a natação, desde que eu me conheço por gente, faz parte da minha vida".

A iniciação prematura, inevitavelmente, levaria à competição na mesma proporção. Com toda a família envolvida com a modalidade – o pai era o representante da Federação Paulista na região em que moravam, e organizava as várias competições – não seria possível fugir a esse destino.

"Com seis anos eu já participei de um campeonato brasileiro de garotadinha... logo cedo me destaquei, ganhava de garotos mais altos, mais velhos... fui campeão brasileiro com oito anos... minha primeira seleção brasileira foi com 12 anos, num campeonato sul-americano em Lima, no Peru. Lá ganhei quatro medalhas de ouro e quatro de prata".

293

Além do talento inegável e da vontade de ser campeão, Ricardo vislumbrou a natação como uma porta que o levaria de Andradina para o mundo, assim como já tinha levado seus irmãos mais velhos. Além disso, por meio do esporte seria possível ter acesso a boas escolas no Brasil e no exterior. Era apenas uma questão de tempo.

"Com 13 anos eu tive uma experiência muito bacana que foi passar 30 dias em Miami treinando. Fomos eu e mais 70 garotos brasileiros em um projeto da Confederação".

Era cedo, mas Ricardo já sabia exatamente onde queria chegar. Oportunidades como aquela não surgiam com facilidade, nem se repetiam com freqüência. Era hora de aproveitar ao máximo a situação e creditar um diferencial a mais em seu currículo já singular.

"Chegou lá, na realidade todo mundo queria era conhecer o Mickey, porque no segundo dia de treino já tinha metade com dor no ombro, metade com dor na unha... eu acho que desde cedo eu sempre soube que eu era bastante a fim. Então passei esses trinta dias treinando lá, e aproveitei muito e voltei para o Brasil querendo voltar pra lá de novo".

Após participar dos Jogos Pan-americanos de 1979 e sagrar-se campeão sul-americano de adulto, Ricardo conseguiu um espaço para treinar no San Diego, considerado o melhor clube da Califórnia.

"Meus pais compraram uma passagem para mim e me deram mil dólares e eu fui, com 15 anos, morar numa casa de família e treinar no melhor clube do mundo, onde meus heróis nadaram".

Um dos heróis de Ricardo era Jesse Vassalo, um grande nadador dos 400m medley, modalidade que soma quatro diferentes estilos de nado: costas, peito, borboleta e livre. Era um nadador que havia inovado a saída, permanecendo grande parte do tempo embaixo d'"água. Treinando no mesmo espaço físico foi possível converter o herói apenas em um exemplo a ser seguido, principalmente, porque em breve se tornariam adversários. E foi justamente os 400 metros medley a prova na qual o nadador brasileiro tornou-se especialista. Havia também outras intenções por trás dessa escolha.

"Eu me especializei nela também pelo fato de que seria mais fácil pegar uma seleção, porque ninguém queria nadar. O pessoal que não treinava muito não queria encarar os 400 metros".

Aos 15 anos Ricardo obtinha índice para participar dos Jogos Olímpicos de Moscou. A preparação para isso não era nada fácil em função das disparidades de calendário entre as competições americanas e brasileiras, das quais ele participava. O sonho olímpico era ainda apenas um ensaio, mas as lições aprendidas lá seriam levadas para o resto de sua vida. Apesar da natação ser uma modalidade individual, a importância do grupo na superação das dificuldades para resistir aos treinamentos intensos e constantes é inegável. Em Moscou isso ficou evidente. Escalado para nadar a prova dos 400m medley, que ocorreria no oitavo dia de competição, Ricardo viu seus colegas de modalidade que foram sendo eliminados de outras provas deixarem o ginásio, dia a dia, restando a ele apenas a companhia do técnico, e ninguém mais.

"Foi aí que eu descobri que a natação, apesar de ser um esporte individual é muito importante o apoio do grupo, ter uma equipe atrás de você, gritarem seu nome quando você sobe na baliza, além do treinamento é importante na competição também".

Logo foi possível superar a fase de adaptação à nova família, escola, horários, hábitos alimentares e já no ano seguinte, aos 16 anos, Ricardo fazia o segundo melhor tempo do mundo. Não havia quem duvidasse que aquele menino não pouparia esforços para ser o primeiro. Sua rotina diária consistia em acordar cedo, treinar, estudar e novamente treinar, cumprida de segunda a sábado, perfazendo um total de 11 treinos por semana.

Medalhistas olímpicos brasileiros: memórias, histórias e imaginário

"Eu não tenho palavras para explicar a disciplina que era aquilo, e realmente a força de vontade e o objetivo claro que você tem que ter para agüentar isso. A toda hora eu me questionava se era necessário tudo aquilo, se precisava fazer tudo aquilo, para que e por que eu estava lá. Mas, na hora em que eu subia no bloco para nadar eu tinha certeza que ninguém ia ganhar de mim. Eu tinha certeza que tinha treinado mais, que tinha treinado melhor. Eu tinha certeza que ninguém ia ganhar de mim".

O Campeonato Mundial de 1982, em Guayaquil, no Equador, provaria que essa afirmação estava correta. Aos 17 anos Ricardo ganhava a medalha de ouro e registrava um novo recorde mundial para a prova. E a marca batida naquele campeonato era justamente a de seu ídolo Jesse Vassalo.

Estava aberto o caminho para a realização do sonho olímpico. Primeiro lugar no campeonato mundial e detentor do novo recorde Ricardo Prado chegava aos Jogos Olímpicos de Los Angeles como o favorito para a prova dos 400 metros medley. Apesar de não contar com detalhes como ocorreu aquela final, o resultado foi Alex Baumann em primeiro e Ricardo Prado em segundo.

Ricardo tem a exata dimensão de seu feito tanto para a torcida como para si mesmo.

"Eu acho que as pessoas ainda se lembram muito mais da minha medalha de prata do que do recorde mundial. Fui lá para ganhar e eu não consegui. Mas eu acho que para o Brasil, realmente teve sabor de ouro. Para mim não. Para mim teve prata, foi uma espécie de derrota".

Diante de tanta dedicação à carreira e tamanha obsessão pela perfeição é compreensível que esse resultado não pudesse ser considerado o ápice da carreira.

"O recorde mundial é o que realmente vale... a medalha de prata foi por que as Olimpíadas interessa muito à imprensa".

Apesar disso, Ricardo ainda nadou até o ano de 1987, quando participou pela última vez dos Jogos Pan-americanos. Num primeiro momento quis distância do esporte, numa atitude de negação de tudo que havia feito e conquistado. Formado em Economia, realizou seu mestrado também na Universidade de Dallas e tentava buscar um emprego em algum banco ou empresa multinacional na sua área de formação. Entretanto, diante da necessidade de ganhar a vida aceitou um trabalho como professor particular de natação de uma garota que já treinava regularmente em clube. Não foi preciso muito tempo para que metade das crianças daquela equipe viesse a se tornar todos seus alunos particulares, levando o técnico do clube a convidar Ricardo para ser seu auxiliar e, posteriormente, técnico de uma outra equipe. Os planos de se tornar executivo foram ficando cada vez mais distantes e paulatinamente Ricardo voltava a se aproximar daquilo que aprendera a fazer desde muito cedo: nadar.

> *"Eu não queria trabalhar com esporte. Eu tinha aquele ressentimento, aquela mágoa de quem era exposto a muita coisa, muito rápido e a recompensa que eu queria não veio... eu achei que dava pra fazer aquilo ali uma função um pouco mais integral. Eu me senti em Andradina de novo... Acabei sendo convidado pra trabalhar na Califórnia, e a partir dali já tinha incorporado o treinador e não ia ter banco nenhum que fosse me tirar dali".*

Após dois anos na condição de técnico era hora de voltar para o Brasil, e seu novo endereço era um velho conhecido: o Flamengo, clube pelo qual havia competido durante vários anos. As lições aprendidas nessa oportunidade foram desde relacionamento interpessoal com atletas até política institucional, quesito fundamental para quem deseja sobreviver nesse ambiente complexo e competitivo que é o esporte. Finalizada essa experiência Pradinho veio para São Paulo participar da criação de um projeto voltado para a formação de novos atletas: o projeto futuro, sediado no Conjunto Constâncio Vaz Guimarães, no Ibirapuera, que tem como objetivo acolher crianças talentosas de todas as partes do país que desejam ser nadadores.

Dos anos passados dentro das piscinas, talvez poucos atletas tenham tanta experiência para compartilhar sobre determinação, como suportar a solidão ou como lidar com o medo. Aprendidos desde muito cedo esses sentimentos e sensações, muitas vezes inomináveis, podem colocar todo o projeto de uma vida a perder.

"Minha preparação era uma coisa muito dolorosa... Você não está ali se divertindo, você está tentando explorar novos limites para o seu corpo. Então eu ficava aterrorizado... Eu tinha muito medo dos adversários, medo não sei do que. Era medo talvez da força que ia ter que fazer, medo da dor que ia sentir, medo do sacrifício que eu ia ter que colocar no corpo naquela hora, medo de não nadar bem e jogar tudo fora, tudo o que a gente tinha feito e tal. Eu sei que ficava bastante aterrorizado... E na verdade eu acho que esse era o estado meio de transe que eu precisava entrar para poder fazer aquilo na água que eu fazia... Na verdade não era preparação, era só tentar fazer passar o tempo até a hora de subir no bloco. Subiu no bloco some tudo, mas até subir no bloco era um inferno".

Quem poderia ajudá-lo a superar tamanho desconforto vivido tão intensamente, tão prematuramente? Ninguém a não ser ele próprio. Ricardo não considera que seus técnicos tenham sido pessoas fundamentais em sua trajetória, isso porque sempre o trataram como uma máquina de produzir resultados. Ensinaram-no técnica, como treinar, como suportar os treinos, como chegar ao recorde, mas poucos deles sabem quem era o indivíduo Ricardo Prado, o que ele sentia, de onde ele vinha e o que ele queria para sua vida. Hoje o menino precoce da natação brasileira, já na condição de técnico, tem a certeza de que o caminho para ensinar o esporte e fazer campeões passa necessariamente pelo conhecimento e respeito ao atleta. Por aquilo que ele já foi e por aquilo que ele será.

Depois de Ricardo Prado foram necessários oito anos para que um outro atleta brasileiro voltasse a condição de medalhista. Gustavo Borges escreveu seu nome na história olímpica brasileira como um grande nadador, aquele que mais medalhas olímpicas ganhou na natação brasileira.

Dono de físico e talento incomuns teve o privilégio de ser iniciado muito cedo na prática da natação, uma vez que na casa de seus pais havia uma piscina e pessoas dispostas a fazê-lo aprender a nadar. Além da natação, até os 10 anos praticou várias modalidades esportivas, vôlei, basquete, futebol, tênis, tendo a possibilidade de optar pela natação quando chegava a hora da especialização. Permaneceu em Ituverava até os 15 anos, quando já não tinha mais condições de desenvolvimento técnico na cidade, transferindo-se para São Carlos, onde foi treinar com o técnico Piscinão.

"Nesse ano eu desenvolvi muito. Fiz uma carga de treinamento maior, estava crescendo ainda, ficando um pouco mais forte e com 16 anos eu vim para São Paulo, para o Esporte Clube Pinheiros".

Clube associado aos grandes nomes da natação brasileira, o Pinheiros teria uma longa relação com Gustavo Borges. Permaneceu treinando nas instalações do clube por um ano e meio e depois partiu para os Estados Unidos para treinar e competir primeiro em Jackson Ville, na Flórida, e em seguida na Universidade de Michigan para cursar Economia e treinar junto com um dos principais times da natação norte-americana. Apesar dessa mudança Gustavo permanecia ligado ao Pinheiros competindo pelo clube os campeonatos estaduais e nacionais.

Reconhece que as condições de treinamento no Brasil evoluíram muito na última década, com o aprimoramento dos técnicos e apoio financeiro que os atletas têm recebido tornando desnecessária essa busca de preparação no exterior.

"Os técnicos evoluíram bastante... A minha geração tinha muito mais gente treinando fora do Brasil. Hoje em dia diminuiu um pouco. A maioria dos melhores atletas treina aqui no Brasil. Isso se deve ao apoio financeiro, a estrutura de treinamentos... A água,

o azulejo e a estrutura da piscina são a mesma, mas os blocos são melhores, as raias são melhores, a gente não se expõe a nadar em piscina fria como fazia antigamente... a natação hoje é muito melhor do que era 10 anos atrás".

Nesta avaliação vem implícita toda a experiência adquirida ao longo de uma carreira vitoriosa que contou com a primeira convocação para a Seleção Brasileira aos 17 anos. Era o ano de 1989 e Gustavo havia sido classificado para um Campeonato Sul-americano e para uma Copa Latina, dando início à sua participação no time nacional e também à sua vida como profissional da natação.

"Naquela ocasião estava com 16 para 17 anos... eu estava sendo remunerado, mesmo que pouco. O Clube Pinheiros tinha uma ajuda de custo, pagava a minha escola... eu acho que naquele momento eu estava começando a minha vida profissional".

A cada meta conquistada era o momento para avaliação do que havia ocorrido e também oportunidade para estabelecer novos objetivos. O planejamento passou a ser tão importante quanto o treinamento em si.

"Cada passo que eu conseguia atingir os objetivos cresciam. Eu tava querendo ir para um Sul-americano, consegui. Depois eu quis ir para uma Copa Latina, um Panamericano, Olimpíada. Na medida que você conquista aquele espaço você quer disputar uma medalha, e assim vai".

E assim foi. Medalha de ouro nos Jogos Pan-Americanos de Havana, Gustavo passou a ser observado com cuidado por seus adversários e pelos técnicos de natação. Barcelona, 1992, seria sua estréia em Jogos Olímpicos e as lembranças do parque aquático Bernat Picornell são bastante inusitadas.

Depois de uma estréia avaliada como tensa nos 200m livre, terminando em 22º lugar, e de uma performance um pouco melhor no revezamento 4x200m com a sétima colocação, parecia que o terceiro dia de competições, e de sua principal prova, os 100m livre, reservaria melhores momentos.

Estavam na final dos 100 metros o americano Matt Biondi, recordista mundial e olímpico, e os não menos favoritos Alexander Popov, Stephan Caron e Jon Olsen. Gustavo, que já treinava em Michigan havia passado pelas eliminatórias com o segundo melhor tempo de todas as séries o que lhe renderia uma das raias nobres, a de número 5. Depois de uma prova muito disputada era grande a expectativa pelo resultado. Apesar de ter chegado na frente de vários outros nadadores o nome de Gustavo aparecia no placar em oitavo lugar, sem o tempo realizado. Em poucos instantes foi constatado que o sensor de sua raia estava com problemas e não registrou a batida de chegada. Diante disso o presidente da Confederação Brasileira de Desportos Aquáticos, Coroacy Nunes, partiu em defesa da manutenção do resultado de Gustavo, impedindo que mais uma vez um atleta brasileiro fosse prejudicado por erros de arbitragem ou organização. Após várias verificações da cronometragem manual e das imagens do vídeo teipe da chegada foi decidido pela segunda colocação para o brasileiro, deixando-o apenas atrás do russo Popov.

Perguntado sobre o que representou aquilo em sua vida, Gustavo é categórico.

"Com 19 anos você não sabe bem o que está acontecendo. Eu fui curtir minhas medalhas depois de Atlanta".

Depois de Barcelona, Gustavo passou a ser um nome respeitado na natação mundial. Respeito também representava trabalhado redobrado para manter e melhorar posição. Nos Jogos Olímpicos de Atlanta o objetivo era permanecer no pódio, disputando as primeiras colocações. Fala desses Jogos com a frieza de um empreendimento bem sucedido.

"Em 96, nos Estados Unidos... foi uma competição muito comercial... Eu fui com o objetivo de ganhar medalha. Então cheguei, ganhei medalha e fui para a casa. Então foi muito chato nesse aspecto. Foi bom pelas medalhas".

Medalhas, no plural. Em Atlanta, Gustavo voltou ao pódio nos 100m depois de conquistar a medalha de bronze, e conseguiu, desta feita uma excelente segunda colocação nos 200m livre lhe valendo a medalha de prata.

"Eu 96 eu comemorei na hora, foi a primeira medalha olímpica que eu comemorei. Em 92 teve o problema do placar e eu fui comemorar meia hora depois".

Com a experiência adquirida ao longo dos anos e a manutenção entre os principais atletas do mundo era hora de usufruir um pouco mais dos bons momentos que o esporte pode proporcionar à vida do atleta. Com o mesmo espírito profissional e dedicação Gustavo começou a buscar mais do que medalhas. Foi com esse espírito que participou da equipe de revezamento 4x100m em Sydney.

"Nas provas individuais eu tava sentindo que ia ser bem difícil conseguir uma medalha... Entrei naquele revezamento e a hora que ganhei aquela medalha foi uma vitória muito gostosa... Eu curti muito aquele 4 x 100 livre... Eu gostaria de voltar o tempo, curtir um pouquinho de novo tudo aquilo que aconteceu".

Três Jogos Olímpicos, quatro medalhas. Gustavo Borges, juntamente com Torben Grael, tornava-se o maior medalhista olímpico brasileiro.

Desafiando a precocidade de outros nadadores Fernando Scherer, também conhecido como Xuxa, deixou sua marca nas provas de curta distância.

Nascido em Florianópolis, foi um poliatleta, tendo jogado tênis, futebol, vôlei até os 12 anos, quando sem ter muita certeza de que o esporte seria seu caminho interrompeu essas práticas. Aos 14 anos começou a nadar pelo prazer ou necessidade de preencher seu tempo livre. O olhar atento de seu professor detectou algumas habilidades físicas que indicavam que ele tinha condições de se desenvolver para o esporte. Era o ano de 1988. Em pouco tempo a aprendizagem dos movimentos iniciais da natação foi sendo substituída pelo aperfeiçoamento dos gestos técnicos até que Fernando recebesse o treinamento necessário para se tornar um atleta competitivo. Tudo acontecia muito rápido na vida de alguém que iniciara a natação aos 14 anos.

Sua carreira foi tão meteórica que se não fosse um centésimo de segundo ele teria conseguido o índice exigido pelo Comitê Olímpico Brasileiro para participar dos Jogos de Barcelona, em 1992. No ano seguinte Fernando Scherer participaria do campeonato mundial da modalidade e afirmaria uma condição sugerida no ano anterior, durante as seletivas: a de um dos melhores nadadores de sua época. Venceu a prova dos 50 metros nado livre, sua especialidade, sagrando-se campeão do mundo. Seria seu primeiro título mundial.

Fernando afirma que não trabalhava com metas de longo prazo, ou seja, depois do campeonato mundial era hora de olhar para o calendário e ver qual a próxima competição e trabalhar para ela. No final da lista estavam os Jogos Olímpicos de Atlanta.

"Cada ano a gente treina para uma competição e vai se desenvolvendo até chegar o treinamento para a Olimpíada... Ela vai fazer parte de mais uma competição no calendário... O sonho do atleta é ir para uma Olimpíada, mas eu nunca pensei nisso... não foi meu alvo, não era meu sonho".

Nessa perspectiva, Fernando ainda teria mais três performances memoráveis: uma no Campeonato Mundial, outra nos Jogos Panamericanos e uma mais no Campeonato Mundial Universitário, em 1995, credenciando-o como um dos favoritos para as provas rápidas da natação nos Jogos Olímpicos de Atlanta.

Xuxa participou de três provas dos 100m livre, ficando em quinto lugar, do revezamento 4x100m, chegando em quarto e dos 50m livre conquistando a medalha de bronze. Apesar da negação inicial da importância dos Jogos Olímpicos, após a conquista da medalha a impressão passou a ser outra.

"Para mim foi maravilhoso. Foi um objetivo realizado, um sonho ali, naquela hora que eu não estava nadando muito bem, no momento, na Olimpíada. Consegui passar por várias fases difíceis, durante a Olimpíada e consegui recuperar na hora que precisava recuperar, que era na hora final. Então isso me dá confiança demais para qualquer competição".

Fernando não tem os Jogos Olímpicos como um marco na sua carreira. Para ele o momento mais memorável de sua atuação aconteceu em 1998, no Goodwill Games, de Nova Iorque, em 1998, quando além de conquistar o primeiro lugar foi eleito o melhor nadador do mundo.

"A competição que mais marcou minha carreira não foi nem a Olimpíada, acho que o que mais marca foi 98 (Goodwill Games), *onde realmente eu queria alcançar um tempo e consegui o que queria nos 100m".*

Toda a insatisfação com os Jogos Olímpicos talvez possa ser explicada pela impossibilidade de Fernando conseguir mostrar nessa competição o mesmo desempenho que em outros eventos esportivos. Prova disso foi sua participação em Sydney quando sofreu um acidente no próprio local de treinamento e rompeu os ligamentos do pé, prejudicando sua participação nas competições.

"2000 para mim não serve muito como competição. Eu posso falar que o Pan-americano eu ganhei quatro medalhas de ouro, pra mim valeu mais. 98 também. 2000 foi frustrante nadar aquela Olimpíada do jeito que eu tava com o pé, com três ligamentos rompidos... Tudo que eu trabalhei, tudo que eu treinei não adiantou nada".

Mais uma vez o desejo de deixar sua marca nos Jogos Olímpicos estava desfeito. Os tempos que havia realizado em campeonatos anteriores teriam-no colocado em segundo lugar nos 50m e também segundo nos 100m. Ainda assim restava o revezamento 4x100m que lhe permitiria reparar o insucesso.

"Tudo que eu treinei não adiantou nada. Adiantou sim para ajudar o revezamento, mas eu não tinha condições de nadar as provas individuais... Não foi o sonho da minha carreira aquela Olimpíada. Foi super maravilhoso, super agradável, ter conseguido aquela medalha de bronze num momento que eu estava sem poder bater uma perna... isso fica marcado para sempre".

Medalha ou resultado? O que é mais importante na vida de um atleta? É difícil definir. A realização do sonho olímpico vivido por outros atletas atesta a singularidade dessa conquista. Depois de ter obtido resultados tão expressivos em outras competições a impossibilidade de repeti-los nos Jogos Olímpicos deixa um sabor amargo de dúvida sobre como seria esse momento.

"Como atleta individual, às vezes o resultado é mais importante do que a medalha. Seu eu botar uma meta num tempo e esse tempo for realizado, eu consegui que eu queria, vindo ou não a medalha. A medalha é uma conseqüência de um trabalho bem feito. E numa Olimpíada o sonho é a medalha, não o tempo... é uma competição diferente de todas as outras, é diferente do mundial... Na Olimpíada você não se preocupa como vai nadar, você quer simplesmente ganhar dos outros. Aí pesa a diferença, o nível da competição muda. Você acaba mudando, você fica mais nervoso, mais ansioso. Muda tudo. É uma competição que você espera quatro anos por ela... e se vacilar só daqui a quatro anos... Isso me magoou em 2000. Eu só vou poder dar resultado em 2004. São quatro anos e em quatro anos eu fico mais velho".

O tempo é implacável com o que passou e não há o que o faça voltar atrás. Então sobre os planos para o futuro.

"Meu objetivo é 2003, Panamericano. Depois do Pan eu resolvo se eu continuo ou não para a Olimpíada. Com certeza eu continuo, porque estou afim de nadar a Olimpíada, mas eu nem fico pensando a muito longo prazo hoje em dia... Hoje em dia eu estou mais trabalhando a minha carreira a curto prazo,

que é melhor pra minha cabeça. Lógico que eu não vou parar um ano antes da Olimpíada, então vou continuar treinando e ver o que acontece".

A estrutura do esporte brasileiro é na opinião de Fernando um fator que dificulta muito o planejamento e realização da carreira esportiva. Em 1997, depois de sempre morar e treinar em Florianópolis ele se transferiria para o Flamengo, no Rio de Janeiro, com a expectativa de melhores condições de treinamento, de suporte técnico e de infra-estrutura. Para sua surpresa e desapontamento além dessa expectativa não se realizar o clube ainda lhe deve grande parte de seus salários que não foram pagos na ocasião.

Depois dessa experiência mudou-se para São Paulo, onde compete e treina na cidade de Santo André.

"Graças a Deus eu tenho família que me apóia, sempre tive bons técnicos... A gente é bem amador, não tem o apoio necessário do Governo, não tem apoio necessário das empresas, não tem apoio necessário de lado nenhum. Eu acho que tudo é muito mal feito, o esporte é bem amador".

Após os Jogos de Atlanta e também de Sydney, Fernando Scherer resolveu parar, desgostoso com a falta de patrocínio e de ajuda dos órgãos competentes. Passado um período voltou determinado a conquistar o tempo perdido e a buscar novas marcas.

"Eu ganhei a medalha em 96 porque perdi os patrocínios. 2000 foi a mesma coisa, ganhei, parei... Não tem satisfação de continuar nadando. O pessoal apóia no ano da Olimpíada. Acabou a Olimpíada o pessoal tira o patrocínio. E os outros quatro anos que eu tenho que trabalhar para a próxima? Aí eu paro! Graças a Deus eu tenho um talento nato que eu posso voltar a hora que eu quero, porque é difícil. Não é qualquer atleta que consegue parar do jeito que eu paro... ".

Por que então continuar nessas condições?

"Hoje eu voltei porque eu quis... Voltei porque eu gosto. Voltei porque eu quero dar resultado pra mim, independente de patrocínio, mas com certeza os patrocinadores virão... depende do retorno de mídia que eu dou também... Vou voltar a nadar porque eu gosto e não pela parte financeira".

Um discurso politicamente correto, mas incoerente. Diante desse depoimento é possível afirmar que talento, dedicação e dinheiro são os substitutos contemporâneos de antigos ideais olímpicos como *altius, citius e fortius.*

Os medalhistas olímpicos do tiro

Desde a invenção da pólvora vários instrumentos foram desenvolvido para aproveitar a força da explosão que aquele material proporcionava. De canhões a pistolas muitas dessas armas tinham finalidade bélica tanto de defesa como de ataque.

Duarte (2000) afirma que o tiro teve grande desenvolvimento entre os militares e o surgimento e desenvolvimento de diversas armas foi transformando o esporte. Consta, por exemplo, de 1540, a criação uma arma por um italiano Caminello Vitelli, de cidade de Pistóia, a quem emprestou o nome de pistola à sua invenção.

A partir do século XIX foram inventadas as armas com carregamento pela culatra, em contraste com aquelas em que a carga explosiva e a bala eram carregadas pelo cano, aumentando a precisão do tiro.

O tiro ao alvo foi aplicado em competições esportivas a partir do século XIX, inicialmente na Suécia, espalhando-se por diversos países europeus. De acordo com Nascimento (1976) em Piemonte, na Itália, no ano de 1848, foi fundada uma sociedade com a intenção exclusiva de congregar os adeptos do tiro.

No Brasil, oficialmente, o tiro começou como competição em Minas Gerais, na cidade de Juiz de Fora, em 1906, expandindo-se em seguida para São Paulo, Rio de Janeiro e Porto Alegre, com grande participação de militares (Duarte, 2000).

Medalhistas olímpicos brasileiros: memórias, histórias e imaginário

Quadro 13 – Medalhistas Olímpicos Brasileiros do Tiro

Ano	Atleta	Modalidade	Medalha
1920	Guilherme Paraense	Pistola tiro rápido	Ouro
	Afrânio Antonio da Costa	Pistola livre	Prata
	Afrânio Antonio da Costa, Guilherme Paraense, Sebastião Wolf, Dario Barbosa e Fernando Soledade	Pistola livre - equipe	Bronze

A aventura olímpica brasileira teve seu início nos Jogos Olímpicos de Antuérpia, em 1920. É possível afirmar que foi uma estréia coroada de êxito uma vez que diante de condições tão precárias foi possível participar distintamente e, além disso, voltar para o Brasil com 3 medalhas olímpicas, uma de ouro, uma de prata e outra de bronze.

As primeiras medalhas olímpicas da história brasileira foram conquistadas em circunstâncias que misturam heroísmo e ficção.

Quando Afrânio Antonio da Costa, Guilherme Paraense, Sebastião Wolf, Dario Barbosa e Fernando Soledade nasceram, o movimento olímpico internacional ainda não existia e o esporte era uma prática pouco conhecida, exceto para aqueles que tinham oportunidade de estudar em escolas de origem européia ou participar de clubes com essa mesma tradição.

No caso específico do tiro é possível dizer que ele foi implantado no Brasil em meados do século XIX, principalmente pelos imigrantes alemães e italianos, que se fixaram nas regiões sul e sudeste e tinham a caça não como uma necessidade, mas como uma atividade de lazer. Diante da expansão dessa prática, em 1906 foi criada a Confederação do Tiro Brasileiro, que buscava reunir todas as Sociedades e Clubes de Tiro existentes no país, sob os cuidados do exército.

Enquanto Guilherme Paraense vinha do Pará, freqüentava a Escola Militar de Realengo, saindo de lá anos depois como oficial prestigiado por seus feitos na corporação e pela distinção que ofere-

308

ceu às forças armadas como atleta exemplar, Afrânio da Costa se destacava como aluno precoce, chegando a se formar pela Faculdade Livre de Ciências Jurídicas e Sociais do Rio de Janeiro, em 1912, aos 20 anos e como amante do tiro participando ativamente da construção de um estande de tiro no Fluminense Futebol Clube, no Rio de Janeiro, cidade que já contava com o Revolver Clube, fundado pelo atirador Guilherme Paraense. No mesmo período Sebastião Wolf partia ainda criança da Baviera, rumo ao Rio Grande do Sul onde se fixaria com a família. A paixão pelo tiro teve início muito cedo. Habilidade necessária para a prática da caça, herança herdada da cultura de algumas regiões da Europa no século XIX, onde essa atividade era muito praticada e respeitada, encontrou no ambiente natural gaúcho condições propícias para seu desenvolvimento. Guilherme Paraense, Afrânio da Costa e Sebastião Wolf compuseram a primeira delegação brasileira a participar de uma edição dos Jogos Olímpicos em 1920, em Antuérpia e trouxeram as primeiras medalhas da história olímpica brasileira.

Naquele pós-guerra a Europa encontrava-se devastada e desgastada por um conflito nunca visto anteriormente. Os Jogos Olímpicos em Antuérpia seriam uma oportunidade singular para que a intenção de paz que Pierre de Coubertin proclamava como sendo finalidade dos Jogos fosse colocada em prática.

Vale lembrar que nessa época ainda não existia o Comitê Olímpico Brasileiro e os interessados em participar dos Jogos foram responsáveis pela organização das condições materiais para a viagem. A modalidade tiro era aquela que mais tinha condições de obter um bom desempenho e conquistar medalhas.

Em 1920 os Jogos Olímpicos ainda buscavam se firmar como um grande evento, de caráter internacional, que se propunha a ser uma prática pedagógica para a juventude, a divulgar e afirmar a união entre os povos e naquele momento histórico, promover a paz abalada pela I Guerra Mundial.

O Brasil vivia a República Velha, fase em que os governantes buscavam se firmar e superar os problemas econômicos e sociais

Medalhistas olímpicos brasileiros: memórias, histórias e imaginário

que ainda persistiam desde o final do império. Embora os governos civis já estivessem no poder havia inúmeros conflitos no sul e no norte do país que obrigava as forças armadas e manterem-se organizadas, dando grande poder aos militares, fato que podia ser percebido em várias esferas da vida social, inclusive no esporte, tanto do ponto de vista dos atletas como dos dirigentes.

Guilherme Paraense e Sebastião Wolf eram militares e participaram dos Jogos Olímpicos no tiro, modalidade de forte tradição entre essa categoria. Se para Guilherme sua identidade era formada dentro da caserna desde os 5 anos, quando ingressou na escola militar, Sebastião faria um trajeto diferente.

(Valéria Paraense, neta de Guilherme) *"Ele foi muito novinho pra escola militar... com cinco anos... dali, ele foi direto para a antiga Escola do Realengo... não existia a Academia Militar das Agulhas Negras, era Escola Militar de Realengo... Ele era um militar e tinha que corresponder às expectativas da própria carreira dele. Ele chegou ao posto de Tenente-coronel, então já não podia ficar tão ligado ao esporte amador. Mas, existe essa foto no livro,* A História do Tiro ao Alvo no Brasil, *em que aparece essa foto dele na primeira reunião da Confederação Brasileira de Tiro, em mil novecentos e quarenta e alguma coisa."*

(Neusa Wolf, neta de Sebastião) *"O vô era militar, não sei se em função do tiro. O que ele fazia mesmo para viver era biscoito. Ele tinha uma fábrica de biscoito em Porto Alegre. Segundo contam minhas tias foi ele quem trouxe para o Brasil a receita da bolacha Maria. E ela se chama Maria por causa da minha avó, que era esposa dele."*

Afrânio da Costa, por sua vez, era uma pessoa com rara capacidade de liderança e de articulação política, e foi designado chefe da equipe de Tiro que participou dos Jogos Olímpicos de Antuérpia, em 1920. Essas características seriam muito caras aos atletas brasileiros em função das adversidades que estavam por vir. Dono de uma considerável verve literária Afrânio produziu ao longo da viagem um diá-

Katia Rubio

rio de notas que nos serve até os dias atuais de fonte de dados para os acontecimentos daquele evento.

A aventura olímpica desses brasileiros, e mais Dario Barbosa e Fernando Soledade, teve início já na viagem a bordo do navio Curvelo e estendeu-se por solo europeu que vivia difíceis tempos de pós-guerra. Sendo um navio cargueiro, as cabines dos passageiros eram demasiadamente pequenas e mal ventiladas o que levou os atletas a negociarem acomodação no ambiente mais acolhedor, mas também de maior movimento: o bar. Fechado o acordo ficou acertado que a delegação poderia dormir no bar, com a condição de que isso só acontecesse após a saída do último cliente e que não se prolongasse até depois da chegada do primeiro, no dia seguinte. Não bastasse isso em virtude do sacolejo provocado pelo mar os dias a bordo não puderam ser utilizados para qualquer treino ao longo do período, exceto quando de uma escala na Ilha da Madeira, onde puderam utilizar um estande emprestado pelo exército português. Foi nessa ocasião que o comandante do navio utilizado para a viagem informou àqueles intrépidos passageiros que a chegada a Antuérpia estava prevista para 05 de agosto, 14 dias após a realização das competições.

Apesar da solicitação de adiamento da prova era preciso chegar à Bélgica até o dia 22 de julho. Para isso desembarcaram em Lisboa e seguiram por terra. Se por um lado isso resolveria a questão do tempo, por outro implicaria na superação de algumas barreiras geográficas e outras econômicas.

Escreveu Afrânio.

"A viagem, que de antemão sabíamos ser penosa, em muito ultrapassou a expectativa e só organizações morais e físicas de grande rigidez poderiam resistir ao abalo sofrido e produzir o resultado obtido. Má organização das linhas férreas, a travessia das fronteiras, já de si difícil, impossível quase, com as armas e munições, tudo consideravelmente se agravou pela falta de dinheiro e pela providência ou notícia a respeito de nossa passagem. A acrescentar, ainda, a má alimentação: era péssima e escassa pois, naturalmente, os recursos particulares do Dr. Roberto Trompowsky,

o esforçado chefe da delegação, que conosco seguira, deveriam ser economizados para não passarmos fome na longa travessia".

Para surpresa e decepção da equipe de tiro na chegada ao continente europeu todo o equipamento foi confiscado. É bom lembrar que o que levavam não eram bastões, bolas ou protetores de cabeça ou joelhos, equipamentos comuns a outras modalidades. Falamos de armas – revólveres e pistolas – e munição. Era muito difícil para os funcionários da aduana entenderem, em um momento posterior a uma guerra mundial, o que brasileiros faziam com aquele equipamento em solo europeu. E com isso a chegada à Bélgica foi retardada em quase uma semana, sendo necessário que o chefe da delegação, membros do corpo diplomático e o representante junto ao Comitê Olímpico Internacional interviessem para que os atletas brasileiros pudessem chegar a tempo para competir.

A delegação que saíra do Brasil com a promessa de ter as despesas da viagem custeadas pelo governo brasileiro se viu obrigada a arcar com todos os gastos. A contribuição pessoal do embaixador brasileiro em Bruxelas, Barros Moreira, e do chefe da delegação, Dr. Roberto Trompowsky, impediram que as necessidades se tornassem ainda maiores.

A chegada a Antuérpia estava longe de representar o fim das dificuldades dos atiradores brasileiros. Afrânio descreveria assim em seu relatório.

"Na Antuérpia foi difícil até mesmo localizar a sede do Comitê Executivo dos Jogos, que havia mudado, várias vezes, de lugar. O local escolhido para as provas olímpicas foi o campo de manobras do exército belga, situado em Beverloo. Os atiradores foram instalados nos alojamentos dos oficiais, mobiliado apenas com uma cama de ferro, uma bacia de folha e uma mesa de pinho."

As condições de alojamento seriam o problema maior se na travessia de Portugal à Bélgica a equipe brasileira não tivesse sido roubada naquilo que havia de mais precioso para os atletas: munição e alvos.

Prossegue Afrânio.

"Na véspera, ao partirmos de Bruxelas, fôramos roubados em alvos e quase toda a munição .38, de forma que eu e o Paraense ficamos reduzidos a 100 balas cada um, para treinar uma semana e atirar nas provas ofícias 75 tiros! ... Foi neste estado de corpo e de espírito que nossos atiradores, sem dormir e mal alimentados, mais debilitados ainda pelo frio, chegaram a Beverloo, a 26 de julho, ao meio dia..."

Foi nessa oportunidade que Afrânio pôs à prova sua condição de futuro magistrado. Não seria possível diante daqueles fatos, alimentar qualquer sonho ou desejo de realizar uma boa participação. Só havia um meio: tentar, apesar de todas as dificuldades, superar a situação indo em busca de material para treinos e competição.

"À noite procurei aproximar-me dos americanos, cujo conforto era notável e não necessitavam esmolas do seu governo para o seu sustento. Era o único recurso para remediar os desfalques que houvéramos sofrido em alvos e munições. Lane e Bracken, dois famosos campeões, jogavam uma partida de xadrez; fui "peruar" o jogo e às folhas tantas arrisquei uma opinião na partida... acharam boa; daí por diante entraram em franca camaradagem. Ao final da noite já me haviam dado 1.000 cartuchos .38, 1.000 cartuchos .22 e 50 alvos, fabricados especialmente para o concurso."

Ao chegarem a Baverloo, campo de treinamento do exército Belga e local da competição de tiro, as demais equipes já haviam se instalado e treinado por vários dias. Os brasileiros, por sua vez haviam percorrido os últimos quilômetros da viagem a pé para não perderem mais tempo esperando por um transporte que poderia não vir.

As provas de tiro foram realizadas em campo aberto, uma vez que os estandes haviam sido destruídos durante a guerra, ou seja, não havia proteções, trincheiras ou bandeira de delimitação de área. Se para as equipes bem preparadas isso era motivo de reclamações e protestos, para os brasileiros era apenas mais um elemento nessa aventura já repleta de notas.

(Afrânio da Costa) *"... isso levava os atiradores a se revezarem junto aos alvos, expondo a vida ao perigo, a cada instante... Causaram admiração às demais equipes, por sua persistência e força de vontade. Nem um só dia deixaram de cumprir os exercícios, não se afastando do campo nem mesmo nas tardes de 30 e 31 de julho, quando a chuva era tal que as provas oficiais foram interrompidas."*

O que dizer então a respeito das condições de treino após quase trinta dias a bordo do Curvello sem empunhar uma arma ou mirar um alvo?

(Afrânio da Costa) *"Todas as manhãs passavam os americanos num caminhão-automóvel, contendo provisões, munições em grande quantidade, armas aperfeiçoadas, criados... e cada um de nossos patrícios tomava o revólver, punha ao ombro seu alvo, preparava parcimoniosamente sua munição e lá se ia pelo areal, para o exercício, para o sacrifício, para o dever... Que lição para o futuro! Durante esse tempo, nenhuma queixa ouvi daquele punhado de patriotas! Nem o contraste oferecido pelos americanos, abundantemente providos de tudo, levou-nos a um queixume sequer!"*

Já naquela época a qualidade e quantidade de material esportivo fazia diferença no resultado das equipes. Entretanto, o ideal olímpico era ainda um broto verde claro e mais importante que a vitória era a possibilidade de competir com os melhores.

Essa talvez seja a explicação para o fato da equipe americana, muito bem equipada e treinada, acolher os brasileiros e partilhar acomodações e munição para o período de treinamento e de competição.

(Valéria Paraense) *"Meu pai tem uma teoria a esse respeito. Ele diz que os americanos fizeram isso por acreditarem que a equipe brasileira tinha um grande potencial. Como para os europeus a América era uma coisa só, em caso de vitória ela seria computada como sendo do Sul da América do Norte".*

Depois de tudo isso chegava enfim o dia da tão esperada prova. Era 2 de agosto, fazia muito sol e o vento acalmara. Apesar da inferioridade do equipamento a esperança de um bom resultado, referendada pelo talento reconhecido dos atletas brasileiros, animava a equipe.

(Afrânio da Costa) *"A inferioridade da única arma livre que possuíamos, em relação as aperfeiçoadíssimas dos nossos concorrentes, não nos permitia ter a menor esperança. Destaquei Soledade para atirar em primeiro lugar: o seu resultado ruim atestou imediatamente a inferioridade da arma. Nessa ocasião o coronel Snyders, do exército americano e capitão da equipe de pistola livre disse-me: "Sr. Costa, esta arma não vale nada. Vou arranjar duas para os senhores feitas especialmente para nós pela fábrica Colt."*

Esses ainda eram tempos em que a celebração era mais desejada do que a competição; e o *fair play* era tido mais como uma regra do que como um valor moral. A conquista da medalha implicava apenas e tão somente no reconhecimento pela boa performance alcançada, realçada pelo brilho e talento dos adversários.

Nessa ocasião, com a arma emprestada dos americanos, Afrânio Antonio da Costa ganharia a primeira medalha olímpica da história brasileira, perdendo para o norte-americano Friederick e superando outro norte-americano, que lhe havia emprestado armas, alvo e munições Alfred P. Lane.

Logo após a conquista de Afrânio, Guilherme Paraense entrou para competir. Repetindo as mesmas atitudes e gestos que caracterizavam sua performance nas competições brasileiras e sul-americanas Paraense foi para sua prova, em um imenso campo aberto, com muito vento e todos seus adversários ao redor.

Dos 300 pontos possíveis o tenente Guilherme Paraense marcou 274, dois a mais que o americano que havia sido tão camarada naqueles dias de penúria, conquistando a medalha de ouro, entrando para a história do esporte brasileiro por essa conquista inédita.

É bom que se registre que há uma estória escrita em vários almanaques e livros que conta que armas e munição da equipe brasileira foram roubadas em algum momento da viagem à Europa, levando os atiradores a competirem com equipamento emprestado dos americanos. Para que não reste dúvida com que arma a primeira medalha de ouro brasileira foi conquistada, Valéria Paraense mostra o estojo com a pistola e afirma.

"Meu pai, que é militar, sempre conversou muito com meu avô que repetiu inúmeras vezes essa história. A arma com a qual meu avô competiu foi com ele do Brasil para a Bélgica. O que os americanos emprestaram foi munição. Só isso".

E justifica a impossibilidade de se familiarizar com equipamento estranho em pouco tempo.

"Para que uma arma tenha uma empunhadura adequada ao atirador é preciso ajuste, e isso requer tempo... Não é possível pegar uma arma emprestada e conseguir atirar bem de imediato".

No mesmo dia a equipe de pistola livre composta por Afrânio da Costa, Guilherme Paraense, Sebastião Wolf, Dario Barbosa e Fernando Soledade conquistaria mais uma medalha, dessa vez a de bronze.

O retorno ao Brasil foi marcado por uma calorosa recepção no cais do porto do Rio de Janeiro e pela certeza de que era premente a organização do esporte para que outras gerações pudessem sonhar com os Jogos Olímpicos. Nesse sentido, todos esses atletas participaram ativamente da fundação e organização da Federação Brasileira de Tiro e de competições nacionais e internacionais. Apesar disso o feito de Antuérpia nunca mais seria repetido por outra equipe de tiro, fosse ela composta por militares ou por civis.

Katia Rubio

Os medalhista olímpicos do voleibol

O voleibol surgiu no final do século XIX nos Estados Unidos da América como alternativa aos programas de ginástica que predominavam como prática de atividades física em recintos fechados durante o inverno. Nessa esteira James Naismith criou na Associação Cristã de Moços, de Springfield, Massachusetts, o basquetebol. Diante a aceitação imediata que a modalidade alcançou, William George Morgan, colega de Naismith é incentivado a desenvolver um jogo menos vigoroso que o basquetebol e mais recreativo que a calestenia (Bizzocchi, 2000).

Morgan aceitou o desafio e baseando-se no basquetebol e no tênis desenvolveu um jogo de rebater batizado com o nome de Minonette. A rede foi elevada a 1,98, a bola utilizada era a câmara da bola de basquetebol e foi criado um conjunto de dez regras. Depois de aprimorar o modelo inicial a partir de algumas sugestões feitas pelos primeiros praticantes chegou-se ao formato de um jogo batizado voleibol, uma vez que a bola permanecia em constante voleio sobre a rede. A partir daí o voleibol foi rapidamente difundido como um novo jogo recreativo e em vários pontos do mundo diante da internacionalização da ACM. Primeiro ele chegou ao Canadá, seguindo para as Filipinas, China, Japão, México e chegou ao Peru juntamente com uma missão governamental que tinha por finalidade organizar a educação primária no país.

Não há consenso sobre a introdução da modalidade no Brasil. Há fontes que apontam a cidade do Recife e outras a cidade de São Paulo, mas em ambas a instituição responsável por esse fato é a ACM (Bizzocchi, 2000).

O primeiro campeonato sul-americano foi patrocinado pela Confederação Brasileira de Desportos, no Rio de Janeiro, tendo as seleções brasileiras feminina e masculina se sagrado campeãs.

O voleibol se tornou modalidade olímpica a partir dos Jogos Olímpicos de Tóquio, em 1964.

Medalhistas olímpicos brasileiros: memórias, histórias e imaginário

Quadro 14 – Medalhistas olímpicos do vôlei

Ano	Atletas	Categoria	Medalha
1984	Amauri, Badalhoca, Bernard, Bernardinho, Domingos Maracanã, Fernandão, Marcus Vinicius, Montanaro, Renan, Ruy, Willian e Xandó	Masculino	Prata
1992	Amauri, Pampa, Tande, Carlão, Douglas, Giovane, Janelson, Jorge Edson, Marcelo Negrão, Maurício, Paulão e Talmo	Masculino	Ouro
1996	Ana Moser, Ida, Ana Paula, Leila, Hilma, Virna, Marcia Fu, Filó, Ana Flávia, Fernanda Venturini, Fofão e Sandra	Feminino	Prata
2000	Leila, Virna, Érika, Janina, Kely, Ricarda, Kátia, Walewska, Elisangela, Karin, Raquel e Fofão	Feminino	Bronze
2004	Anderson, André Heller, André Nascimento, Dante, Giba, Giovane, Gustavo, Maurício, Nalbert, Ricardinho, Rodrigão e Sérgio (Escadinha)	Masculino	Ouro

Durante várias gerações o futebol gozou da condição de esporte nacional. Bastava um terreno baldio e um objeto improvisado em forma de bola para que um grupo de pessoas fosse divido em dois e tentassem, ao longo do tempo de que dispunham, deixar sua marca no time adversário em forma de gol.

318

Reforçando essa dinâmica e também sendo conseqüência dela eram raros os meios de comunicação de massa que noticiavam ou transmitiam qualquer outra competição, que não o esporte bretão.

Esses fatos começaram a ser alterados quando uma série de acontecimentos associando mentalidade de dirigentes, jornalistas e locutores empreendedores e empresários apaixonados pelo esporte se juntaram e se dispuseram a divulgar as realizações de uma geração que despontava como inédita para a modalidade até então. Assim o voleibol brasileiro virava a página de sua própria história e do esporte, ao inaugurar o profissionalismo na gestão do esporte brasileiro, antes praticado apenas pelo futebol, se tornava a segunda modalidade mais praticada no país e reservava ao esporte olímpico muitas surpresas e glórias.

Mesmo praticado por uma geração vitoriosa desde os anos 60 com participações destacadas em competições internacionais, foi no início da década de 1980 que o voleibol conquistou o público fazendo apresentações tanto em âmbito doméstico com campeonatos nacionais e regionais emocionantes, como constituiu uma seleção nacional realizadora de grandes espetáculos como a partida exibição no estádio do Maracanã contra a União Soviética, em 1981.

Amauri viveu todo esse processo de transição. Participou de 4 Jogos Olímpicos – Moscou, Los Angeles, Seul e Barcelona – , da última geração "amadora", da geração de prata e da geração de ouro que conquistou a primeira medalha de ouro de uma modalidade coletiva. Um feito memorável.

Aponta o *mundialito* de 1982 como um marco para a modalidade por ter sido realizado no Brasil e por ter contado com o apoio dos meios de comunicação como nunca antes. O voleibol ganhava divulgação e novos adeptos em um momento em que o Movimento Olímpico vivia transformações profundas e o voleibol seria a modalidade esportiva brasileira a protagonizar essa transformação.

"Em 1982 ia acontecer o Campeonato Mundial na Argentina, mas primeiro teve o Mundialito no Rio de Janeiro com as mesmas equipes que iam para o Mundial. A seleção da União Soviética

era imbatível na época, era o Dream Team *do vôlei. Todo mundo disputava o campeonato para ver quem ficava em segundo... então o Brasil conseguiu bater os soviéticos naquele ano no Rio. O voleibol deu seu pontapé inicial".*

Transformando jogos em espetáculos os ginásios ficaram pequenos para a grandiosidade do evento que a seleção brasileira de então era capaz de realizar. Ibirapuera e Maracanãzinho já não eram suficientemente grandes para abrigar o público que descobriu que os atletas que usavam a bola com as mãos produziam espetáculos tão apreciados quanto aqueles realizados com os pés.

"Falando do jogo do Maracanã... O jogo foi adiado duas ou três vezes por causa da chuva. É impossível jogar vôlei na chuva em piso liso... Dos vestiários saia um carpete com uns três metros de largura, mais ou menos, que ia até o campo. O técnico da União Soviética teve a idéia de cortar o carpete e colocar no campo, porque aquela superfície não escorregava. Os jogadores e a comissão técnica da Rússia e do Brasil, todo mundo ajudou, colocou o carpete e teve o jogo. Tinha quase cem mil pessoas, com chuva, para ver um jogo de vôlei. Isso não aconteceu nunca mais. Aquilo foi um feito único".

As equipes nacionais se profissionalizavam e conseguiam o patrocínio de empresas que apostaram na modalidade. Enquanto isso federações e a confederação brasileira de voleibol inauguravam uma nova forma de lidar com empresas e atletas, o que acabaria por levar o então presidente da CBV, Carlos Arthur Nuzman, no futuro, à presidência do Comitê Olímpico Brasileiro.

A estabilidade vivida pela modalidade no âmbito nacional favoreceu a formação de uma seleção com disponibilidade para atuar em longo prazo. Atletas e comissão técnica trabalhavam com remuneração garantida, dentro de uma nova cultura empresarial. Eram os primeiros profissionais do esporte.

Amauri fala sobre a equipe que atuou nos Jogos Olímpicos de Los Angeles e de sua importância para a história do voleibol brasileiro.

Foi um grupo de atletas que atuou junto por vários anos, cresceu com a modalidade e que continua a influenciar o esporte até os dias atuais.

"Aquela equipe durou mais ou menos oito anos. Eram sempre os mesmos, inclusive não dava chance para outros entrarem, porque era realmente um time, muito bom e unido... A gente tinha uma comissão técnica excelente, jogadores excelentes, criativos, então naturalmente o Brasil virou uma escola de voleibol para o mundo inteiro. Aquela nossa geração foi copiada pela Itália, pelos Estados Unidos. Esses países não só copiaram a gente como pela estrutura que eles têm eles copiaram a gente e melhoraram".

Nos Jogos Olímpicos de Los Angeles a campanha brasileira foi quase perfeita. Ao longo da competição a equipe brasileira foi derrotada apenas uma vez, pela Coréia na etapa de classificação, vencendo inclusive os anfitriões, indicando a garantia de medalha. Entretanto, no dia da disputa da medalha de ouro o que se viu foi um time americano disposto a tudo para não perder o lugar mais alto do pódio. Os donos da casa ditaram o ritmo do jogo e por mais que a comissão técnica brasileira buscasse alternativas o ataque não conseguia superar o jogo adversário. Os reflexos do esporte como uma atividade profissional remunerada e geradora de benefícios fazia desencadear dentro da seleção o mesmo processo que ocorre em outras atividades dessa natureza: a concorrência pelas posições de destaque em busca dos melhores benefícios.

"... ali dentro mesmo a gente resolvia as picuinhas. Poucas vezes a gente deixou descambar o negócio, tanto que uma delas custou uma medalha pra gente... isso aí machucou muito, porque aquela medalha de Los Angeles estava na mão. Se tivesse tudo bonitinho não tinha como escapar. Isso foi por causa do estrelismo".

A medalha de prata de Los Angeles representou o fortalecimento da modalidade no Brasil e a preparação para vitórias ainda mais expressivas em um futuro próximo. A afirmação dessa realidade ocorreu em Barcelona, 1992.

Entre a medalha de prata e a de ouro ainda estavam os Jogos Olímpicos de Seul-1988. Nesse período a seleção passava por um processo de renovação orquestrado pelo técnico coreano Young Sohn. Nesse ínterim os atletas mais velhos, da geração de prata, haviam sido substituídos por uma nova geração. Diante de resultados poucos expressivos Sohn cedeu a pressões e resolveu convocar alguns atletas mais experientes, inclusive Amauri que naquele momento estava voltando ao vôlei brasileiro com as marcas do estilo de treinamento europeu.

> *"Teve uma nova convocação e eu me apresentaria assim que acabasse o campeonato italiano. Eu cheguei para treinar no Rio de Janeiro... eu vinha do campeonato italiano onde não se treina muito, não treinava tanto quanto aqui. Cheguei pro Sohn e falei que tava meio debilitado fisicamente, que tinha problemas de joelho, como sempre tive e que queria fazer uma parte física maior do que treinar tecnicamente. Tecnicamente você volta rápido. Aí ele virou pra mim e falou assim "Então você acorda mais cedo, acorda as seis da manhã e vai correr na praia, aí você volta, toma café e vem treinar com a gente". Bom, começou aí".*

Com um estilo de trabalho próprio e bastante diferente do técnico Bebeto de Freitas, que dirigiu a seleção de prata em Los Angeles, e com um jeito peculiar de lidar com as relações humanas em pouco tempo o técnico coreano conseguiu a animosidade do grupo e a dispensa da seleção. Faltava aproximadamente um mês para o início dos jogos quando o técnico anterior foi chamado de volta para organizar minimamente uma equipe para ir a Seul.

Bebeto vinha de uma convivência de vários anos com o grupo base da seleção e privilegiou essa relação na preparação da equipe. Era preciso honrar a prata e dar continuidade a um trabalho tão arduamente construído. A confiança estava depositada nos "intocáveis".

> *"O Renan, o Willian, Xandó, Montanaro e eu éramos os intocáveis. Nós tínhamos um mês, nem isso, vinte dias para treinar e ir para o outro lado do mundo, na Coréia. E lá nós jogamos puramente na raça, porque condicionamento a gente não tinha nenhum. A gen-*

te perdeu a medalha de bronze para a Argentina por falta de preparo físico no tie break. *A gente cansou".*

Os Jogos de Barcelona representaram um marco para o voleibol brasileiro, mas tiveram um significado particular para Amauri que pensava em terminar a carreira, cansado de contusões, de uma vida intensa sem descanso nem férias e de três cirurgias no joelho. Para os padrões do esporte profissional ele era considerado velho para continuar a competir, quanto mais para representar a seleção nacional, mas mesmo assim suas atuações anteriores o faziam ser lembrado ainda mais uma vez.

Era semifinal do campeonato brasileiro e na platéia um expectador ilustre: o técnico da seleção brasileira da época, José Roberto Guimarães. Era esperada para o dia seguinte a convocação dos atletas que iriam a Barcelona. A imprensa, que sabia disso, acompanhava atentamente os passos do técnico e de sua equipe, especulando quem seriam os escolhidos. Num momento de distração dos representantes da mídia Zé Roberto mandou um recado chamando Amauri para uma conversa depois do jogo. Nesse encontrou veio a notícia.

"O Zé Roberto falou "Vou soltar uma lista amanhã de tantos nomes e você está no meio. O que você acha?" E eu falei "É brincadeira. Você tá brincando comigo?" E ele disse: "Você vai me ajudar porque eu estou levando um grupo muito novo, um grupo de moleques... você vai ser meu elo entre a comissão técnica e os jogadores. Você vai me ajudar. Preciso de você". E eu fiquei emocionado como estou agora".

A preparação para Barcelona foi muito particular. O grupo era composto por dez atletas novos, ou moleques como eram chamados, e dois atletas mais experientes: Amauri, o elo de ligação, e Carlão, o capitão. Fora isso havia uma comissão técnica competente e sensível às particularidades e estilos de cada um que buscava valorizar essas especificidades. Somado a isso havia o descrédito por parte da torcida e da imprensa que não se preocuparam em divulgar os passos da equipe até que despontasse como uma das favoritas.

As relações do grupo foram construídas cuidadosamente. Amauri, o mais velho, tinha como tarefa dividir o quarto e sua experiência com o jovem e inexperiente, mas extremamente talentoso, Marcelo Negrão.

Todo o grupo, indistintamente, vivia sob as regras estabelecidas desde o princípio. Lema número um: disciplina. Número dois: disciplina. E do três até o infinito... disciplina. Ou seja, para um grupo imaturo e inexperiente a melhor liderança é aquela que impõe limites e invoca a disciplina, sem que isso represente uma condição autoritária ou autocrática de comandar (Rubio, 2003.c).

Ali estava o segredo do sucesso do jovem grupo que brilharia e ganharia a primeira medalha de ouro brasileira em uma modalidade coletiva e ainda faria escola e seria copiada por outros países.

"A gente sabia que ia ser duro, então a gente criou uma disciplina. A gente acabou virando escola de novo porque era uma equipe muito disciplinada... O voleibol brasileiro era o único que ia uniformizado para qualquer coisa, no horário, e sentava junto para almoçar... A Holanda, que estava ali pleiteando a medalha de ouro passou a fazer a mesma coisa... Sentavam do nosso lado só pra nos afrontar".

A disciplina nas ações individuais era seguida de perto pela disciplina tática que levou a seleção brasileira a uma campanha inesquecível: chegou à medalha sem nenhuma derrota. O jogo final foi disputado no dia da cerimônia de encerramento que acabou determinando a escolha do porta bandeira. Quase que naturalmente o capitão Carlão foi indicado, entretanto, diante do protesto do grupo, Tio Amauri foi quem de fato empunhou a bandeira brasileira.

Mais do que o reconhecimento pela vitória e pela medalha era o coroamento de uma carreira que atravessara três gerações de atletas.

Foi também em Barcelona que a seleção feminina conquistou o quarto lugar, melhor colocação obtida pelas meninas ao longo de sua trajetória olímpica.

O voleibol feminino era uma das modalidades que ao longo de vários anos procurava conquistar seu espaço no cenário mundial e pouco a pouco vinha se impondo entre as melhores equipes por suas apresentações em Campeonatos Mundiais e Grand Prix. Atlanta-1996 e Sydney-2000 coroou uma geração de atletas que se dedicaram a virar a página do vôlei e se dispuseram a mostrar que as meninas eram mais do que apenas mulheres bonitas. Para isso contaram, a partir de 1993 com a direção de um dos melhores técnicos do voleibol mundial. Reconhecido e respeitado pelas atletas e pelo público como um líder por excelência, imprimiu à seleção um estilo próprio de trabalho que transcendia os limites da quadra. Técnico capaz de descobrir e fazer florescer competências desconhecidas até mesmo das próprias atletas formou um grupo unido e confiante.

Virna esteve presente nas duas seleções medalhistas e viu seu potencial desabrochar nessas condições. Atleta reconhecida por suas habilidades de ataque e bloqueio tinha na recepção do saque adversário seu ponto vulnerável. Sua posição de ponteira exigia que esse fundamento fosse aperfeiçoado para ser titular.

"Eu recordo que um dia o Bernardinho me chamou num canto e disse: "Você quer ser jogadora de vôlei de nível internacional você tem que aprender a recepcionar"... Então todo dia depois do treino eu ficava treinando com o Bernardinho meia hora, de manhã e à tarde, só recepção... Eu fui perdendo um pouco esse medo, essa insegurança... Fomos a vários campeonatos pela seleção... Era a sétima jogadora... Quando a Ana Mozer ou a Hilma tinham algum problema físico eu estava por ali".

Os Jogos Olímpicos de Atlanta seriam a oportunidade da seleção brasileira conquistar um espaço inquestionável entre as melhores equipes do mundo. Era uma equipe talentosa, determinada, briguenta, vaidosa e personalista. Características que tomadas individualmente podem levar qualquer objetivo à ruína, mas quando manipuladas por um líder competente transformam-se em brilho. Some-se a isso a clareza da tarefa, condição que na percepção de Pichon-Riviére (1991; 1998) faz o grupo se manter vinculado.

"Atlanta foi o melhor time que o Brasil já teve... A gente tinha um time muito forte, mas era um grupo difícil de se relacionar... As jogadoras eram mais temperamentais, eram algumas mais geniosas... Santo Bernardinho que na época era o técnico e soube conduzir isso... Eram várias estrelas e você tem que saber conduzir com a vaidade de uma e de outra... A lição que ficou daquele grupo para mim foi que apesar de ter seus comportamentos diversos deixou de lado essas vaidades em busca daquele objetivo que era ganhar".

A principal disputa dos Jogos de Atlanta foi a semifinal contra Cuba. Adversárias com rivalidade acumulada de outras competições realizaram um jogo muito tenso, onde não faltaram advertências, impropérios e agressões físicas no final, terminando, após um *tie-break*, com placar favorável a Cuba.

Na disputa pela medalha de bronze contra as russas, as brasileiras mais uma vez decidiram a partida no quinto set, em uma partida não menos emocionante, porém sem tanta provocação. O desconhecimento do idioma às vezes pode ajudar. As meninas brasileiras do voleibol subiam ao pódio pela primeira vez, e muitas das atletas daquela geração despediram-se das quadras naquela ocasião. O processo de renovação era inevitável e trazia consigo os percalços que a formação traz necessariamente.

Para os Jogos Olímpicos de Sydney, Bernardinho contava com a vivência acumulada de Virna, Fofão e Leila para ajudá-lo na composição de um grupo mais novo e inexperiente. O passado vitorioso do grupo anterior gerava uma grande expectativa sobre os resultados do novo grupo.

"A gente deu a volta por cima e conquistou o Panamericano e em seguida veio a Olimpíada de Sydney".

Virna vivia um momento de reconhecimento e de superação. Por dois anos consecutivos, durante o Grand Prix, foi eleita a melhor atleta no fundamento que era seu ponto fraco: a recepção. O trabalho rumo a Sydney estava apenas começando.

Katia Rubio

A condição de mais velha fazia de Virna uma referência para o técnico e para o grupo. Sua disposição para o trabalho permitia conciliar seus afazeres de atleta com os de mãe, tarefa nada fácil para quem cumpre uma rotina de jogos e competições em várias cidades do país e do mundo impondo ausências e carências, colocando por terra um argumento utilizado no princípio da história dos Jogos Olímpicos acerca da capacidade da mulher de participar do esporte competitivo. Foi necessário quase um século para que as atletas brasileiras pudessem participar desse espaço privilegiado de atuação feminina. E mais uma vez o técnico Bernardinho é lembrado por sua sensibilidade e conhecimento sobre a natureza feminina.

> *"Eu era a única jogadora que tinha filho... Os técnicos... deixavam meu filho ficar nas concentrações comigo. Aquilo me dava muita tranqüilidade... No primeiro Grand Prix que eu fui o meu filho tinha 9 meses e eu fiquei 40 dias longe dele... Eu não agüentava de saudade. Eu questionava se realmente valia a pena todo aquele sacrifício porque não é fácil. Quem é mãe realmente sabe... Foi quando surgiu a oportunidade de trabalhar com o Bernardinho e ele me deu essa flexibilidade de poder estar mais próxima... Além de um excelente técnico ele sabe compreender que trabalhar com mulher não é fácil".*

Com esse jeito enérgico e compreensivo de ser o técnico Bernardinho levou aquele jovem grupo a mais uma conquista. A conquista do bronze em Sydney marcaria alguns finais.

> *"A mais marcante foi a despedida da Leila das quadras até me emociono um pouco porque a gente sempre foi muito amiga... Eu não aceitava aquilo... Na minha cabeça foi muito complicado eu ter que entender aquela decisão... E teoricamente tinha a possibilidade do Bernardinho também largar a seleção feminina... Nós sabíamos o que poderia acontecer... A gente tinha ele como um grande pai, amigo foi muito legal".*

Algumas vitórias podem ser reconhecidas e premiadas com medalhas, mas algumas outras precisam do distanciamento proporcionado

Medalhistas olímpicos brasileiros: memórias, histórias e imaginário

pelo tempo para poderem ser avaliadas e comemoradas. Embora as discussões sobre gênero tenham avançado muito nas últimas décadas do século XX, a desigualdade entre homens e mulheres ainda se faz sentir também no universo do esporte. Essa condição pode ser percebida na diferença de remuneração entre ambos na mesma modalidade, no horário dos jogos e competições e no espaço reservado na mídia. A equipe feminina de voleibol conseguiu superar o preconceito da equivalência da falta técnica com a sobra estética. Depois dos Jogos Olímpicos de Atlanta as mulheres brasileiras experimentaram o sabor da ambrosia, destinada na Antiguidade apenas aos deuses e deusas.

Os medalhista olímpicos do vôlei de praia

O vôlei de praia nasceu como uma derivação do voleibol e era o passatempo preferido dos soldados americanos na década de 30.

Praticado em princípio por sextetos e quartetos ao longo da década de 1970 firmou-se no formato de duplas até que em 1976, aconteceu o primeiro torneio profissional de vôlei de praia na Califórnia. Rapidamente a modalidade ganhou adeptos em todo o mundo, inclusive em países que não possuem litoral.

No Brasil o vôlei de praia começou a ser praticado nas areias de Copacabana, Ipanema e Leblon, no Rio de Janeiro desde a década de 1940, mas somente na década de 60, aconteceram os primeiros torneios. Eram duplas e sextetos, mesclando jogadores formados nos clubes com amadores.

Quadro 15 – Medalhistas Olímpicos Brasileiros do Vôlei de Praia

Ano	Atletas	Categoria	Medalha
1996	Jaqueline Silva e Sandra Pires	Feminino	Ouro
	Adriana Samuel e Monica Rodrigues	Feminino	Prata

2000	Adriana Behar e Shelda	Feminino	Prata
	Zé Marco e Ricardo	Masculino	Prata
	Sandra Pires e	Feminino	Bronze
	Adriana Samuel		
2004	Adriana Behar e Shelda	Feminino	Prata
	Emanuel e Ricardo	Masculino	Prata

Foram necessários 74 anos para que as primeiras medalhas olímpicas fossem conquistadas por mulheres brasileiras. E no vôlei de praia vieram logo duas: de ouro e de prata, em Atlanta, e mais duas em Sydney, de prata e bronze. Foram anos de treinos, jogos, seleções nacionais, solidão e até mudança de modalidade. No pódio essas atletas representariam uma geração que se profissionalizou e aprendeu a defender dentro e fora da quadra os interesses que cercam a vida das melhores atletas do mundo.

Jacqueline Silva e Sandra Pires, Adriana Samuel e Monica Rodrigues, Adriana Behar e Shelda entraram para a história do esporte por conquistarem e permanecerem entre as melhores atletas de sua modalidade no mundo. Individualmente ou em dupla, inevitavelmente essas histórias se cruzam apresentando a trajetória da modalidade diretamente associada à vida de cada uma dessas personagens.

Jacqueline Silva, ou melhor, Jackie Silva como ficou conhecida depois de passar pelas arenas americanas, fez história no esporte não apenas por ser uma das pioneiras do vôlei de praia, mas por ter sido uma visionária da profissionalização e uma ardorosa defensora dos direitos dos atletas. Em um momento histórico em que reivindicação era confundida com rebelião Jackie chegou a não ter opção para jogar no Brasil e por isso teve que experimentar outros ares ou a aposentadoria precoce. Optou pelo exterior e assim começou a gestação da primeira medalha olímpica feminina da história brasileira.

Jackie foi uma atleta que fez história no voleibol *in door*. Começou a jogar aos 9 anos de idade e aos 14 era convocada pela primeira vez para uma seleção brasileira. Viveu todo o processo de transição do amadorismo para o profissionalismo que a levou inclusive a um incidente que favoreceu sua transferência para o vôlei de praia. O episódio ocorreu durante uma de suas passagens pela seleção. A equipe brasileira ganhou patrocinador cuja marca passou a ser inscrita no uniforme de atletas e comissão técnica e Jackie decidiu reivindicar participação nos lucros gerados por aquela transação. Diante da negativa dos dirigentes ela passou a usar a camiseta e demais peças do uniforme do lado avesso, levando-a à dispensa da seleção. Mais do que uma atitude irreverente o que se tentava era a implantação de um modelo profissional que já existia nos Estados Unidos e na Europa e que ela já tinha contato. Com os times masculinos o procedimento era diferente.

> *"Eu nunca quis fazer grupo, revolução, entendeu? Eu fiz aquilo* (usar a camiseta do lado avesso) *por mim, porque achava que era correto. Talvez não tenha sido a forma correta, mas era uma coisa certa de se lutar sim... Eu não usufrui nada daquilo que eu reivindiquei, mas, de qualquer forma foi dado o saque inicial."*

Em função disso e de outros episódios em seu clube Jackie se viu sem time para jogar. Durante os Jogos Olímpicos de Los Angeles, no entanto, ela havia feito contato com vários atletas e técnicos que tentavam organizar o vôlei de praia na Califórnia, que a haviam convidado para jogar por lá.

> *"Eu fiquei sem lugar para jogar no Brasil. Foi quando eu comecei a criar esse* link *de Brasil e Estados Unidos... Aos poucos eu fui encontrando as pessoas chave que vão me colocar dentro dos Estados Unidos... Logo no primeiro ano que eu fui para lá eu ajudei a fundar a Associação dos Jogadores Profissionais... Em dois anos o vôlei de praia explodiu."*

Era tempo de renovação, de aprender uma nova modalidade e de transformar uma forma de agir nesse mundo marcado pela seriedade e profissionalismo. Um personagem fundamental nessa trajetória foi Peter Artman por ter ensinado a pequena notável do vôlei não só a jogar vôlei de praia, mas também a ter mais disciplina, a ser respeitada, a fazer valer seus direito, enfim ser uma atleta, na melhor acepção da palavra.

"Ele chegou ao ponto de me falar assim: "Agora você volta ao Brasil porque você tem que arrumar uma parceira para ir aos Jogos Olímpicos". Até então eu só jogava com americana e como tinha saído daqui muito chateada..."

Jackie já era a primeira do mundo no vôlei de praia, ainda guardava as lembranças de tudo que havia acontecido em um passado não muito distante e não alimentava qualquer expectativa de ser campeã olímpica. Ainda assim seguiu os conselhos de seu técnico sob o argumento de que ela era a precursora da modalidade e, portanto, tinha o dever de lutar por aquilo que já havia conquistado.

Diante desses argumentos irrefutáveis Jacqueline desembarcou no Brasil com a missão de encontrar uma dupla para disputar e ganhar os Jogos de Atlanta. Encontrou Sandra Pires, atleta de muito talento, de gênio forte como o seu, que aceitou o desafio de ir para os Estados Unidos se preparar para aquela conquista. Passado o período de preparação a dupla voltou para participar de torneios brasileiros sem abandonar o circuito americano. Depois de um período uma nova tensão: a Confederação exigia que elas optassem entre o campeonato brasileiro e o americano. Em caso de escolha da segunda opção isso representaria a perda da oportunidade de disputar os Jogos. Éramos nós ou eles.

Revivida a tensão de oito anos atrás Jackie agora acumulava experiência pessoal e internacional para seguir adiante com seus planos, projetos e sonhos. Abandonou tudo o que havia construído nos EUA para conquistar a vaga e a realização do sonho olímpico.

"Eu estava trocando o cem pelo zero e tinha alguém me dizendo que aquilo ia ser melhor pra mim... Vendi as coisas que eu tinha e vim para o Brasil. E foi ali, realmente, a minha grande vitória, foi trocar o certo pelo incerto no momento preciso".

Enquanto isso no Brasil a modalidade também dava seus primeiros passos. No ano de 1991 o vôlei de praia como modalidade organizada ainda não existia, mas era praticada como uma atividade de lazer dos freqüentadores de praia e dos atletas de voleibol.

Adriana Samuel, que com a extinção de seu time havia ficado sem ter onde jogar aquela temporada, foi convidada a "brincar" por sua companheira de clube, Mônica, que também estava ociosa, mas procurava compensar o tempo parado se exercitando na praia.

"A Mônica sempre me chamava para jogar na praia, na famosa rede da Tia Lea... no Posto 6, em Copacabana... Eu tinha muita resistência porque não tinha o hábito de jogar na praia... O fato de jogar na Seleção várias vezes eu não estava no Rio... Quando eu tinha fim de semana, que era raro, eu não tinha a menor vontade de jogar vôlei. A Mônica, ao contrário, era rata de praia".

Vencida a resistência inicial Adriana começou a freqüentar a praia e a rede da Tia Lea. Não queria compromisso de ter que treinar ou jogar todos dias, como fazia na quadra. Era tempo de pensar no futuro e descobrir o que fazer. Coincidentemente, foi organizado o primeiro torneio de vôlei de praia feminino, em Copacabana, com premiação em dinheiro.

"Fomos para a final e perdemos para uma dupla mais experiente e eu fui tomando gosto... Não sei se sorte ou se destino já nesse ano, no segundo semestre, foi a primeira vez que o Banco do Brasil começou a fazer cinco etapas experimentais no feminino... Nem cogitei mais em querer quadra".

Era o início da organização de uma modalidade que traria muitas alegrias, e também muitas medalhas olímpicas, para o país. Ninguém podia imaginar, nem tampouco Adriana, que aquela brincadeira fosse se tornar coisa tão séria, tão profissional e que fosse marcar sua vida pessoal e esportiva como aconteceu.

Já na primeira edição do Circuito Brasileiro a dupla Adriana e Mônica se destacou e também participou da etapa do campeonato mundial, ocorrido no Rio de Janeiro. Era o ano de 1992 e as americanas dominavam indiscutivelmente a modalidade. A dupla brasileira mais uma vez chegava à final, dessa vez contra as americanas. Com menos de um ano de atividade e com resultados já memoráveis a dupla teve a idéia de pedir permissão a uma empresa petrolífera para utilizar a logomarca no uniforme, sem compromisso, durante a partida final, que seria transmitida pela maior emissora de TV do país, ao vivo. Apesar da derrota demolidora para a dupla americana, no dia seguinte a empresa chamou as brasileiras para firmar o primeiro contrato de patrocínio para o vôlei de praia.

> *"Ninguém tinha patrocínio... Corremos atrás, botamos no biquíni, isso não existia aqui no Brasil... A gente foi muito privilegiada... Foram quatro anos de patrocínio com a Texaco e quando ela saiu imediatamente após a gente conseguiu fechar o patrocínio que durou seis anos que foi a Ourocap".*

A estrutura de treinamento era ainda mais que amadora. Treinavam todos os dias, pegavam as próprias bolas, não tinham técnico nem preparador físico e a falta de dinheiro era a tônica. Mas o principal desafio não se perdia: vencer as americanas.

Aquela prática de lazer, comumente desempenhada na praia, ganharia um outro *status* quando incluída na relação das modalidades a disputarem os Jogos Olímpicos de Atlanta, o que transformaria a preparação das atletas, a organização de torneios e a vida das praticantes em todo o mundo. A partir desse momento a dupla Adriana e Mônica foi em busca da ajuda de profissionais, de constituir uma equipe e de cuidar de todos os detalhes da preparação para alcançar o nível das melhores do mundo.

Apesar das dificuldades o compromisso com o objetivo não se perdia. Já no segundo ano de circuito brasileiro o campeonato feminino tinha o mesmo número de etapas que o masculino, o que foi capacitando duplas e equipes para entrar no circuito internacional e competir em condições de igualdade com as melhores duplas do mundo.

> *"A gente tinha uma dedicação absurda... A gente só fazia isso, treinava em dois períodos... A gente queria muito ir a uma Olimpíada".*

A classificação das duplas para os Jogos Olímpicos estava atrelada à colocação obtida no circuito mundial, o que fez com que as várias duplas postulantes fossem em busca de seus objetivos. Naquele período Adriana e Mônica chegaram a liderar o ranking mundial, mas a disputa pela vaga não foi um processo fácil. Uma outra dupla brasileira que treinava nos Estados Unidos e voltou para o Brasil com a finalidade de ser uma das representantes brasileiras rapidamente se destacou no circuito mundial e garantiu a primeira vaga. Já a segunda...

> *"A Jacqueline e a Sandra, assim que elas entraram, já no segundo ano, elas estavam liderando o ranking mundial e a gente estava sempre em segundo do mundo. Tinha as americanas que eram excelentes, mas tinham problema de calendário... Ficaram na disputa eu e a Mônica, a Isabel e a Roseli, que era uma grande dupla."*

A diferença de Jackie/Sandra para as demais duplas brasileiras era abissal. Apesar da série de conquistas no circuito nacional, que ajudava a reforçar a confiança e a auto-estima, no circuito internacional o mesmo não acontecia com tanta freqüência. Mas, se os problemas rondavam as brasileiras o mesmo também acontecia com suas adversárias. E pouco a pouco a dupla chegou a ser campeã do mundo, construindo a condição de favorita, condição essa que Jacqueline fazia questão de desconstruir.

> (Jacqueline) *"Eu tinha horror a favoritismo... Eu tinha uma história... que era de uma pessoa que tinha levado uma série de trancos da vida, tinha lutado por alguns direitos, sabe lá Deus quem lembrasse ou não que eu tinha dado uma tremenda volta por cima e tava voltando numa posição de ser considerada Campeã Olímpica."*

Para as adversárias essa condição era inevitável. Diante da condição inquestionável de Jackie e Sandra a segunda vaga brasileira seria ocupada pela melhor dupla na seqüência, entretanto diante do grande número de atletas a disputar essa condição chegou-se a cogitar a realização de um pré-olímpico para tomada de decisão, sugerindo um golpe. Apesar da tensão prevaleceu o regulamento e Adriana e Mônica foram confirmadas como a segunda dupla brasileira.

(Adriana) *"Eu me lembro que em janeiro de 1996 começaram a levantar a possibilidade de se fazer um Pré-Olímpico para definir a segunda dupla e a gente se revoltou muito com aquilo... Chegar na Olimpíada foi uma grande felicidade. Estar ali já era uma grande conquista, eu nunca pensei na minha vida, na minha carreira, que eu ia chegar a uma Olimpíada... Quando eu consegui essa vaga já foi uma grande festa".*

Jackie e Sandra pensavam diferente. Para elas o momento exigia concentração total. Para isso foram evitados o desfile de abertura e a Vila Olímpica. A dupla brasileira optou por ficar hospedada em uma casa com uma quadra da mesma areia da arena principal no quintal, bem próximo ao local onde a competição seria realizada, com direito a treinos diários, presença do técnico e atenção total no objetivo.

Dos primeiros jogos Jackie nada se lembra. O que ficou marcado foi o momento da semifinal porque ao vencer uma das duplas favoritas estava definido o confronto final: Brasil x Brasil. Era a primeira vez que o país iria ganhar não uma, mas duas medalhas olímpicas.

Por outro lado pouco se falava da segunda dupla brasileira o que para elas representava a tranqüilidade de jogar sem expectativas, sem assédio, sem favoritismo.

(Adriana) *"Uma coisa é você ser favorita e confirmar o favoritismo. Outra coisa é você não ser favorita e surpreender... O Campeonato Mundial é um campeonato muito mais forte porque ele tem muito mais lucro... Só que emocionalmente, na Olimpíada, você carrega a dose da carga emocional".*

Ao passar pela semifinal e ter a certeza de que no dia seguinte, daquele jogo do qual ela seria uma das protagonistas, duas mulheres brasileiras estariam ganhando sua primeira medalha de ouro Adriana sentiu o peso do momento.

Era muita emoção, muita adrenalina e pouco sono, como lembra Adriana.

"Eu me lembro. Era 3 horas da manhã e eu: "Mônica, você tá dormindo?" "Não". E ninguém dormia porque era uma loucura, era uma ansiedade que não tinha controle, porque eu não conseguia parar de pensar que eu ia disputar daqui a não sei quantas horas uma final olímpica... Foi a noite mais difícil pra mim. Eu nunca vivi uma noite daquela".

No dia da final todas as duplas foram obrigadas a dormir na Vila Olímpica, mas às sete horas da manhã Jackie e Sandra já haviam saído rumo ao lugar da partida. Nada iria tirar delas a concentração conseguida até aquele momento.

(Jacqueline) *"Nós tínhamos jogado contra a Adriana e a Mônica nos Jogos e ganhamos delas super fácil. Na partida final elas vieram diferente. Só sacavam em cima da Sandra e ela ficou super nervosa. Mas eu tinha uma confiança muito grande".*

Aos poucos a vitória foi sendo desenhada e Jackie começou a se enxergar no lugar mais alto do pódio e a viver a vitória, a condição de primeira mulher brasileira a conquistar uma medalha de ouro. E assim foi.

Junto com outras duas brasileiras, em uma festa verde e amarela, o vôlei de praia com Jackie Silva, Sandra Pires, Adriana Samuel e Mônica Rodrigues marcava história.

O período que separou os Jogos de Atlanta até os Jogos de Sydney promoveu profundas mudanças no vôlei de praia feminino. Trocas de dupla e surgimento de novas atletas alteraram profundamente a ordem estabelecida até então.

Nesse contexto a dupla Adriana Behar e Shelda começou a despontar no cenário brasileiro e internacional. Shelda iniciou sua carreira no voleibol, mas logo percebeu que sua pouca estatura acabava com qualquer sonho de participações em seleções.

Em 1995, depois de ter experimentado várias parcerias encontrou Adriana Behar com quem joga até os dias atuais. Foram tempos difíceis, mas a escolha pela carreira profissional estava feita. O encontro com essa parceira permitiu a sensação de criação de um grupo coeso e o planejamento das atividades para chegar a alguns objetivos propostos. Quando nos Jogos Olímpicos de Atlanta, em 1996, o vôlei de praia foi considerado modalidade olímpica vislumbrou pela primeira vez a oportunidade de realizar o desejo de criança de conquistar uma medalha olímpica. Para chegar a esse objetivo o planejamento era claro.

(Shelda) *"Era trabalhar, treinar, descansar, cuidar da alimentação, cuidar da saúde, era treinar e trabalhar. Acho que esse é o segredo".*

A partir de 1996 a dupla Adriana Behar e Shelda começou a disputar o circuito mundial, tradicionalmente dominado por duplas americanas e australianas, e pelas brasileiras Jacqueline Silva e Sandra Pires. Logo na primeira participação conquistaram o segundo lugar, porém as vagas para Atlanta já estavam definidas. Se não era possível ter os Jogos Olímpicos como foco a razão do trabalho passou a ser o Circuito Mundial. E assim um novo momento na carreira da dupla teria início a partir de 1997 quando colocaram em prática seu planejamento e sagraram-se campeãs até o ano de 2001.

As regras para a escolha das duplas que representariam o Brasil em Sydney eram claras e diante dos resultados alcançados a classificação estava garantida a partir do ano de 1999. Com a tranqüilidade da classificação era hora de planejar o momento tão esperado. Apesar da experiência adquirida na disputa dos circuitos mundiais, a preparação para os Jogos Olímpicos tinha particularidades.

(Shelda) *"Acho que as Olimpíadas são um momento ímpar na vida do atleta. Você está entre os melhores em todas as modalidades, e nem sempre o melhor ganha".*

Medalhistas olímpicos brasileiros: memórias, histórias e imaginário

Enquanto isso Adriana Samuel vivia os efeitos da medalha. Depois de Atlanta já não tinha mais a intenção de voltar a competir Jogos Olímpicos. Insatisfeita com a convivência com sua dupla, certo dia foi surpreendida com um convite de Sandra, ex-Jackie, para jogarem juntas. Diante do sucesso que começou a experimentar com a nova dupla voltou novamente a enfrentar o circuito brasileiro e mundial e, dessa vez junto com Sandra, passou pelo drama da classificação e da superação de uma distensão na panturrilha faltando 50 dias para os Jogos de Sydney. Apesar da boa pontuação obtida ao longo do último ano, outras duplas poderiam lhes tirar a vaga caso conseguissem um número maior de vitórias.

> (Adriana) *"Eu tinha uma coisa assim: "Eu vou dar a volta por cima". Eu sentia que nem a própria Sandra levava fé. Ela tava meio desconfiada, não sem razão".*

Passado esse fantasma mais uma vez a dupla chegou a seu destino sem chamar atenção. Apesar disso, todas as vezes que pisavam na arena eram apresentadas pelo nome e pelo feito anterior: *silver medalist* e *gold medalist*, razão mais que suficiente para impor o devido respeito.

> (Adriana) *"Eu fiz uma Olimpíada excelente em Sydney sabe assim de superação, de jogar muito".*

A decorrência disso foi mais uma medalha, dessa vez a de bronze.

Shelda e Adriana Behar embora debutassem em Jogos Olímpicos viviam a condição de líderes do ranking mundial da categoria, mas não escondiam a satisfação de participar dessa competição. Shelda somente acreditou que iria aos Jogos Olímpicos de Sydney quando já estava dentro do avião, ou melhor, quando aterrissou em Sydney e conheceu o hotel onde iria ficar hospedada e concentrada durante a competição. Escolhidas para o jogo inicial da modalidade não participaram da cerimônia do desfile de abertura, um dos mo-

338

mentos mais esperados tanto por parte dos atletas como dos expectadores. E lá, em terras australianas, a rotina era a mesma: treinar, comer, descansar, estudar as adversárias, treinar novamente e dormir.

Porém, a certeza de que aquilo era real e que ela estava realizando um sonho veio apenas quando começaram os jogos e nada havia ocorrido que pudesse mudar os planos.

Uma a uma as adversárias foram sendo vencidas. Algumas mais conhecidas, outras atuando de forma diferente, e o foco na final permanecia intacto.

(Shelda) *"Eu acho que a semifinal é o jogo mais difícil, porque se você ganhar você já sabe que está na final, você está entre as três melhores do mundo".*

Essa fala de Shelda talvez esconda – ou reflita – toda a expectativa em torno daquela partida final. Apesar da certeza de muitas medalhas de ouro até aquele momento os atletas brasileiros só haviam conseguido medalhas de prata e bronze, o que não era pouco. Entretanto o desejo de conquistar pelo menos uma de ouro havia contagiado a torcida, a imprensa e os dirigentes, depositando na dupla a responsabilidade de fazer jus ao investimento na delegação, levando as favoritas à medalha de ouro a viverem a condição de depositárias de um desejo coletivo irrealizado.

(Shelda) *"Eu acho que a gente ficou meio que frustrada, não é nem frustrada assim... Ah, acho que é frustrada mesmo porque eu tinha certeza que eu ia ganhar aquele jogo. Eu acreditava o tempo inteiro que a gente iria virar, que a gente iria ganhar aquele jogo, mas enfim... Aquele foi dia delas. Elas jogaram muito bem. Ali naquele momento não existe favoritismo, você está de igual para igual e elas tiveram sorte também de sacar e cair na rede. Eu acho que a Austrália não me trás muita sorte... Eu nunca consegui ganhar uma etapa na Austrália. Eu fiz a final 3 vezes lá, mas nunca ganhei".*

De Sydney, Shelda carrega uma medalha de prata e muita experiência. Espera poder participar dos Jogos de Atenas, disputar a final e ocupar o degrau do pódio que lhe escapou em 2000. Leva a certeza de que o chamado favoritismo não existe e que pode ser uma poderosa arma a favor do adversário se sua existência for dada como certa. Sabe que os 4 anos que a separam da primeira experiência também contam a favor de outras atletas mais novas que têm mais vigor físico e não tiveram tanto desgaste. Vê na sua relação com o trabalho que realiza a fonte da motivação para continuar a treinar e competir.

> *"A gente está mais velha, estão surgindo garotas novas e hoje no voleibol a força física é muito importante... Cada vez mais o corpo fica cansado. O vôlei de praia é um esporte cansativo e de um desgaste muito grande... Mas eu trabalho no que eu gosto. Eu tenho a certeza de que trabalho feliz. Eu espero que todo mundo trabalhe com que goste e aproveite e faça o máximo e que seja um dos melhores naquilo que faz..."*

Diferente de Adriana, que definitivamente encerrou sua carreira depois dos Jogos de Sydney Sandra, Shelda e Adria Behar continuam a trabalhar para chegar a mais uma edição olímpica e conquistar um posto que lhes parecia certo. Mas como lembra Shelda, no período de uma Olimpíada muitas coisas podem acontecer.

> *"A Olimpíada acontece de 4 em 4 anos e é muito difícil um atleta participar em mais de uma. Em 4 anos muita coisa muda, principalmente para a mulher. Ela decide ter filhos e para voltar você não sabe o que acontece... Muita coisa muda na vida. Como você vê a gente já está aqui há 1 ano e meio das Olimpíadas (de Atenas) e para mim parece que foi ontem. Ao mesmo tempo que é muito longe é muito perto. No circuito mundial não. Lá durante 3 meses você tem jogo toda a semana. Você perdeu aqui, no Brasil, mas a semana que vem você vai estar na Austrália jogando, e na outra você vai estar na Alemanha".*

Das transformações corporais às sociais muitos são os fatores que podem levar à glória da conquista ou à frustração de uma derrota, ainda que seja a condição de segunda colocada. Para alguns atletas o primeiro lugar é o único resultado aceitável. Há conquistas que transcendem a premiação estipulada. Assim como para alguns de nada vale uma medalha de prata ou de bronze, para outros, independentemente do metal, subir ao pódio é a realização máxima da vida e do esporte.

Para a dupla Zé Marco e Ricardo a medalha de prata obtida em Sydney tem sabor de 24 quilates, independente do que torcida ou imprensa disseram a esse respeito.

A história de Zé Marco no vôlei de praia tem início em 1988 quando ele se juntou a um amigo também de João Pessoa para começar a disputar alguns torneios locais de vôlei de praia. Diante do sucesso, a dupla resolveu disputar torneios regionais e, enfim, tentar a sorte no Rio de Janeiro, local onde a modalidade contava com grandes nomes, bons campeonatos e para onde convergiam as melhores duplas do país.

Foi um período de crescimento e expansão do vôlei de praia até que em 1991 a modalidade se profissionalizou concomitantemente ao início do Circuito Banco do Brasil. Era hora de mudanças radicais para se adequar à nova realidade. Era preciso encontrar um parceiro que encarasse o futuro com a mesma vontade e tivesse a disposição para se dedicar à modalidade como exigia o circuito profissional.

O primeiro desafio era participar e se destacar no Circuito Banco do Brasil. Objetivo traçado, missão cumprida. A dupla Zé Marco e Denis terminou sua primeira participação em segundo lugar conquistando o vice-campeonato e uma das vagas para um torneio sulamericano, no Chile. Despontando para o mundo do vôlei de praia Zé Marco chamou a atenção de um outro atleta que também já era do meio, o baiano Paulo Emílio. Treinando seis meses em Salvador e seis meses em João Pessoa a dupla foi construindo um entrosamento que marcou época no circuito brasileiro: foram quatro vezes campeões brasileiros, consecutivamente, do Circuito Banco do Brasil, para depois ser vice-campeões, e campeões novamente. Estavam dadas as credenciais para partir rumo ao circuito mundial.

Medalhistas olímpicos brasileiros: memórias, histórias e imaginário

"Com Paulo Emílio foi a primeira vez que eu viajei para fora para participar de uma etapa do circuito mundial. A gente não se deu bem mas foi uma experiência muito boa que eu tive".

1995 era um ano muito especial. Véspera de jogos Olímpicos era o momento para lutar por uma das vagas brasileiras. Diante do surgimento de um patrocínio forte Paulo Emílio reatou a dupla com Paulão, voltando para Salvador abandonando Zé Marco a procura de um novo parceiro.

"Quando ele separou a gente era o primeiro do ranking nacional. Ninguém entendeu... Ele falou comigo e eu dei o maior apoio. Eu disse: "Vou torcer por você nas Olimpíadas". Aí aconteceu o inverso. Quem foi pras Olimpíadas fui eu e ele ficou".

Novo parceiro, nova etapa. Com uma carreira já consolidada não foi difícil encontrar uma nova dupla. Na época a dupla Emmanuel e Aloísio ia muito bem até que o capixaba Aloísio teve uma contusão e foi obrigado a se retirar do circuito para se recuperar. Então Emmanuel e Zé Marco passaram a disputar o circuito brasileiro e mundial, e a vaga para os Jogos Olímpicos de Atlanta, em 1996.

Apesar da disposição para o trabalho o início da dupla foi árduo, e para quem já estava acostumado a disputar as primeiras colocações era muito difícil suportar o último lugar no primeiro torneio disputado. A paciência e a consciência de que os resultados seriam fruto de um processo que necessitaria de um pouco mais de tempo de maturação levou a dupla de volta às posições freqüentadas no passado.

"A gente viajou para o circuito mundial e pela primeira vez eu venci, na França, em Marseille. Dali por diante só tive alegrias e vitórias com o Emanuel".

As alegrias podem ser traduzidas por um bi-campeonato mundial, um bi-campeonato brasileiro e a classificação para os Jogos de Atlanta. De fato, muitas alegrias para uma dupla que havia se formado pela necessidade de jogar. Apesar do sucesso da dupla no Brasil

342

Emmanuel estava à procura de outras praias. Seus planos se voltavam para o circuito americano e depois de organizar seu futuro comunicou a Zé Marco que teve tempo para preparar a transição para a composição de uma nova parceria.

"Eu mais uma vez fiquei sem ninguém para jogar... Isso ele me falou com 6 meses de antecedência então foi mais tranqüilo... A gente continuou jogando sem falar nada pra ninguém, mas eu já estava observando outros jogadores do circuito... até que encontrei o Ricardo".

Era mais um baiano na vida de Zé Marco e mais uma etapa. Ricardo, apesar de muito novo, era extremamente talentoso e disponível para o trabalho. Mudou-se para João Pessoa e lá, rapidamente se adequou ao ritmo de treinamentos e competições, e logo no primeiro torneio conseguiram o primeiro lugar, conquistando a admiração da torcida e o respeito dos adversários.

"Ele veio pra cá e a gente recomeçou. Começou do zero novamente... Para eu participar do circuito mundial eu tinha que participar da seletiva... Eu já era bi-campeão e tive que voltar a participar do qualifying".

Participar do *qualifying* significava não apenas estar entre novatos e inexperientes, mas representava a também jogar quase o dobro que as duplas previamente classificadas. Mas o objetivo era voltar a pertencer ao seleto grupo dos bem pontuados e trabalhar para a próxima edição dos Jogos Olímpicos.

Em pouco tempo Zé Marco e Ricardo passaram a ser tratados com respeito pelos adversários tanto brasileiros quanto estrangeiros. Passado um ano eles já eram a segunda dupla brasileira pré-classificada, abrindo o caminho para a preparação para Sydney.

Desacreditados pelo pouco tempo de convivência, chegaram aos Jogos como uma dupla sem pretensões, o que levou a que todas as expectativas fossem depositadas em Emmanuel e Loyola, líderes do ranking, desclassificados logo no segundo jogo.

343

Pouco a pouco Zé Marco e Ricardo foram superando os adversários até chegar à final.

"A gente jogou bem, muito tranqüilo e conseguiu passar para a semifinal, coisa que a gente nunca tinha chegado. Realmente é uma emoção muito grande... Talvez o jogo semifinal que a gente fez contra a Alemanha foi o jogo mais fácil de todos".

De azarões a favoritos. No princípio, a única intenção da dupla era ter um bom desempenho. Passados alguns jogos Zé Marco e Ricardo tornaram-se uma das últimas chances de medalha de ouro para o Brasil. Os adversários da final eram conhecidos de outros campeonatos e a lembrança era de confrontos sempre aguerridos e apesar do esforço para superar aquele momento a vitória ficou com os norte-americanos e a medalha de prata para a dupla brasileira.

"Eu fiquei muito feliz não por ter perdido a medalha de ouro, mas por ter vencido essa barreira na minha vida... Eu sofri muitas pressões, muita gente dizendo que não tinha condições de chegar, numa Olimpíada, numa final".

Zé Marco não tem dúvidas de que aquela partida final foi uma das melhores que já realizou e ainda que para muitos a medalha de prata seja pouco para ele é um grande tesouro.

"Muita gente no Brasil só dá valor ao campeão... Mas o vice-campeão é uma coisa muito grande. Trazer uma medalha olímpica é uma coisa muito forte, muito grande. Para mim foi um prazer enorme que eu tive de representar o Brasil, representar a minha terra que é a Paraíba, o Nordeste também. Eu fiquei realizado, independente da pressão que eles me deram, do que eles falaram depois".

Em nenhum momento quando sua capacidade foi posta em questão Zé Marco duvidou de que seria capaz de realizar uma grande campanha, afinal ele já havia sido campeão brasileiro, campeão do circuito mundial e conseguiu a classificação para os Jogos Olímpicos não uma, mas duas vezes.

"Eu sou tricampeão mundial... sou bicampeão brasileiro, mas isso não chega nem aos pés de uma medalha olímpica".

Após os Jogos de Sydney Zé Marco voltou, mudou novamente de dupla e jogou um pouco mais com Pará, que mora no Rio de Janeiro, mas a vontade de permanecer naquele ritmo de treinamentos e competições já não era a mesma. Era como se um ciclo tivesse sido completado. Zé Marco parou de jogar no final de 2001 e se sente satisfeito por ter feito essa opção em um momento muito importante de sua carreira.

Considerações finais

É isso a imortalidade:
mover-se ao longo de uma linha reta
num universo em que tudo o que se move
o fez em sentido cíclico.

Hannah Arendt

Ao propor um estudo sobre o imaginário olímpico brasileiro era preciso percorrer um caminho que tinha início nos primórdios do esporte moderno, ou seja, a Inglaterra pós-Revolução Industrial e as complexas relações geopolíticas mundiais de então.

Esse procedimento se fez necessário porque para explicar como o esporte europeu chegou e se fixou no Brasil era preciso ressaltar a fuga da família real portuguesa das tropas napoleônicas para sua colônia na América e o auxílio desempenhado pelo único país amigo e aliado, que representou, inclusive a função de escolta durante a travessia do Atlântico.

Depois disso a colônia nunca mais seria a mesma. Recebeu a corte e com ela os benefícios da educação da nobreza: museus, escolas, universidades, cultura, artes e tudo aquilo que pudesse fazer o europeu se sentir em seu continente. A presença da Inglaterra em solo brasileiro nesse contexto representava, para a corte portuguesa, a certeza de continuidade de um padrão de vida, para os britânicos, a abertura de um próspero mercado consumidor e para os brasileiros, carentes de produtos e serviços, a proximidade com o chamado progresso e com valores culturais da potência européia.

Se para o Brasil o século XIX significou um momento de profunda mutação, o mesmo se deu com grande parte do mundo ocidental. O resultado disso foi uma transformação radical no século que se seguiu, provocando mudanças de valores indefiníveis em um curto espaço de tempo. Hobsbawm (1995) entende que houve três razões para isso. A primeira delas é que o mundo tinha deixado de ser eurocêntrico. Da condição de nações colonizadoras e imperialistas, responsáveis pela exploração da maioria dos países não europeus, a defensoras de uma unidade continental, sobrepondo valores nacionais tão caros em outros períodos, os países europeus viram o poder de outrora passar para mãos de uma ex-colônia. Isso representava mudanças econômicas, intelectuais e culturais do mundo como um todo. A segunda foi a transformação das economias nacionais, definidas pelas políticas de Estados territoriais, a uma unidade operacional única também chamada de globalização. E a terceira transformação, a mais perturbadora na opinião do autor e também dessa autora, é a desintegração de velhos padrões de relacionamento social humano e com ela a quebra dos elos entre as gerações, ou seja, entre o passado e o presente.

Essa dinâmica pode ser observada dentro do Movimento Olímpico, que nasceu na turbulência do final do século XIX e atravessou todo o século XX, refletindo e manifestando os conflitos e interesses políticos e econômicos mundiais, principalmente, quando da realização dos Jogos Olímpicos, hoje um dos principais fenômenos socioculturais do planeta, embora sua intenção original fosse permanecer distante dessas questões.

Para o Brasil a organização das instituições representativas do esporte, particularmente do Comitê Olímpico Brasileiro, esteve relacionada com um quadro social e político complexo, refletindo no âmbito nacional a estrutura olímpica internacional. Não por acaso o primeiro participante brasileiro no Comitê Olímpico Internacional foi um diplomata, descendente da restrita aristocracia brasileira, bem como os atletas que debutaram nos Jogos Olímpicos de Antuérpia pertencessem à burguesia que se estabelecia nos centros urbanos. A esse grupo podem ser somados os militares, que na República Velha ditavam os rumos para o país, fosse na política, na economia ou no esporte. Quando observada a estrutura das várias entidades regionais e nacional das modalidades esse padrão se repete. São raros os casos de dirigentes que não fizeram de uma Federação ou Confederação esportiva um degrau para um projeto pessoal, preterindo a razão de ser de sua ação. Os desdobramentos dessa atitude podem ser vistos nos inúmeros esforços em imprimir um padrão diferenciado de gestão e conduta à frente de uma entidade esportiva, tanto no trato com os atletas como com os atores sociais envolvidos nesse universo.

As questões específicas à participação brasileira nos Jogos Olímpicos merecem uma atenção cuidadosa. Embora em alguns momentos o esporte tivesse sido tratado como uma entidade única, na medida em que se expandiu e conquistou prestígio e reconhecimento social a participação dos atletas brasileiros nos Jogos Olímpicos passou a ser desejada e valorizada. Para isso contribuíram grandemente os meio de comunicação de massa que levaram a população a crer na vitória como afirmação de uma identidade nacional, de igualdade, ou superioridade, perante aqueles que detêm a hegemonia seja pela força ou pelo poder econômico.

Mas não se pode usar o termo esporte de forma indiscriminada. Entendemos, após essa pesquisa, que as diversas modalidades esportivas possuem especificidades não só em seu conjunto de regras e ações, mas também na escolha e atuação de seus atletas o que nos leva a afirmar a existência de uma cultura de cada modalidade.

A escolha da prática esportiva quase sempre se dá pelo desejo e intenção do indivíduo, muito menos que pela adequação de um perfil previamente estabelecido e delineado, reforçando os diversos valores culturais envolvidos no ato dessa opção ou imposição.

Das práticas mais elitizadas às mais populares a diversidade de origens sociais entre os atletas medalhistas olímpicos brasileiros faz sugerir uma desigualdade e uma exclusão relacionadas à formação da sociedade brasileira pautada em uma origem multicultural e multiétnica, que leva a um menor acesso aos equipamentos públicos e privados onde se pode aprender e desenvolver uma modalidade esportiva. Ora, não é de estranhar que justamente no atletismo, modalidade que não requer qualquer equipamento especial para a sua prática, se concentre o grupo de indivíduos de origem mais pobre e que também trouxe até os Jogos de Atenas, em 2004 o maior número de medalhas para o país. Ou seja, se se estabelecesse um critério de proporcionalidade com a população brasileira esse resultado não levaria a nenhum estranhamento, mas nossa opção metodológica não é causal, nem maniqueísta. O que nos faz afirmar a condição de esporte popular para o atletismo olímpico é o fato de todos esses atletas também serem afro descendentes. Como discutido ao longo do trabalho, admitimos sim que na sociedade brasileira haja discriminação racial, ainda que velada, e que embora o negro tenha sido abolido por lei ele continuou escravizado pela falta de poder econômico. A prática esportiva permitiu que alguns membros desse grupo social pudessem conquistar a liberdade de fugir da diáspora que possivelmente em outras atividades não usufruísse. No boxe essa situação também se deu, embora apenas um medalhista pudesse fazer parte da história.

Essas indicações encontradas de forma manifesta ou latente nos diversos discursos apontam para a afirmação do imaginário heróico tanto para o atleta que vive e supera as adversidades sociais e esportivas, como para jovens que vêm a possibilidade de poder repetir esse feito. Curiosamente, no momento em que escrevo essas considerações vejo mais um atleta despontar para a história. Assim como Adhemar, Nelson e João, Jadel Gregório desponta para o esporte brasileiro e mundial ao superar uma marca sul-americana no salto triplo, em uma prova européia.

Em outras modalidades, como por exemplo, o hipismo e o iatismo, o custo do equipamento e as condições para sua prática agem como selecionadores de seus praticantes. Embora patrocinadores e apoiadores sejam lembrados como agentes favorecedores do desenvolvimento de carreiras brilhantes o aporte familiar e a herança ancestral não podem ser negadas ou desprezadas na adesão dos mais jovens.

No caso do judô a força da cultura traduzida no termo filosofia imprime um caráter próprio à modalidade, confundindo-a com um estilo de vida. Antes mesmo de o *fair-play* constar dos ideais olímpicos, o respeito ao mestre e ao adversário, a retidão da conduta e a busca da perfeição nos gestos técnicos e no caráter faziam parte da formação do praticante. Quando trazido para o Brasil o judô carregava esses valores originais e com o passar dos anos mesclou-se à cultura local e transformou-se em uma escola particular da modalidade, afirmando a inviabilidade de perpetuação literal de valores culturais outros em um contexto social já estabelecido. Apesar disso, a essência da proposta original é reconhecida como fundamental na manutenção de uma conduta que rege o comportamento do atleta e é evocada quando do envolvimento dos outros atores no contexto da modalidade. Sendo assim, o estranhamento que no princípio era racial ou étnico, na atualidade se dá pela moral.

As modalidades coletivas, embora apresentem características técnicas que as diferenciam umas das outras apresentam como regra geral a formação do grupo e a superação das questões próprias de sua razão de ser. Não quero aqui afirmar uma equivalência entre o futebol, o voleibol e o basquetebol, insustentável tanto pelo senso comum como pelo mundo acadêmico. Não se pode esperar uma igualdade de preferência entre as modalidades, mesmo em âmbito olímpico. O futebol carrega para os Jogos Olímpicos o mesmo imaginário desenvolvido no universo profissional, ou seja, espera-se de uma seleção olímpica o mesmo desempenho, com os mesmos resultados que a tradição do time profissional, já penta campeão mundial conquistou. Isso tem provocado nas várias gerações de atletas do futebol que participaram do processo de qualificação e de competição a superação de um estigma que assumiu a força de uma maldição. Nesse caso, conquistas como do segundo e terceiro lugares são pouco relevantes diante da importância cada vez maior que a quebra de um tabu pode representar. Se o imaginário do futebol profissional é grandioso reforçando uma condição ímpar mundial, o futebol olímpico é ainda a criança menos habilidosa, chamada nas brincadeiras infantis de café com leite, realçando os depoimentos que afirmam a particularidade da competição olímpica e de tudo o que ela representa.

Merece destaque a entrada da mulher nesse universo dominado há várias décadas pelos homens.

Em sintonia com o cenário mundial, as mulheres brasileiras passaram as duas últimas décadas reivindicando equiparação de prêmios e de espaço comercial, diante do retorno de mídia que os seus espetáculos estavam produzindo. Não se pode dizer que esse processo tenha sido harmonioso, nem apaziguador. Tidas como rebeldes ou revolucionárias, em um momento da história em que essas palavras transcendiam seu caráter etimológico para conotarem posições ideológicas, as atletas que se dispuseram a enfrentar essa situação perceberam o peso e a força daqueles que detinham o poder das instituições organizadoras da modalidade. Tiveram que superar também o preconceito que ainda impera sobre as modalidades competitivas, relacionado a homossexualidade e a exploração comercial da beleza, demonstrando que a razão de ser da identidade de atleta tem relação com o esporte e que outras conquistas entram para o rol de ganhos secundários. Como decorrência desse processo observou-se um incremento na preparação dessas atletas, que responderam com performances merecedoras de destaque em nível mundial, sobrepondo, em alguns casos àqueles que serviram, no princípio, como propulsores para a implantação de uma prática, agregando o valor vitória a um imaginário que até então era movido pelo prazer e pelo desejo de vir a ser.

Quando essa pesquisa teve início, sua intenção era cartografar o imaginário esportivo brasileiro contemporâneo a partir da história de vida de seus medalhistas olímpicos. Presumiu-se assim que fossem elas de ouro, de prata ou de bronze as medalhas eram indicadores de processos vitoriosos e bem-sucedidos. Foi possível observar ao longo do processo de entrevistas que para o atleta a situação era um pouco diversa. O medalhista de ouro tem sua condição vitoriosa incontestável. Subiu no lugar mais alto do pódio, viveu as glórias do verdadeiro campeão e só não teve seu nome inscrito na porta do estádio porque hoje as enciclopédias, em certa medida, substituíram essa condição. Por outro lado os medalhistas de prata e de bronze têm percepções distintas de seus feitos. Para alguns, esses outros metais representam a incapacidade e a incompetência diante do mais forte, do mais rápido, do mais habilidoso. Ou seja, a medalha é a afirmação da impotência, embora ele faça parte de um grupo extremamente restrito de pessoas que habitam o planeta. Para outros, significa a superação de situações adversas que indicariam aos incautos e pessimistas a impossibilidade de desenvolvimento de uma carreira promissora em fases pregressas da vida desse atleta. Para esses, prata e bronze têm o significado do ouro.

Diante disso, acredito que ao final dessa pesquisa tenho como novo desafio estudar a representação da derrota para o atleta em seus diferentes momentos de vida e para a sociedade que vive a condição de expectadora desse feito.

Referências bibliográficas

ABE, S. Zen and Sport. *Journal of the Philosophy of Sport*, 1982, IX, p.19-29.

ABREU, N. G. Bases multiculturais do Olimpismo. In: O. Tavares & L. P. DaCosta (eds) *Estudos Olímpicos*. Rio de Janeiro: Editora Gama Filho, 1999.

BACHELARD, G. *A dialética da duração*. São Paulo: Editora Ática, 1994.

BALAGUER, I.; PALOMARES, A.; GUZMÁN, J. F. Autoconfianza/ autoeficacia en el deporte. In.: I. Balaguer (dir.) *Entrenamiento psicológico en el deporte. Principios y aplicaciones*. Valencia: Albatros, 1994.

BASTOS, J. P. *Desporto profissional*. Lisboa: MEC/Desporto, 1987.

BETTI, M. *Educação física e sociedade*. São Paulo: Movimento, 1991.

BIZZOCHI, C. *O voleibol de alto nível: da iniciação à competição*. São Paulo: Fazendo arte, 2000.

BOGA, M. *Jogos Olímpicos na antiga Grécia e olimpismo moderno*. Lisboa: Imprensa Lucas, 1964.

BOSI, A. *História concisa da literatura brasileira*. São Paulo: Cultrix,1983.

BOSI, E. *Memória e Sociedade*. São Paulo: Cia das Letras, 1994.

BOSI, E. *O tempo vivo da memória*. São Paulo: Ateliê editorial, 2003.

BOURDIEU, P. Deporte y clase social. In.: *Materiales de Sociologia del Deporte*. Madrid: Las Ediciones de La Piqueta, 1993.

BROHM, J. M. Las funciones ideológicas del deporte capitalista. In.: *Materiales de Sociologia del Deporte*. Madrid: Las Ediciones de La Piqueta, 1993.

BRUSCHI, M. E. Estudos culturais e pós-modernismo: Psicologia, mídia e identidades. In.: N. M. F. Guareschi e M. E. Bruschi (orgs) *Psicologia Social nos Estudos Culturais*. Petrópolis: Vozes, 2003.

CAGIGAL, J. M. *Obras selectas*. Madrid: Comité Olímpico Español, 1996.

CALDERON, E. *Deporte y limites*. Madrid: Grupo Anaya, 1999.

CAMPBELL, J. *O herói das mil faces*. São Paulo: Cultrix, s.d.

CARDOSO, M. *O arquivo das Olimpíadas*. São Paulo: Panda Books, 2000.

CARRIL, M. L. B. *Quilombo, favela e periferia: a longa busca da cidadania*. Tese de doutorado. Faculdade de Filosofia, Letras e Ciências Humanas da Universidade de São Paulo. 2003.

CASSIRER, E. *Antropologia filosófica*. São Paulo: Mestre Jou, 1977.

CASTORIADIS, C. *A instituição imaginária da sociedade*. Rio de Janeiro: Paz e Terra, 1982.

CHAUI, M. Apresentação. Os trabalhos da memória. In. E. Bosi. *Memória e Sociedade*. São Paulo: Cia das Letras, 1994.

CHAUI, M. *Brasil. Mito fundador e sociedade autoritária*. São Paulo: Editora Fundação Perseu Abramo, 2001.

COMITÊ OLÍMPICO BRASILEIRO. *Jogos Olímpicos. Histórico e participação do Brasil*. Rio de Janeiro, 1977.

COMITÊ OLÍMPICO INTERNACIONAL. *Carta Olímpica*. Lausanne, 2001.

CONFEDERAÇÃO BRASILEIRA DE DESPORTOS. Ata de fundação. 08 de junho de 1914.

COUBERTIN, P. *Memorias olimpicas*. Lausanne: International Olympic Committee, 1989.

CRUIKSHANK, J. Tradição oral e história oral: revendo algumas questões. In.: M. M. Ferreira e J. Amado (orgs) *Usos & abusos da história oral*. Rio de Janeiro: Fundação Getúlio Vargas, 2002.

DaCOSTA, L. P. O Olimpismo e o equilíbrio do homem. In: O. Tavares & L. P. DaCosta (eds) *Estudos Olímpicos*. Rio de Janeiro: Editora Gama Filho, 1999.

DAIUTO, M. *Basquetebol. Origem e evolução*. São Paulo: Iglu editora, 1991.

DaMATTA, R. Antropologia do Óbvio. *Revista USP. Dossiê Futebol*. N.22, 1994.

DIEM, C. *Historia de los deportes*. Barcelona: Luis de Caralt, 1966.

DUARTE, O. *História dos esportes*. São Paulo: Makron Books, 2000.

DUNNING, E.; SHEARD, K. The bifurcation of Rugby Union and Rugby League. *International Rapport of Sport Sociology*. 11, n. 2, 54, 1976.

ELIAS, N.; DUNNING, E. *A busca da excitação*. Lisboa: Difel, 1992.

ESCOSTEGUY, A. C. D. Os Estudos Culturais e a constituição da sua identidade. In.: N. M. F. Guareschi e M. E. Bruschi (orgs) *Psicologia Social nos Estudos Culturais*. Petrópolis: Vozes, 2003.

FERRAROTI, F. *Histoire et histoires de vie*. Paris: Librarie des Meridiens, 1983.

FERREIRA SANTOS, M. *Crepusculário*. São Paulo: Zouk, 2004

FIGUEIREDO, S. H. Variáveis que interferem no desempenho do atleta de alto rendimento. In.: K. Rubio (org.) *Psicologia do Esporte: interfaces, pesquisa e interveção*. São Paulo: Casa do Psicólogo, 2000.

FRANCESCHI NETO, M. *A participação do Brasil no Movimento Olímpico Internacional – de 1896 a 1925*. Dissertação de Mestrado. Programa de Pós-Graduação em Educação Física da Universidade Gama Filho. Rio de Janeiro, 1999.

FUTADA, F. M., *RUBIO, K. Os valores olímpicos e sua relação com a cultura das artes marciais*. Anais do 11º Simpósio Internacional de Iniciação Científica da USP. Apresentação oral. São Paulo, novembro de 2003. (p. 977).

GONZÁLEZ, J. I. B. Introducción. In J. I. B. GONZÁLEZ *Materiales de Sociología del Deporte*. Madrid: Las Ediciones de La Piqueta, 1993.

GONZÁLEZ, J. L. La investigación subliminal y el rendimiento deportivo. In.: J. L. González, C. G. Rodríguez, G. M. García (eds) *Manual e prácticas de psicología deportiva*. *Las ciencias del comportamiento deportivo: prácticas de entrenamiento mental*. Madrid: Biblioteca Nueva, 2001.

GONZÁLEZ, J. D.; FERRANDO, M. G.; RODRÍGUEZ, M. L. El deporte mediático y la mercantilización del deporte: la dialéctica del deporte de alto nível. In: M. G. Ferrando, N. P. Barata, F. L. Otero (orgs.) *Sociología del Deporte*. Madrid: Alianza Editorial, 1998.

GRAEL, L. *A saga de um campeão*. São Paulo: Editora Gente, 2001.

GRUPE, O. The sport culture and the sportization of culture: identity, legitimacy, sense and nonsense of modern sports as a cultural phenomenon. In: F. Landry et alii (eds) *Sport... the third millennium*. Quebec: Les Presses de l"Université Laval, 1992.

GUARESCHI, N. M. F.; MEDEIROS, P. F.; BRUSCHI, M. E. Psicologia Social e Estudos Culturais: rompendo fronteiras na produção do conhecimento. In.: N. M. F. Guareschi e M. E. Bruschi (orgs) *Psicologia Social nos Estudos Culturais.* Petrópolis: Vozes, 2003.

GUEDES, C. M. The Mackenzie role in introduction of basketball in Brazil. *Proceedings 31º Congress of the North American Society for Sport History* – NASSH – pags 21-24, 2003.

GUTTMANN, A. *History of the modern games.* Illinois: University of Illinois, 1992.

GUTTMANN, A. *From ritual to record.* New York: Columbia University Press, 1978.

HAGUETTE, T. N. F. *Metodologias qualitativas na sociologia.* Petrópolis: Vozes, 2000.

HALL, S. Estudos culturais: dois paradigmas. In.: S. Hall *Da diáspora. Identidades e mediações culturais.* Belo Horizonte/Brasília: Editora UFMG/Representação da UNESCO no Brasil, 2003.

HALL, S. *A identidade cultural na pós-modernidade.* Rio de Janeiro: DP&A, 2001.

HALL, S. Quem precisa de identidade? In.: *Identidade e diferença. A perspectiva dos Estudos Culturais.* Petrópolis: Vozes, 2000.

HOBSBAWN, E. *Sobre história.* São Paulo: Companhia das Letras, 2001.

HOBSBAWN, E. *A era dos extremos.* São Paulo: Companhia das letras, 1995.

HOBSBAWN, E.; T. RANGER A produção em massa de tradições: Europa, 1870 a 1914. In.: Hobsbawn, E.; Ranger, T. *A invenção das tradições.* Rio de Janeiro: Paz e terra, 1997.

HOMERO. *Odisséia.* São Paulo: Cultrix, s.d.

JESUS, G. M. Imigrantes desportistas: os alemães no sul do Brasil. *Scripta Nova. Revista Electrónica de Geografia y Ciencias Sociales.* Universidad de Barcelona. N. 94 (108), 2001.

KRAJEWSKI, A. C.; GUIMARÃES, R. B.; RIBIERO, W. C. *Geografia pesquisa e ação.* São Paulo: Moderna, 2003.

LASCH, C. *A cultura do narcisismo. A vida americana numa era de esperanças em declínio.* Rio de Janeiro: Imago, 1983.

LENK, H. Toward a social philosophy of the Olympics: values, aims and reality of the modern Olympic Movement. In: P. J. Graham & H. Ueberhorst (eds) *The modern Olympics*. West Point: Leisure Press, 1976.

LEWIN, G. *Natação*. Lisboa: Editorial Estampa, 1978.

LOLAND, S. Fair play. Historical anachronism or a topical ideal? International Seminar on Philosophical Issues in Sport and Physical Education. 17-19 Março, 1995.

LÓPEZ, A. A. *La aventura olímpica*. Madrid: Campamones, 1992.

McALOON, J. J. *This great symbol*. Chicago: The University of Chicago Press, 1984.

MANDELL, R. D. *Historia cultural del deporte*. Barcelona: Ediciones Bellaterra, 1986.

MANGAN, J. A. *The games ethic and imperialism*. New York/Middlesex: Viking Penguin, 1986.

MARIVOET, S. *Aspectos sociológicos do desporto*. Lisboa: Livros Horizonte, 1998.

MARTINEZ, C. B. *Driblando a perversão. Futebol subjetividade brasileira e psicanálise*. Tese de doutorado. Programa de Psicologia Clínica. Pontifícia Universidade Católica de São Paulo. São Paulo, 2000.

MATTEUCCI, H. *Boxe. Mitos e verdades*. São Paulo: Hemus, 1988.

MAZZOLENI, G. *O planeta cultural: para uma antropologia histórica*. São Paulo: Edusp, 1992.

McINTOSH, P. C. *O desporto na sociedade*. Lisboa: Prelo, 1975.

MEDALHA, J. *Histórico e evolução do basquetebol masculino no Brasil: um estudo com base nos resultados da seleção brasileira (1896-1988)*. Tese de livre docência. Escola de Educação Física e Esporte da Universidade de São Paulo, 1989.

MEYER, E. Desconstrucción de la memória, construcción de la historia. *Historia, antropologia e fuentes orales*. n. 19, 1998.

MIAH, A. *Olympic athletes & science: ethics & possibilities for improvement*. Paper presented for the 6th Joint International Session for Educators & Officials of Higher Institutes of Physical Education. Olympia, Greece, June, 2003.a.

MIAH, A. *Genetically modified athletes: biomedical ethics, gene doping and sport*. London and New York: Routledge, 2003.b.

MORIN, E. *Cultura de massas no século XX*. Rio de Janeiro: Forense Universitária, 1997.

MÜLLER, N. *Olympism and sport for all*. Ancient Olympia: International Olympic Academy, 1991.

MÜLLER, N. (ed.) *Olympism Selected Writings. Pierre de Coubertin 1863-1937*. Lausanne: Comitê Olímpico Internacional, 2000.

NASCIMENTO, C. *Esportes Olímpicos*. Apostila didática. São Paulo, 1976.

NITOBE, I. *Bushido – The soul of Japan: an exposition of japanese thought*. Tokyo: Kenkyusha, 1939.

NUNES, A. A. Natação. Um pouco de história. *Jornal Diário nos Esportes*. São Paulo, 1961.

PANNIKAR, R. Símbolo y simbolización. La diferencia simbólica. Para uma lectura intercultural del símbolo. In: K. Kerényi; E. Neumann; G. Scholem; J. Hillman *Arquetipos y símbolos colectivos*. Círculo Eranos I. Barcelona: Anthropos, 1994.

PENNA MARINHO, I. *História da Educação Física no Brasil*. São Paulo: Cia Brasil Editora, 1979.

PEREIRA, L. A. M. *Footballmania: uma história social do futebol no Rio de Janeiro – 1902-1938*. Rio de Janeiro: Nova Fronteira, 2000.

PICHON-RIVIÈRE, H. *O processo grupal*. São Paulo: Martins Fontes, 1991.

PICHON-RIVIÈRE, H. *Teoria do vínculo*. São Paulo: Martins Fontes, 1998.

QUEIROZ, M. I. P. Relatos orais: do "indizível" ao "dizível". In: Von Simson, O. M. (org.). *Experimentos com histórias de vida*. São Paulo: Vértice/Editora Revista dos Tribunais, 1988.

RIBEIRO, W. C. *A ordem ambiental internacional*. São Paulo: Contexto, 2002.

RICETTE, S. A preparação psicológica na prática do atletismo em uma perspectiva multiprofissional. In.: K. Rubio (org.) *Psicologia do Esporte aplicada*. São Paulo: Casa do Psicólogo, 2003.

RODRIGUÉZ, E. L. La Sociología del Deporte y el estudio de la cultura contemporanea: observaciones en torno a la difusion de nuevos deportes. In: J. L. G. Fernández (ed.) *Sociologia del Deporte*. Bilbao: Editorial Universidad del Pais Vasco, 1987.

ROSENFELD, A. *Negro, macumba e futebol*. São Paulo/Campinas: Perspectiva, EDUSP/Editora da Unicamp, 1993.

Katia Rubio

RUBIO, K. O imaginário esportivo ou seriam heróis os atletas modernos? Revista *Motus Corporis*. V.07, n. 02, 2000, p.56-74.

RUBIO, K. *O imaginário esportivo: o atleta contemporâneo e o mito do herói*. Tese de doutorado. Faculdade de Educação da Universidade de São Paulo. São Paulo, 2001.a.

RUBIO, K. *O atleta e o mito do herói*. São Paulo: Casa do Psicólogo, 2001.b.

RUBIO, K. Aspectos do mito do herói na constituição do imaginário esportivo contemporâneo. In.: S. Votre (org.) *Imaginário e representações sociais em educação física, esporte e lazer*. Rio de Janeiro: Editora Gama Filho, 2001.c.

RUBIO, K. Questões do esporte contemporâneo: do Olimpo ao pós-olimpismo. *Revista Paulista de Educação Física*. V. 16, n. 02, 2002.a.

RUBIO, K. O trabalho do atleta e a produção do espetáculo esportivo. *Revista Eletrónica de Geografia y Ciências Sociales*, Universidad de Barcelona, Vol. VI, Número 119(95), Agosto, 2002.b.

RUBIO, K. *The professionalism legacy: the impact of amadorism transformation among brazilian olympic medalists*. In.: M. Moragas, C. Kennett e N. Puig (eds) The legacy of the Olympic Games 1984-2000. Barcelona/Lausanne: Olympic Studies Centre of the Autonomous University of Barcelona/ Olympic Studies Centre of the International Olympic Committee, 2003.a.

RUBIO, K. Dinâmica do Movimento Olímpico Contemporâneo: uma proposta de periodização. *Anais do IV Forum Olímpico*. Academia Olímpica Brasileira, 2003.b.

RUBIO, K. *Estrutura e dinâmica dos grupos esportivos*. In.: K. Rubio (org.) Psicologia do Esporte: teoria e prática. São Paulo: Casa do Psicólogo, 2003.c.

RUBIO, K. *Criança e esporte: direito ou dever?* Coluna periódica no site do Conselho Federal de Psicologia. www.psicologia-online.org.br. Maio de 2003.d.

RUBIO, K. A história de vida como método e instrumento para a apreensão do imaginário esportivo contemporâneo. *Motus Corporis*. Vol. 11, n. 01, 09-21, 2003.e.

RUBIO, K. *Heróis Olímpicos Brasileiros*. São Paulo: Editora Zouk, 2004.

RUFINO DOS SANTOS, J. *História Política do Futebol Brasileiro*. São Paulo: Brasiliense, 1981.

SAGRAVE, J. O. Toward a definition of Olympism. In: (J. O. SAGRAVE & D. B. CHU, eds.) *The Olympic Games in transition.* Champaign: Human Kinetics, 1988.

SALLES, J. G. C.; SOARES, A. J. Evolução da concepção do amadorismo no Movimento Olímpico Internacional: uma aproximação conceitual. In.: M. TURINI e L. DaCOSTA (orgs) *Coletânea de textos em estudos olímpicos.* Rio de Janeiro: Editora Gama Filho, 2002.

SANTOS, J. A. *Os intelectuais e as críticas às práticas esportivas no Brasil.* Dissertação de mestrado. Departamento de História. Faculdade de Filosofia, Letras e Ciências Humanas da Universidade de São Paulo, 2000.

SANTOS, M. *Metamorfoses do espaço habitado.* São Paulo: Hucitec, 1988.

SANTOS, M. *A natureza do espaço.* São Paulo: Hucitec,1996.

SEIXAS, J. A. Percursos de memórias em terras de história: problemáticas atuais. In.: S. Bresciani e M. Naxara (orgs) *Memória e (res)sentimento. Indagações obre uma questão sensível.* Campinas: Editora da Unicamp, 2001.

SILVA, M. L. S.; RUBIO, K. Superação no esporte: limites individuais ou sociais? *Revista Portuguesa de Ciências do Desporto.* Vol. 3, n. 3, 69-76, 2003.

SILVA, T. T. A produção social da identidade e a diferença. In.: T. SILVA (org.) *Identidade e diferença: a perspectiva dos Estudos Culturais.* Petrópolis: Vozes, 2000.

SILVA, T. T. *Documentos de identidade. Uma introdução às teorias do currículo.* Belo Horizonte: Autêntica, 2002.

SIMONS, V.; JENNINGS, A. *Los señores de los anillos.* Barcelona: Ediciones Transparência, 1992.

SOUZA, E. F. História de vida: a memória resgatada através da atividade corporal. *Motus Corporis,* v. 4, n. 1, p. 27-41, 1997.

SUGAI, V. L.; TSUJIMOTO, S. *O caminho do guerreiro.* São Paulo: Editora Gente, 2000.

TAVARES, O. *Esporte, movimento olímpico e democracia: o atleta como mediador.* Tese de doutorado. Programa de Pós-graduação em Educação Física. Universidade Gama Filho. Rio de Janeiro, 2003.

TAVARES, O. A. Referenciais teóricos para o conceito de Olimpismo. In: O. Tavares & L. P. DaCosta (eds) *Estudos Olímpicos.* Rio de Janeiro: Editora Gama Filho, 1999.a.

TAVARES, O. Algumas reflexões para uma rediscussão do *fair-play*. In: O. Tavares & L. P. DaCosta (eds) *Estudos Olímpicos*. Rio de Janeiro: Editora Gama Filho, 1999. b.

TAVARES, O. & DACOSTA, L. P. Introdução. In: O. Tavares & L. P. DaCosta *Estudos Olímpicos*. Rio de Janeiro: Editora Gama Filho, 1999.

THOMAS, R.; HAUMONT, A.; LEVET, J. L. *Sociologia del Deporte.* Bellaterra: Ediciones Bellaterra, 1988.

TOLEDO, L. H. *Lógicas no futebol.* São Paulo: Hucitec, 2002.

TUBINO, M. J. G. Uma visão paradigmática das perspectivas do esporte para o início do século XXI. In: W. W. Moreira (org.) *Educação Física & Esporte: perspectivas para o século XXI.* Campinas: Papirus, 1996.

TUBINO, M. J. G.*Esporte e cultura física.* São Paulo: Ibrasa, 1993.

TURINI, M. A prática do *fair* play no contexto da atualidade. In.: (M. Turini; L. P. DaCosta, orgs) *Coletânea de textos em Estudos Olímpicos.* Rio de Janeiro: Universidade Gama Filho, 2002

ULMANN, J. *De la gymnastique aux sports modernes – Histoire des doutrines de l"education physique.* Paris: Vrin, 1982.

VALENTE, E. F. Notas para uma crítica do Olimpismo. In: O. Tavares & L. P. DaCosta (eds) *Estudos Olímpicos.* Rio de Janeiro: Editora Gama Filho, 1999.

VALLE, M. P. *Atletas de alto rendimento: identidades em construção.* Dissertação de Mestrado. Faculdade de Psicologia. Pontifícia Universidade Católica do Rio Grande do Sul. Porto Alegre 2003.

VAN DALEN, D. B.; MITCHELL, E.D.; BENNETT, B. L. *A world history of Physical Education.* New Jersey: Prentice Hall, 1956.

VEIGA-NETO, A. As idades do corpo: (material)idades, (divers)idades, (corporal)idades, (ident)idades.... In.: J. C. Azevedo (org.) *Educação e utopia na educação cidadã.* Porto Alegre:Ed. Da Universidade UFRGS, 2000.

VIRGÍLIO, S. *A arte do judô.* Campinas: Papirus, 1986.

VIRGÍLIO, S. *Personagens e histórias do judô brasileiro.* Campinas: Editora Átomo, 2002.

YAMASHIRO, J. *História da Cultura Japonesa.* São Paulo: Ibrasa, 1986.

YOSHIKAWA, E. *Musashi v.1 e 2.* São Paulo: Estação Liberdade, 1999.

YOUNG, P. M. *A history of British football.* London: Staley Paul, 1968.

WILLIANS, R. The analysis of culture. In.: T. Bennet, G. Martin, C. Mercer e J. Woollcott (orgs) *Culture, ideology and social process – a reader.* London: The Open University, 1989.

WILLIANS, R. Culture is ordinary. In.: A. Gray e L. McGuigam (orgs) *Studying culture – an introductory reader.* London/New York: Arnold, 1993.

WOODWARD, K. Identidade e diferença: uma introdução teórica e conceitual. In.: *Identidade e diferença. A perspectiva dos Estudos Culturais.* Petrópolis: Vozes, 2000.

ZUMBANO, W. *O box ao alcance de todos.* São Paulo: Editora Brasiliense, 1951.